PETER FISK

NEGÓCIOS RECODIFICADOS

TENHA A CORAGEM DE CRIAR UM FUTURO MELHOR PARA VOCÊ E SUA EMPRESA

www.dvseditora.com.br
São Paulo, 2022

NEGÓCIOS RECODIFICADOS
TENHA A CORAGEM DE CRIAR UM FUTURO MELHOR PARA VOCÊ E SUA EMPRESA

Copyright © 2022 - DVS Editora. Todos os direitos para a língua portuguesa reservados pela editora.

BUSINESS RECODED
HAVE THE COURAGE TO CREATE A BETTER FUTURE FOR YOURSELF AND YOUR BUSINESS

This edition first published in 2021
© 2021 by Peter Fisk
This translation published under license with the original publisher John Wiley & Sons, Inc.

Nenhuma parte deste livro poderá ser reproduzida, armazenada em sistema de recuperação, ou transmitida por qualquer meio, seja na forma eletrônica, mecânica, fotocopiada, gravada ou qualquer outra, sem a autorização por escrito do autor.

Design de capa: Wiley
Imagem de capa: © tuulijumala / Shutterstock
Diagramação: Joyce Matos
Tradução: Leonardo Abramowicz
Revisão: Hellen Suzuki

```
           Dados Internacionais de Catalogação na Publicação (CIP)
                  (Câmara Brasileira do Livro, SP, Brasil)

       Fisk, Peter
          Negócios recodificados : tenha a coragem de
       criar um futuro melhor para você e sua empresa /
       Peter Fisk ; tradução Leonardo Abramowicz. --
       1. ed. -- São Paulo : DVS Editora, 2022.

          Título original: Business recoded : have the
       courage to create a better future for yourself and
       your business
          ISBN 978-65-5695-072-3

          1. Administração de empresa
       2. Desenvolvimento pessoal 3. Gestão de negócios
       4. Inovação tecnológica 5. Liderança 6. Planejamento
       estratégico 7. Responsabilidade social das empresas
       8. Sucesso nos negócios I. Título.

       22-133343                                    CDD-650.1
                     Índices para catálogo sistemático:

            1. Sucesso nos negócios : Administração   650.1

          Aline Graziele Benitez - Bibliotecária - CRB-1/3129
```

Nota: Muito cuidado e técnica foram empregados na edição deste livro. No entanto, não estamos livres de pequenos erros de digitação, problemas na impressão ou de uma dúvida conceitual. Para qualquer uma dessas hipóteses solicitamos a comunicação ao nosso serviço de atendimento através do e-mail: atendimento@dvseditora.com.br. Só assim poderemos ajudar a esclarecer suas dúvidas.

Em memória de meu pai.

Meu pai sempre me incentivou a buscar o melhor. Ele cresceu em uma pequena vila de mineração de carvão no norte da Inglaterra e nunca esqueceu suas origens. Como professor, via talento em todos, qualquer que fosse a ambição ou formação. Como diretor, tinha orgulho de seus alunos e colegas e adorava participar de peças e eventos escolares. Como líder dos diretores do país, trabalhou incansavelmente para criar uma educação melhor para todos.

Lembro-me dele quando viajávamos pela Europa nas férias em família, acampando em plantações de macieiras e em jogos intermináveis de bocha. Lembro-me dele nas tardes frias de inverno, parado com um cronômetro nas mãos enquanto eu corria em torno da pista de corrida da região. Lembro-me dele discutindo acaloradamente o livro de Tom Peters, Em busca da excelência, minha introdução aos negócios (uma história que recentemente compartilhei com Tom). Lembro-me dele em casa com mamãe e uma taça de vinho nas mãos, como um ótimo pai e avô.

Meu pai foi minha inspiração para fazer mais do que eu jamais poderia imaginar. Para permanecer forte quando as coisas pareciam difíceis e para aproveitar ao máximo tudo na vida. De certa maneira, também foi minha inspiração para este livro. Não apenas para aceitar os códigos da vida, mas buscar outros melhores. Não apenas para explorar meu mundo, mas para questioná-lo. Não apenas para definir novas ideias, mas para torná-las realidade através de experiências pessoais e histórias interessantes que podem inspirar outras pessoas.

Para criar um futuro melhor. Espero que possamos.

Sumário

INTRODUÇÃO	**RECODIFICAR**	**XV**
	Os negócios precisam de um novo código para o sucesso.	XV
	Por que precisamos recodificar?	XVI
	O futuro não é como costumava ser	XVIII
	O novo DNA da empresa	XX
	O novo DNA empresarial	XXIII
	O novo DNA da liderança	XXVI
	Ter coragem para liderar o futuro	XXVIII
	Inspirações para mudar seu mundo	XXIX
Inspiração 1	**Eliud Kipchoge**	**XXIX**
Inspiração 2	**Deepmind**	**XXXIV**
Inspiração 3	**Tan Le**	**XXXVII**
Inspiração 4	**Satya Nadella**	**XLI**
Inspiração 5	**Mary Barra**	**XLIV**
Inspiração 6	**Jack Ma**	**XLVII**

SUMÁRIO

Inspiração 7	**JK Rowling**	**LI**
	Então, continue a ler...	LIV

MUDANÇA 1	**AURORA: recodifique seu futuro**	**1**
	Como você reinventará sua empresa para um futuro melhor?	*1*
Código 1	**Qual é o seu potencial futuro?**	**3**
	Olhe para frente, não para trás	5
	Qual é o seu potencial futuro?	9
	Os líderes precisam ter visão de futuro	14
Código 2	**Tenha uma mentalidade de futuro**	**19**
	Abra sua mente à novidade	20
	Faça você e sua empresa crescerem	23
	Crie o futuro segundo sua própria visão	26
Código 3	**Imagine uma empresa melhor**	**28**
	As falhas profundas do capitalismo	28
	A empresa como uma plataforma de mudança	31
	A oportunidade de US$12 trilhões dos odss	35
Código 4	**Encontre seu propósito inspirador**	**38**
	Encontrando seu propósito	39
	Empresas com propósito fazem melhor	41
	Transformando propósito inspirador em ação prática	44
Código 5	**Crie sua história do futuro**	**47**
	Qual é a sua história do futuro?	48
	Pixar e a jornada do herói	51
	A história do futuro da sua empresa	52
Código 6	**Gere mais impacto positivo**	**54**
	Rentabilidade e criação de valor	55

SUMÁRIO

	De acionistas a stakeholders	57
	Escolhas mais inteligentes, impacto positivo	59
Código 7	**Seja o otimista radical**	**62**
	Acredite no melhor	62
	Seja curioso e otimista	65
	Seja a mudança	67
Resumo: como você recodificará seu futuro?		*68*

MUDANÇA 2	**KOMOREBI: Recodifique seu crescimento**	**71**
	Onde estão as melhores oportunidades para crescer mais e mais rápido?	*71*
Código 8	**Siga as megatendências**	**73**
Código 9	**Encontre novas fontes de crescimento**	**85**
	Encontrando o futuro primeiro	86
	Vendo as coisas de forma diferente	89
	As 12 fontes de crescimento	91
Código 10	**Abrace o século asiático**	**94**
	Ásia incrível	95
	As novas rotas da seda	97
	Aprendendo com os mercados em crescimento	99
Código 11	**Abrace a tecnologia e a humanidade**	**105**
	A 4ª revolução industrial	106
	IA é combustível de foguete para o crescimento	111
	Tecnologia humanizadora	114
Código 12	**Comece do futuro para trás**	**117**
	Salte para o futuro	118
	Explore cenários futuros	119
	Mapeie os horizontes de crescimento	122

SUMÁRIO

Código 13	**Acelere por meio das redes**		**125**
	O valor exponencial das redes		126
	Negócio linear versus negócio em rede		128
	15 Tipos de efeitos de rede		129
Código 14	**Construa um portfólio de crescimento**		**132**
	Infinito e invencível		134
	Aproveite o presente e explore o futuro		136
	Liderando para um crescimento contínuo		137
Resumo: como você recodificará seu crescimento?			*138*

MUDANÇA 3	**TRANSCENDENTE: Recodifique seu mercado**		**141**
	Como você recodificará o mercado a seu favor?		*141*
Código 15	**Explore a matriz de mercado**		**143**
	Fronteiras indefinidas		143
	Mercados multidimensionais		146
	Em que tipo de negócio você realmente está?		149
Código 16	**Provoque a disruptura dos disruptores**		**151**
	Todo mercado sofre disruptura		151
	Como as empresas podem provocar a disruptura dos disruptores		154
	Mude o jogo a seu favor		155
Código 17	**Capture a agenda do cliente**		**158**
	A nova agenda do cliente		159
	A nova equação de valor do cliente		162
Código 18	**Crie novos espaços de mercado**		**165**
	Criando mercados novos		166
	Poder às pessoas		168
	Todo negócio é um negócio de "consumidor"		170

SUMÁRIO

Código 19	Conquiste a confiança com autenticidade	173
	A confiança é uma questão definidora	174
	Sendo real, autêntico e transparente	176
	Pessoas confiam em pessoas	178
Código 20	Desenvolva marcas com propósito	180
	Marcas têm a ver com pessoas, não com produtos	181
	Elabore um manifesto da marca	182
	Entregue melhores proposições de valor	185
Código 21	Permita que as pessoas conquistem mais	187
	Permitindo mais	188
	Construindo uma comunidade de marca	190
	Comunidades baseadas em paixões	192
Resumo: como você recodificará seu mercado?		*194*

MUDANÇA 4	ENGENHOSIDADE: Recodifique sua inovação	197
	O que é preciso para ter mais inovações radicais?	*197*
Código 22	Seja engenhoso	199
	Imaginação, criatividade e inovação	200
	Imaginando melhor	203
	Uma abordagem mais inspirada à inovação	206
Código 23	Busque melhores ideias	209
	De onde vêm as boas ideias?	210
	Encrenqueiros e violadores de regras	213
	Comece fazendo perguntas melhores	214
Código 24	Adote uma mentalidade de designer	216
	Design como solução criativa de problemas	217
	Pensamento centrado no humano	219
	Design é função e forma	221

SUMÁRIO

Código 25	**Crie conexões incomuns**	**223**
	Fusões criativas	224
	Inspirado pela natureza	226
	Inspirado por mercados paralelos	228
Código 26	**Desenvolva novos modelos de negócios**	**231**
	Inovando o negócio como um todo	232
	Definindo o modelo de negócios	233
	Inovando o modelo de negócios	235
Código 27	**Experimente com velocidade e agilidade**	**238**
	Experimentos rápidos	239
	Aumente a escala e multiplique	241
	"É sempre dia 1"	244
Código 28	**Sonhe loucuras**	**246**
	A fábrica de projetos impossíveis	247
	10x melhor, não apenas 10%	248
	Criando o futuro em x	249
	Resumo: como você recodificará sua inovação?	*251*

MUDANÇA 5	**UBUNTU: Recodifique sua organização**	**255**
	Como as melhores equipes podem realizar mais em conjunto?	255
Código 29	**Faça trabalho humano e inspirador**	**257**
	Ascensão dos super-humanos	258
	O futuro do trabalho	260
	Mais humano, mais criativo, mais feminino	263
Código 30	**Funcione como uma organização viva**	**266**
	A mecânica quântica dos negócios	266
	Organizações como organismos vivos	269
	O fim da hierarquia	273

Código 31	**Colabore em projetos rápidos**	**275**
	Equipes vencem indivíduos	277
	Das funções aos projetos	278
	Projetos rápidos e colaborativos	279
Código 32	**Alinhe indivíduos e organizações**	**280**
	Indivíduos e organizações	281
	A inclusão leva à diversidade cognitiva	284
Código 33	**Crie energia e ritmo**	**285**
	O aprendizado como sua vantagem	287
	Estimulando as pessoas	289
	O ritmo do progresso	291
Código 34	**Seja uma equipe radical**	**293**
	Crie o seu "kapa o pango"	294
	A equipe sempre vence	296
	Destemido e medroso	298
Código 35	**Construa uma empresa borboleta**	**299**
	Ecossistemas vencem egossistemas	300
	Plataformas transformam mercados	304
	A empresa "borboleta"	306
Resumo: como você recodificará sua organização?		*309*

MUDANÇA 6	**SIZÍGIA: Recodifique sua transformação**	**311**
	O que é preciso para transformar sua empresa de forma eficaz?	*311*
Código 36	**Transforme sua empresa**	**313**
	Transformação da empresa	315
	Pivô para um novo espaço	317
	Evolua para pivotar	319

Código 37	**Aproveite o principal, explore a borda**	**321**
	Transforme para hoje e amanhã	322
	Transformação dupla	323
	Mudando a atividade central	325
Código 38	**Comece de fora para dentro e de dentro para fora**	**326**
	De fora para dentro	328
	De dentro para fora	329
	Transformando com propósito	331
Código 39	**Envolva as pessoas na mudança**	**332**
	Fervendo sapos e plataformas queimando	333
	A mudança como uma montanha russa emocional	336
	Liderando a mudança	338
Código 40	**Construa foguetes para o futuro**	**339**
	Laboratórios de inovação	341
	Incubadoras e aceleradoras	342
	Construa seu próprio foguete	343
Código 41	**Crie um ecossistema circular**	**345**
	Economia donut	346
	Design circular	348
	Impacto líquido positivo	351
Código 42	**Tenha a agilidade estratégica para nunca parar**	**353**
	A jornada sem fim	354
	Agilidade estratégica	358
	Agilidade emocional	360
Resumo: como você recodificará sua transformação?		*362*

SUMÁRIO

MUDANÇA 7	**EMBASBACADO: Recodifique sua liderança**		**365**
	Você tem coragem para criar um futuro melhor?		365
Código 43	**Apresente-se para liderar o futuro**		**367**
	O que é liderança?		368
	Os líderes moldam o futuro		369
	Líderes com propósito		372
Código 44	**Tenha a coragem de fazer mais**		**374**
	Ouse ser mais		375
	Vulnerabilidade e confiança		377
Código 45	**Desenvolva seu próprio estilo de liderança**		**381**
	Como os grandes líderes se desenvolvem		383
	Qual é o seu melhor estilo de liderança?		387
	Avaliando os líderes		390
Código 46	**Atinja seu desempenho máximo**		**395**
	Encontrando seu fluxo futuro		396
	Atuando com seus pontos fortes		398
	O cérebro plástico do líder		400
Código 47	**Desenvolva resistência e resiliência**		**402**
	A resistência dos líderes		403
	A resiliência dos líderes		406
	A gratidão dos líderes		409
Código 48	**Crie um legado melhor**		**411**
	O que você dará ao futuro?		412
	Como você criará um mundo melhor?		415
	Carta para o futuro		420

Código 49	**Seja extraordinário**	**422**
	As pessoas que nós mais admiramos	423
	Como você encontrará o seu "extra" ordinário?	425
	Um bom momento para ser extraordinário	427

Resumo: como você recodificará sua liderança?   *429*

Fazendo mais   *433*

Recursos online   *435*

Agradecimentos   *437*

Sobre o autor   *439*

INTRODUÇÃO
RECODIFICAR

OS NEGÓCIOS PRECISAM DE UM NOVO CÓDIGO PARA O SUCESSO.

A mudança é dramática, abrangente e implacável. Os desafios são muitos. As oportunidades são maiores. Tecnologias incríveis e mudanças geopolíticas, clientes exigentes e empreendedores inovadores, crise ambiental e desconfiança social, choques inesperados e crescimento estagnado.

Os velhos códigos que nos trouxeram até aqui são insuficientes ou obsoletos.

Negócios Recodificados é para os líderes empresariais que buscam ter sucesso no mundo de hoje e para criar as melhores empresas de amanhã.

INTRODUÇÃO

O livro descreve como liderar para um futuro melhor, reimaginar sua empresa, reinventar mercados, estimular seu pessoal, redefinir o sucesso. O texto reúne ideias e insights novos dos líderes de muitas das empresas mais inovadoras do mundo no momento — Alibaba, BlackRock, Corning, Danone, Ecoalf, Fujifilm, Glossier, Haier e muito mais.

E trata de você desenvolvendo seus próprios códigos para o progresso pessoal e empresarial, tendo a coragem de avançar — para ser mais, para alcançar mais, para ser extraordinário.

POR QUE PRECISAMOS RECODIFICAR?

Vivemos em uma época de grandes promessas, mas também de grandes incertezas.

Os mercados estão mais superlotados, a competição é intensa, as aspirações dos clientes são constantemente alimentadas por inovações e sonhos. A tecnologia causa a disruptura de todas as atividades, do setor bancário à construção, do entretenimento à saúde. Ela traz novas possibilidades e soluções, mas também velocidade e complexidade, incerteza e medo.

Pois os mundos físico e digital se fundem para ampliar o modo como vivemos e trabalhamos. A inteligência artificial (IA) e a robótica aumentam, mas também desafiam nossas capacidades, enquanto a supercomputação onipresente, a edição genética e os carros autônomos nos levam mais além.

Tecnologias têm o poder de nos ajudar a avançar de formas inimagináveis. E, também, de transformar os negócios, resolver nossos grandes problemas, trazer inovações radicais, acelerar o crescimento e alcançar o progresso social e ambiental.

Provavelmente veremos mais mudanças nos próximos 10 anos do que nos últimos 250.

- **Os mercados aceleram** — 4 vezes mais rápido do que há 20 anos, com base na velocidade cada vez maior da inovação e na diminuição do ciclo de vida dos produtos.

- **As pessoas têm mais capacidade** — 825 vezes mais conectadas do que há 20 anos, com acesso à educação, ao conhecimento ilimitado e a ferramentas para criar qualquer coisa.

- **Mudança nas atitudes do consumidor** — 78% dos jovens escolhem marcas que fazem o bem, rejeitam empregos corporativos e veem o mundo pelas lentes de um gamer.

No entanto, a mudança vai muito além da tecnologia.

Os mercados se transformam, convergem e evoluem mais rápido. Da antiga cidade de Ann Arbor à rejuvenescida Bilbao, das megacidades de hoje, como Chennai, à futura cidade tecnológica saudita de Neom, o poder econômico continuará a mudar. A China alcançou o topo da nova ordem global de negócios, enquanto a Índia e, eventualmente, a África, a seguirão.

A industrialização desafia o equilíbrio natural dos recursos do planeta. A crise climática de hoje é resultado do progresso e nosso problema a ser resolvido. A globalização desafia nossas velhas noções de nacionalidade e localidade. A migração muda o que chamamos de lar. Os valores religiosos competem com valores sociais, as prioridades econômicas entram em conflito com as prioridades sociais. Os padrões de vida melhoram, mas a desigualdade aumenta.

Nosso sistema econômico atual é levado ao limite. Choques globais, como a pandemia de 2020, expõem sua fragilidade. Abrimos nossos olhos para perceber que não estamos preparados para futuros diferentes e que nossa busca pela eficiência nos deixou incapazes de enfrentar. Essas crises ficarão mais frequentes à medida que a mudança e a disrupção se aceleram.

No entanto, é mais provável que esses choques acelerem a mudança nos negócios, em vez de sufocá-la, despertando-nos para os impactos reais de nosso mundo em mutação — para a urgência da ação, para a necessidade de pensar e agir de forma mais radical.

O FUTURO NÃO É COMO COSTUMAVA SER

As empresas não estão preparadas para o futuro. A maioria das organizações foi concebida para mundos estáveis e previsíveis, em que o futuro evoluía como planejado, os mercados eram definitivos e as escolhas eram claras.

Os mercados dinâmicos são, por definição, incertos. Embora tenham seguido um padrão de altos e baixos a cada 10–15 anos, os ciclos econômicos provavelmente se tornarão mais frequentes. A mudança é rápida e exponencial, turbulenta e imprevisível, complexa e ambígua, exigindo nova interpretação e imaginação.

Mesmo assim, muitos líderes empresariais esperam que as estratégias que os tornaram bem-sucedidos no passado continuem a funcionar no futuro. Procuram continuar expandindo os modelos antigos na esperança de que se mantenham trazendo resultados. Os antigos planos de negócios são ajustados a cada ano, as infraestruturas são testadas até o ponto de ruptura, e as pessoas são solicitadas a trabalhar mais.

Em um mundo de mudanças dramáticas e imprevisíveis, isso não é suficiente para sobreviver, muito menos prosperar.

- **O crescimento é mais difícil.** O crescimento do PIB global diminuiu mais de um terço na última década. À medida que o Ocidente estaciona, a Ásia cresce, embora mais lentamente.
- **As empresas têm dificuldade.** A expectativa de vida média caiu de 75 anos em 1950 para 15 anos hoje; 52% das empresas da lista da revista *Fortune 500* em 2000 desapareceram em 2020.
- **Os líderes estão sob pressão.** Apenas 44% dos líderes empresariais de hoje ocuparam seus cargos por mais de cinco anos, comparados com 77% há meio século.

O lucro não é mais suficiente; as pessoas esperam que os negócios gerem mais resultados. As empresas não podem existir isoladas do mundo ao redor, buscando clientes sem se preocupar com as consequências. A velha obsessão pelos lucros é muito limitadora. As empresas dependem mais do que nunca de seus recursos — funcionários e parceiros, comunidades locais, ambientes naturais — e precisarão encontrar uma maneira melhor de incluí-los.

A tecnologia não é mais suficiente; a inovação precisa ser mais humana. A tecnologia automatiza e interpreta a realidade, mas não cria empatia e imagina novos futuros. A inovação onipresente gerada pela tecnologia rapidamente se torna uma *commodity*, disponível em qualquer lugar do mundo, de modo que precisamos agregar valor de novas maneiras. O futuro é humano, criativo e intuitivo. As pessoas serão mais importantes para os negócios, não menos.

A sustentabilidade do meio ambiente não é mais suficiente. Os 200 anos de industrialização tiraram do planeta a capacidade de renovar-se e, em última análise, de sustentar a vida. Portanto, as empresas precisam devolver mais do que tiram. À medida que a desigualdade e a desconfiança aumentam em todas as sociedades, os empregos tradicionais são ameaçados pela automação e estagnação, o que significa que as questões sociais serão cada vez mais importantes, tanto global quanto localmente.

O NOVO DNA DA EMPRESA

Como líderes empresariais, nossa oportunidade é a de criar uma empresa melhor, adequada para o futuro, que possa atuar de forma mais inovadora e responsável.

Como podemos aproveitar o potencial dessa mudança implacável e disruptiva, aproveitar os talentos das pessoas e as possibilidades da tecnologia? Como a empresa, com todo o seu poder e recursos, pode ser uma plataforma para mudanças e uma força para o bem?

Precisamos encontrar novos códigos para ter sucesso. Precisamos encontrar novas formas de trabalhar, de reconhecer a empresa como um sistema virtuoso, em que menos pode ser mais, e o crescimento pode ir além dos velhos limites. Isso exige que façamos novas conexões:

- **Futuro + Hoje...** para obter mais progresso.
- **Propósito + Lucros...** para envolver todos os stakeholders (partes interessadas).
- **Tecnologia + Humanidade...** para impulsionar mais engenhosidade.
- **Inovação + Sustentabilidade...** para gerar impactos positivos.

Precisamos criar uma estrutura nova para os negócios, uma empresa melhor — para reimaginar o "porquê" e redesenhar como trabalhamos; para reinventar o "o quê" e redirecionar onde fazemos negócios.

Imagine uma empresa do futuro que olhe para frente, não para trás, que se apresente para moldar o futuro em seus próprios termos, dando sentido à mudança para encontrar novas possibilidades, inspirando as pessoas com visão e otimismo. Imagine um futuro que inspire o progresso, busque novas fontes de crescimento, abrace as redes e os parceiros para ir além e permita que as pessoas realizem mais.

Imagine, também, uma empresa do futuro que crie espaços novos de oportunidades, conectando ideias novas e necessidades inexploradas, respondendo criativamente às novas agendas dos clientes. Imagine um futuro negócio que provoque a disruptura dos disruptores, em que grandes empresas tenham a visão e a coragem de se reimaginar e competir de igual para igual com startups rápidas e empreendedoras.

Imagine uma empresa do futuro que abrace a humanidade, busque melhores ideias, que funda tecnologia e pessoas de forma mais sábia, para resolver os grandes problemas da sociedade e melhorar a vida de todos. Imagine uma empresa do futuro que trabalhe coletivamente, que se auto-organize para prosperar sem hierarquia, que se conecte com parceiros em ecossistemas ricos, que conceba empregos voltados para as pessoas, para que realizem um trabalho inspirador.

Imagine ainda uma empresa do futuro que esteja continuamente se transformando, que prospere aprendendo melhor e mais rápido, que desenvolva um rico portfólio de ideias de negócios e inovações para manter o crescimento e o progresso. Imagine uma empresa do futuro que gere um impacto positivo para o mundo, beneficie todos os stakeholders com um modelo circular de criação de valor, que enfrente os aspectos negativos e crie um impacto positivo líquido para a sociedade.

Criar uma empresa melhor é uma oportunidade para todas as pessoas que trabalham dentro ou lado a lado com ela. Não é apenas uma vocação nobre, de fazer algo melhor para o mundo, mas também uma vocação prática, uma maneira de superar os muitos limites de hoje e alcançar o sucesso futuro para você e sua empresa.

Você poderia chamar isso de o amanhecer de um novo capitalismo.

O NOVO DNA EMPRESARIAL

Como podemos criar uma empresa melhor e um futuro melhor?

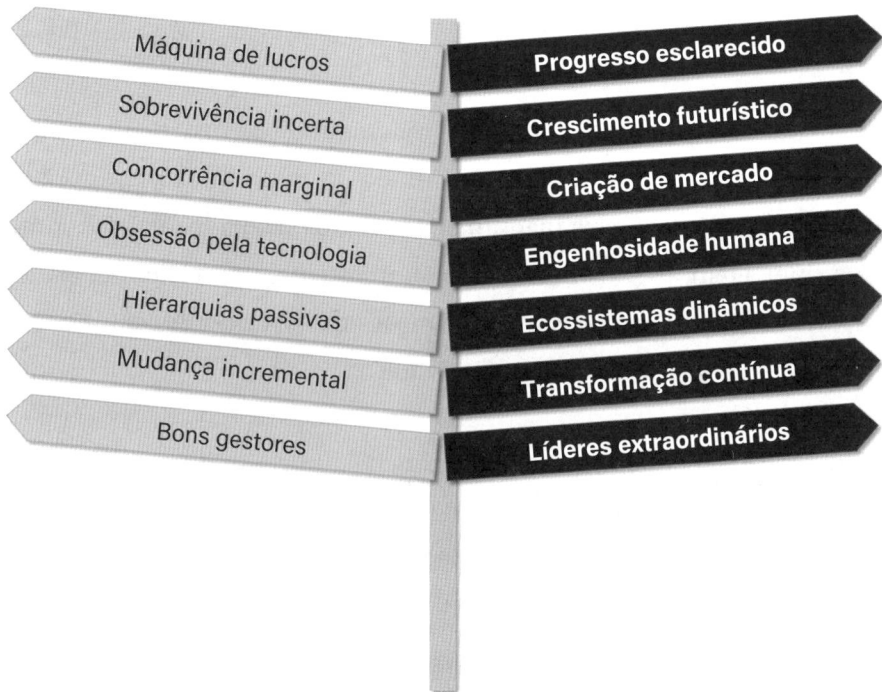

FIGURA 0.1 As sete mudanças dos negócios para um futuro melhor

A criação desse futuro melhor requer mudanças na forma como pensamos e nos comportamos, na maneira como concebemos, gerenciamos e lideramos nossas organizações. As mudanças de mentalidade são profundas, exigindo que os líderes abandonem velhas crenças, para abraçar novos paradigmas e possibilidades.

INTRODUÇÃO

São necessárias sete mudanças coletivas para criar um futuro melhor nos negócios.

Por trás dessas mudanças, estão ações específicas exigidas para os líderes. São 49 códigos para você aplicar, na direção correta, à sua organização.

A codificação é mais frequentemente associada à tecnologia.

Uma codificação de computador é um conjunto de instruções constituídas de palavras e símbolos que, juntos, formam um programa que passa a ser executado pela máquina. Os códigos são padronizados como uma linguagem, mecanizados como um sistema e permitem enormes quantidades de processamento em frações de segundo. As consequências revolucionárias estão ao nosso redor.

De modo semelhante, um código genético é um conjunto de regras usadas por matéria viva para traduzir informações codificadas no DNA em proteínas e em vida. A descoberta de Sir Francis Crick e outros transformou o mundo da medicina, levando a inovações como medicamentos personalizados e empresas fenomenais como a 23andMe.

De forma mais geral, temos códigos, como códigos de conduta, estabelecendo diretrizes para o modo de trabalhar e viver. São princípios para fazer melhor, não prescritivos ou definitivos; são abordagens amplas e flexíveis que podemos adotar em nossos próprios caminhos pessoais.

Os 49 códigos criam uma estrutura nova com a qual podemos avançar.

RECODIFICAR

Recodifique seu futuro	Recodifique seu crescimento	Recodifique seu mercado	Recodifique sua inovação	Recodifique sua organização	Recodifique sua transformação	Recodifique sua liderança
1 Qual é o seu potencial futuro?	8 Siga as megatendências	15 Explore a matriz de mercado	22 Seja engenhoso	29 Faça trabalho humano e inspirador	36 Transforme sua empresa	43 Apresente-se para liderar o futuro
2 Tenha uma mentalidade de futuro	9 Encontre novas fontes de crescimento	16 Provoque a disruptura dos disruptores	23 Busque melhores ideias	30 Funcione como uma organização viva	37 Aproveite o principal, explore a borda	44 Tenha a coragem de fazer mais
3 Imagine uma empresa melhor	10 Abrace o século asiático	17 Capture a agenda do cliente	24 Adote uma mentalidade de designer	31 Colabore em projetos rápidos	38 Comece de fora para dentro e de dentro para fora	45 Desenvolva seu próprio estilo de liderança
4 Encontre seu propósito inspirador	11 Abrace a tecnologia e a humanidade	18 Crie novos espaços de mercado	25 Crie conexões incomuns	32 Alinhe indivíduos e organizações	39 Envolva as pessoas na mudança	46 Atinja seu desempenho máximo
5 Crie sua história do futuro	12 Comece do futuro para trás	19 Conquiste a confiança com autenticidade	26 Desenvolva novos modelos de negócios	33 Crie energia e ritmo	40 Construa foguetes para o futuro	47 Desenvolva resistência e resiliência
6 Gere mais impacto positivo	13 Acelere por meio das redes	20 Desenvolva marcas com propósito	27 Experimente com velocidade e agilidade	34 Seja uma equipe radical	41 Crie um ecossistema circular	48 Crie um legado melhor
7 Seja o otimista radical	14 Construa um portfólio de crescimento	21 Permita que as pessoas conquistem mais	28 Sonhe loucuras	35 Construa uma empresa borboleta	42 Tenha a agilidade estratégica para nunca parar	49 Seja extraordinário

FIGURA 0.2 Os 49 códigos do novo DNA empresarial

INTRODUÇÃO

O NOVO DNA DA LIDERANÇA

Que tipo de futuro você quer criar, moldar e liderar?

A empresa do futuro somente surgirá com sua liderança. Os líderes precisam ter coragem para avançar, imaginar e implementar esse futuro.

Depois de passar muitas horas com líderes, individualmente, e com suas equipes — ensinando, orientando e aconselhando-os sobre estratégias e mudança; e explorando as muitas teorias de liderança e os insights dos líderes mais inspiradores atualmente —, ficou claro que há alguns atributos em comum.

Esses atributos formam uma pirâmide, algo semelhante à hierarquia de necessidades de Maslow (ver Figura 0.3). Na base, estão os elementos essenciais necessários para atuar e gerar desempenho.

FIGURA 0.3 O DNA da nova liderança

Acima da base, estão os atributos para o progresso, para entender a mudança, para encontrar um novo crescimento e gerar inovação.

No alto da lista, estão os atributos exigidos dos líderes que querem transformar suas organizações guiados por um propósito além do lucro, para criar uma empresa melhor e um mundo melhor.

Esses 12 atributos compõem coletivamente o "novo DNA da liderança", com três níveis, de cima para baixo:

Atributos para "criar um futuro melhor":

- **Inspirador:** ser guiado por um propósito e uma paixão.
- **Corajoso:** ousar fazer o que não foi feito antes.
- **Perspicaz:** olhar para frente com visão, previsão e intuição.
- **Progressista:** ser pioneiro, aceitar desafios, aproveitar as oportunidades.

Atributos para "fazer a mudança acontecer":

- **Curioso:** entender ambientes novos, complexos e incertos.
- **Imaginativo:** vislumbrar um futuro melhor, pelo qual vale a pena trabalhar.
- **Adaptável:** ter agilidade emocional para sobreviver e gerar mudanças contínuas.
- **Empreendedor:** o espírito criativo para explorar novas ideias e pensar diferente.

Atributos para "gerar impacto positivo":

- **Empático:** envolver as pessoas, aproveitando suas qualidades humanas.

- **Colaborativo:** trabalhar em conjunto, abraçando a diversidade, para alcançar mais.

- **Resiliente:** persistir na tarefa, resistindo às turbulências, sendo motivado e otimista.

- **Impactante:** fazer a diferença positiva para a empresa, os stakeholders e o mundo.

TER CORAGEM PARA LIDERAR O FUTURO

As implicações para os negócios são amplas e significativas: uma abordagem melhor em relação às pessoas e aos trabalhos que realizam, às estruturas organizacionais e ao modo como as pessoas trabalham; uma abordagem diferente em relação ao desenvolvimento estratégico e à inovação, e ao modo como as marcas se desenvolvem e engajam os clientes; e uma abordagem mais esclarecida sobre como as empresas crescem, para criar e compartilhar valor.

Os novos códigos de negócios desafiam nossos pressupostos e práticas profundamente arraigados, alguns ampliando e fortalecendo o que já fazemos, outros substituindo os métodos antigos.

Não existe fórmula mágica para o sucesso empresarial, embora muitos conceitos e modelos, estruturas e ferramentas possam ajudar. Desenvolver líderes no mundo de hoje é muito mais uma mentalidade, uma maneira de pensar, abrindo sua mente para um novo mundo de possibilidades e para as muitas formas de ter sucesso nele. Mais importante ainda, inclui a inspiração para fazê-lo.

A inspiração, para mim, vem de pessoas reais — pessoas comuns que se empenharam para realizar sonhos, transformar desafios em oportunidades, reunir as pessoas para alcançar resultados incríveis. Sou mais inspirado por pessoas ao redor do mundo que, desde já, lideram, moldam e criam os negócios do futuro.

INSPIRAÇÕES PARA MUDAR SEU MUNDO

Seguem sete personagens que me inspiram para mudar o meu mundo:

> **INSPIRAÇÃO 1: ELIUD KIPCHOGE**
> O HUMILDE QUENIANO DIZ QUE "NENHUM HUMANO É LIMITADO" E, APESAR DE SUA MEDALHA DE OURO OLÍMPICA E DO RECORDE MUNDIAL, ESTABELECEU PARA SI MESMO UM OBJETIVO MAIS AMBICIOSO.

"Não sei onde estão os limites, mas gostaria de chegar lá", disse Eliud Kipchoge ao raiar do dia sobre o rio Danúbio, em Viena.

Duas horas depois, ele estava no meio da Hauptallee arborizada, tendo acabado de cruzar a linha de chegada do Desafio INEOS 1:59, sendo o primeiro humano a quebrar o limite de duas horas para a maratona. "Foi o melhor momento da minha vida", disse ele, de pé, exausto, mas ainda sorrindo, na linha de chegada. O relógio acima dele parou em 1 hora, 59 minutos e 40 segundos.

Tendo acompanhado o corredor queniano ao longo de sua carreira de 20 anos, assisti à tentativa icônica de quebrar o recorde com admiração. Em volta dele, alguns dos maiores atletas do mundo, o campeão olímpico dos 1.500 metros Matt Centrowitz, a estrela em ascensão Jakob Ingebrigtsen e o muito experiente Bernard Lagat aplaudiam e tiravam selfies, tendo atuado como "coelhos" para ditar o ritmo de corrida para o grande homem, felizes por fazerem parte da história.

"Hoje fomos à Lua e voltamos à Terra", disse ele.

De volta à sua casa no Quênia, as pessoas se aglomeravam ao redor das televisões, aplaudindo o atleta. Mas Kipchoge leva uma vida humilde, com a maior clareza de propósito.

Todas as manhãs, pouco antes das 5h, no pequeno vilarejo de Kaptagat, no oeste do Quênia, ele rola para fora da cama, lava o rosto e se prepara para correr. No momento em que o sol nasce sobre as estradas empoeiradas e o vermelho ocre do Grande Vale do Rifte, ele já está no meio do caminho. Acompanhado por dezenas de ambiciosos jovens corredores locais, ele passa por fazendeiros que se dirigem aos campos e plantações e crianças esperando pelos ônibus escolares.

São apenas seus primeiros 20 km, a primeira corrida do dia. Todos os dias.

Ao retornar ao campo de treinamento, pode ser a vez de Kipchoge preparar o café da manhã. O mais provável é que seja uma tigela simples de *ugali*, um alimento básico queniano feito todos os dias em uma grande panela com farinha de milho e água, além de frutas da estação. Depois disso, ele provavelmente lavará no tanque o seu kit de corrida, aprontando para a sessão da tarde, e então tirará uma soneca. Em outros dias, pode ser sua vez de ir à fazenda local para comprar mantimentos ou de limpar os banheiros comunitários.

É uma existência frugal, especialmente para um campeão mundial e milionário que se fez sozinho.

No entanto, para Kipchoge, campeão olímpico e detentor do recorde mundial, é a única forma de vida que ele conhece. Sua esposa e filhos pequenos moram em uma casa bem mais espaçosa na cidade de Eldorest, a 40 km de distância, mas, durante os períodos mais importantes de treinamento, ele prefere a simplicidade de seu campo espartano.

Por 15 anos, Kipchoge perseguiu um sonho. Lembro-me de vê-lo correndo pela primeira vez quando adolescente, com os olhos esbugalhados fixos no caminho à frente, sempre com um sorriso no rosto. Ele se mostrou promissor desde o início, vencendo os detentores de recordes mundiais Kenenenisa Bekele e Hicham El Guerrouj para se tornar o campeão mundial dos 5.000 m em 1983, com apenas 18 anos de idade. Na década seguinte, ele ganhou muitas medalhas, mas não conseguia se considerar o melhor. Ao completar 30 anos, decidiu mudar para a maratona. Com um resultado surpreendente.

Na maratona, ele se tornou imbatível.

INTRODUÇÃO

A primeira tentativa de Kipchoge de quebrar o limite de duas horas foi um fracasso. Em 2017 seus patrocinadores da Nike criaram um projeto para ver se seria possível quebrar a barreira das duas horas. Pesquisaram o mundo em busca do local perfeito, escolhendo o circuito de corrida de motores de Fórmula 1 de Monza, na Itália, as condições climáticas perfeitas, o ritmo perfeito definido automaticamente por um carro Tesla e o tênis perfeito. Ele errou o alvo por apenas 25 segundos. Mesmo assim, ficou satisfeito, não se abateu, mas continuou determinado a fazer melhor. Voltou ao Quênia e começou a se aprimorar.

Ouvindo-o discursar na Oxford Union, de terno escuro e gravata, no final daquele ano, ocorreu-me que ele talvez seja um dos atletas mais sérios e inteligentes que você já conheceu. Buscando constantemente desafiar a si próprio como forma de progredir. Sempre curioso, sempre ouvindo, querendo ler mais e aprender com os outros.

Ele até é um admirador de livros motivacionais de negócios. Relê regularmente *Os 7 Hábitos das Pessoas Altamente Eficazes*, de Stephen Covey, dizendo que o livro o ensinou a importância de trabalhar duro, tratar a profissão o mais seriamente possível e viver ao lado de outras pessoas. Também gosta do livro *As 15 Leis do Crescimento*, de John Maxwell.

Por que ele acha que se tornou o melhor? Por causa de sua tenacidade mental, diz ele. "Muitos de meus colegas treinam tanto quanto eu. Mas o sucesso tem mais a ver com a atitude certa". Talvez um tanto inesperado para um maratonista africano, ele gosta de citar Aristóteles. "Em qualquer profissão, você deve pensar positivamente. Esse é o motivador de sua mente. Se sua mente estiver realmente pensando de forma positiva, então você está no caminho certo. 'O prazer naquilo que você faz coloca a perfeição no seu trabalho'".

Kipchoge às vezes é chamado de filósofo, e por vezes até de Buda. "Nenhum humano é limitado", diz a faixa de elástico que usa no pulso. "A mente é o que move o ser humano", diz ele. "Se você tem essa crença — que deseja ter sucesso —, então pode falar para sua mente. Minha mente está sempre livre. Ela é flexível. Quero mostrar ao mundo que você pode ir além de seus pensamentos, que pode quebrar mais barreiras do que você acha que pode quebrar".

O que o mantém motivado, tendo conquistado títulos olímpicos e recordes mundiais? Na verdade, foi quando ele visitou Iffley Road, a pequena pista de corrida de Oxford em que Roger Bannister quebrou a barreira de quatro minutos para uma milha, em 1954, que Kipchoge ficou realmente obcecado pelas duas horas, como um desafio e um legado. Diz ele: "O mundo está cheio de desafios e precisamos nos desafiar. Para mim, é correr mais rápido do que qualquer outra pessoa na história".

Você poderia supor que, depois de encontrar uma fórmula vencedora, ele continuaria aplicando-a. Não Kipchoge. Um complemento surpreendente em sua programação de treinamento antes de Viena foi a introdução da aeróbica e do Pilates. Ver os atletas altamente sintonizados se exercitando ao som de *Happy* de Pharrell Williams parecia quase surreal. "Busque e aceite a mudança constantemente", diz ele. "Eu sei que não é muito confortável adotar a mudança, mas a mudança na vida de um ser humano ou na vida de qualquer profissão é realmente importante".

Constantemente, ele se pergunta o que poderia ter feito melhor e o que pode fazer no futuro. Ele descreve uma árvore plantada perto de onde mora. "Existe uma placa ao lado dizendo que o melhor momento para plantar uma árvore foi 25 anos atrás. O segundo melhor momento é hoje".

Ao final de sua corrida de quebra da barreira de duas horas em Viena, Kipchoge falou abnegadamente sobre como esperava que seu momento inspirasse outras pessoas, não apenas a superar a barreira de duas horas, mas também para que acreditassem no espírito da humanidade, para se erguerem acima do conflito e da dúvida. "Podemos fazer deste mundo um mundo lindo, um mundo pacífico, um mundo de corridas".

INSPIRAÇÃO 2: DEEPMIND
EMBORA NOS MARAVILHEMOS COM AS PROEZAS RADICAIS DO DESEMPENHO HUMANO, TAMBÉM SABEMOS QUE A TECNOLOGIA TEM O POTENCIAL DE SUPERAR A HUMANIDADE.

O jogo de xadrez há muito serve de referência para pesquisadores de IA. John McCarthy, que cunhou a expressão "inteligência artificial" no início da década de 1950, uma vez a comparou ao modo como a mosca da fruta é usada para entender a genética.

Em 1966, o supercomputador Deep Blue da IBM entrou em uma maratona de jogos de xadrez contra Garry Kasparov, o campeão mundial. O Deep Blue acabou vencendo Kasparov, marcando a primeira vez que uma máquina derrotou um campeão mundial.

Passados alguns anos, a tecnologia da computação estava consistentemente derrotando os grandes mestres de xadrez.

No entanto, os desenvolvedores de IA sabiam que precisavam de desafios maiores, em busca de jogos mais complexos para testar seus algoritmos cada vez mais sofisticados. Eles voltaram sua atenção para o antigo jogo de estratégia chinês Go, que é enganosamente simples de jogar, mas extraordinariamente complexo de dominar.

O jogo foi inventado na China há mais de 2.500 anos e acredita-se que seja o jogo de tabuleiro mais antigo jogado até os dias de hoje. Foi considerada uma das quatro artes essenciais da cultura aristocrática chinesa. Go tem um tabuleiro maior do que o xadrez, uma grade de 19 x 19 linhas contendo 361 pontos e, portanto, com muito mais alternativas a serem consideradas por jogada.

Foi preciso mais uma década de desenvolvimento de aprendizado de máquina até que os cientistas pudessem criar um jogador de Go baseado em IA verdadeiramente competitivo.

Em 2014, uma equipe da DeepMind Technologies, sediada em Londres, começou a trabalhar em uma rede neural de aprendizado profundo chamada AlphaGo. Passados dois anos, um misterioso jogador de Go online chamado "Master" apareceu na popular plataforma de jogo asiática Tygem. O misterioso jogador dominou os jogos contra muitos campeões mundiais.

INTRODUÇÃO

No final, confirmou-se que o "Master" foi de fato criado pela DeepMind, desde então adquirida pelo Google e agora uma subsidiária da Alphabet.

O mestre foi substituído por um grande mestre em 2017. AlphaZero, uma versão aprimorada do sistema original, adotou um algoritmo ainda mais sofisticado concebido para aprender à medida que progredia nos jogos. O sistema simplesmente joga contra si mesmo, repetidamente, e aprende como dominar qualquer jogo para o qual foi programado. Pesquisando 80.000 posições, uma fração do que outro software preditivo usava, a máquina aperfeiçoou o jogo em 24 horas usando uma espécie de intuição de IA.

O AlphaZero alcançou duas coisas: autonomia dos humanos e habilidade super-humana. O cientista e futurista James Lovelock chama isso de "o Novaceno", traduzido como "o novo novo" em latim e grego, em que uma nova forma de vida inteligente surge de uma máquina baseada em IA iniciada pelo homem e passa a não requerer mais a intervenção humana.

Ele chama o AlphaZero e outros seres semelhantes de ciborgues.

Em seu livro *Novaceno: o advento da era da hiperinteligência*, Lovelock sugere que entidades baseadas em IA podem pensar e agir 10.000 vezes mais rápido que os humanos (para ter uma ideia do que isso significa, os humanos podem pensar e agir 10.000 vezes mais rápido que as plantas). Ele, então, reflete que talvez a vida baseada em IA seja um tanto entediante, considerando que um voo para a Austrália usando transporte físico levaria atualmente 3.000 anos baseados em IA.

A verdadeira questão envolvendo um ciborgue — um termo cunhado pela primeira vez pelo austríaco Manfred Clynes para descrever um organismo tão autossuficiente quanto um humano, mas feito de materiais projetados — é o fato de ele ser capaz de se aprimorar e se replicar.

É claro que já temos muitos aparelhos que aprendem e melhoram continuamente. Pegue o Google Maps, por exemplo, que constantemente aprende com todos os seus usuários sobre as situações de tráfego em tempo real, e quanto maior o número de usuários, melhor a informação. Ou considere o Google Nest, um termostato inteligente que controla a temperatura em nossas casas. Por enquanto, são ferramentas úteis para nos ajudar a viver melhor.

O húngaro John Van Neumann descreveu "a singularidade" como um ponto em que o crescimento tecnológico inteligente se torna incontrolável e irreversível. Tanto o físico Stephen Hawking quanto o empresário Elon Musk alertaram sobre a profunda implicação de uma IA autônoma.

> **INSPIRAÇÃO 3: TAN LE**
> A REFUGIADA DE UM BARCO VIETNAMITA QUE ENCONTROU UM NOVO COMEÇO NA AUSTRÁLIA, GRADUANDO-SE COMO ADVOGADA E DEPOIS CRIANDO A EMOTIV, EMPRESA LÍDER MUNDIAL EM NEUROTECNOLOGIA.

Tan Lee tinha apenas quatro anos quando fugiu do Vietnã com a mãe e a irmã, amontoadas a bordo de um barco de pesca com outras 162 pessoas, em busca de uma vida melhor. Foi uma escolha difícil, abandonar o pai e rumar para mares incertos.

Navegaram por cinco dias e, então, depois de perder energia, ficaram à deriva pelo Mar do Sul da China. Ela se lembra das longas noites escuras e do mar agitado, e de todos ficarem desesperados quando a comida e a água acabaram.

A sorte veio na forma de um petroleiro britânico que se ofereceu para resgatá-los. Após três meses em um campo de refugiados, a família recebeu uma oferta de voo para a Austrália. Enquanto o avião voava por um país desconhecido, ela se impressionava com o enorme vazio de terra e, mais tarde, refletiu sobre isso como um símbolo de novas oportunidades que nunca poderia ter imaginado.

Aos oito anos de idade, conta sua mãe, ela era uma sonhadora e gostava principalmente de fingir que tinha o poder da telepatia, inspirada por um filme a que tinha assistido. Na verdade, ela se autodenominava uma nerd curiosa, desesperada para trabalhar duro e aproveitar a oportunidade. Ao mesmo tempo, estava muito consciente do fato de ser diferente — sua aparência, seu sotaque, seu passado.

Então, com 20 anos de idade, ganhou o prêmio de Jovem Australiana do Ano, por seu trabalho ajudando outros imigrantes a se estabelecer localmente, aprender a língua inglesa e encontrar emprego. Ficou surpresa que alguém como ela pudesse ganhar tal prêmio. Foi o momento que realmente abriu sua mente.

Começou a olhar além do sonho de sua mãe de se tornar uma médica ou advogada. Graduou-se em direito, mas rapidamente voltou a atenção para a engenharia de software, explorando como as ondas cerebrais podem controlar dispositivos digitais. Era tudo uma questão de compreender o cérebro em contexto, e como ele poderia ser direcionado para um trabalho mais produtivo, para envolver os consumidores mais profundamente com as marcas, para ajudar as pessoas com deficiência. Seus primeiros trabalhos incluíram o desenvolvimento de fones de ouvido de EEG (eletroencefalografia), permitindo que as pessoas controlassem um carro, drone ou jogo com a mente.

"Quando os neurônios do seu cérebro interagem, eles emitem impulsos elétricos que podemos, então, traduzir em padrões que se tornam comandos, utilizando o aprendizado de máquina", explicou.

Ela fundou a Emotiv, uma empresa de bioinformática focada em entender o cérebro em contexto, e como ele poderia ser direcionado para um trabalho mais produtivo, para envolver os consumidores mais profundamente com as marcas, para ajudar as pessoas com deficiência.

Escolhida para fazer parte dos Jovens Líderes Empresariais do Fórum Econômico Mundial em 2009, Le participou de um jantar realizado em Buenos Aires com outros colegas. Em frente a ela, estava um brasileiro sentado em uma cadeira de rodas chamado Rodrigo Hübner Mendes. Ele se apresentou como um piloto de Fórmula 1 que usava uma interface cerebral especialmente desenvolvida para controlar o veículo.

Mendes explicou como virava à esquerda ao se imaginar comendo uma refeição saborosa, à direita imaginando estar andando de bicicleta, e como acelerava ao imaginar que acabara de marcar um gol do Brasil na Copa do Mundo. Ele explicou como a tecnologia para o carro foi desenvolvida por uma pequena empresa inovadora chamada Emotiv. Ela sorriu, profundamente comovida com a história dele.

INTRODUÇÃO

Hoje, a Emotiv é líder mundial em software de interface para o cérebro, com tecnologia mais barata do que um console de videogame, mas com a capacidade de inovar e fundamentalmente melhorar nossas vidas. Com escritórios em todo o mundo, ela passa grande parte do tempo em Hanói, onde sua tecnologia inovadora está sendo desenvolvida por jovens tecnólogos vietnamitas.

Le reflete sobre sua jornada pessoal, dizendo: "Como minha mãe, dei um salto de fé no mundo da tecnologia e, particularmente, em uma área completamente nova para a qual não tinha qualificações ou experiência".

Ela admite abertamente que não tem todas as respostas, dizendo "eu tento fazer as escolhas certas, mas você nunca sabe exatamente para onde está indo, ou se está fazendo o seu melhor", mas também tem um otimismo contagiante: "O futuro ainda não chegou. Temos a chance de criá-lo, de criá-lo juntos".

Quanto a Mendes, ele recentemente participou de uma conferência em Dubai ouvindo o piloto campeão mundial de F1 Lewis Hamilton. Quando vieram as perguntas no final, Mendes imediatamente levantou a mão. Ele desafiou o campeão mundial para uma corrida usando carros comandados por ondas cerebrais. Hamilton, um amante de novas tecnologias, aceitou. A corrida os espera.

> **INSPIRAÇÃO 4: SATYA NADELLA**
> O CEO INDIANO DIZ QUE NÃO QUER SER LEGAL, MAS SIM TORNAR AS OUTRAS PESSOAS LEGAIS, INSPIRANDO A MICROSOFT A SE TORNAR A EMPRESA MAIS VALIOSA DO MUNDO, DE NOVO.

O impacto da tecnologia em nossas vidas ainda está em sua infância. De telefones celulares às redes sociais que trazem novas conexões e gratificação instantânea, passando pela reinvenção de todos os setores econômicos. É aqui que a Microsoft vê seu futuro.

Após 15 anos de liderança visionária de Bill Gates no mundo tecnológico que surgia, "colocando um computador em cada mesa", a Microsoft foi decaindo sob o controle mais pesado de Steve Ballmer, até que em 2014 Satya Nadella assumiu e, em suas palavras, "clicou o botão F5 de atualização".

Em seu primeiro discurso como CEO, nem sequer mencionou a palavra "Windows", o sistema operacional da empresa e sua grande fonte de renda. Em vez disso, ele disse: "o mundo tem a ver em primeiro lugar com nuvem, com dispositivos móveis", estabelecendo suas novas prioridades de crescimento.

Em cinco anos, ele mais do que quadruplicou o valor da empresa, e com um foco em como uma nova geração de tecnologias, notadamente a IA, pode permitir que outras empresas se transformem, com a ajuda da Microsoft.

"Não queremos ser a empresa legal no setor de tecnologia", diz Nadella, "queremos ser a empresa que torna as outras pessoas legais". Com

INTRODUÇÃO

isso, ele quer dizer que sua missão é construir a Microsoft como a força capacitadora por trás do mundo empresarial de hoje. Enquanto seus antecessores queimaram os dedos tentando criar hardware de marca, principalmente adquirindo o negócio de celular móvel da Nokia, Nadella fica mais feliz criando o interior inteligente das soluções de outras pessoas. Sendo o parceiro, o capacitador, para empoderar os outros e torná-los grandes.

No enorme campus de Redmond da Microsoft, nos arredores de Seattle, há uma revolução na atitude e na prática. Foi-se o tempo do velho pensamento insular e orientado pelo ego. As estratégias da sala do conselho são substituídas pelas maratonas de programação "hackathon", onde qualquer pessoa pode brilhar. Desenvolvedores elitistas são usurpados por ideias que podem vir de qualquer lugar. A colaboração com parceiros, até mesmo Apple e Amazon, é o novo normal. E grandes dilemas humanos e éticos estão no topo da agenda da empresa: como controlar máquinas inteligentes, como lidar com a saúde global e a desigualdade.

Mas isso não é um culto da liderança ou uma hierarquia de comando. Nadella é um líder muito moderno, reconhecendo que seu papel não é ser o especialista, ou o herói, ou o tomador de decisões, mas ser o facilitador, o conector, o capacitador. Por trás desse comportamento, está a crença na ideia de uma "mentalidade de crescimento". Em nenhum outro lugar você encontrará essa abordagem de liderança mais clara, aplicada e poderosa do que na Microsoft de hoje.

"Mentalidade de crescimento" é um conceito simples, mas poderoso, que uso constantemente em meu trabalho com líderes empresariais. Um dos maiores problemas que as empresas enfrentam, e as bem-sucedidas ainda mais, é que continuam tentando aperfeiçoar o mundo existente.

Em vez disso, provavelmente é hora de deixar para lá. Conforme o mundo muda, cada vez mais radicalmente, os líderes precisam mudar também — olhando para frente, não para trás, experimentando novas ideias, em vez de buscar otimizar as antigas. As economias de eficiência não criarão o seu futuro, mas ideias e imaginação sim. Mude de retornos decrescentes para oportunidades exponenciais.

"Não seja um sabe-tudo, seja alguém que aprende tudo", Nadella adora dizer. "Em 2014, cancelamos a reunião da empresa em que nossos líderes diriam aos funcionários o que é importante, em troca de ter um hackathon que permite que nossos funcionários digam aos líderes o que é importante", lembra Jeff Ramos, chefe da Microsoft Garage, onde funcionários com uma ideia brilhante podem vir e experimentar, construir, hackear e ver se suas ideias têm potencial.

Recentemente assisti a Nadella subir ao palco na Microsoft Envision, um evento enorme em que a empresa reúne muitos dos principais CEOs do mundo para explorar o futuro. Havia uma energia real na sala. Dele — um grande sorriso radiante, um discurso edificante, uma atitude totalmente positiva —, mas também de sua equipe. Ele acredita em um novo mundo de negócios, em que as equipes vencem a hierarquia, em que a colaboração vence a competição, em que a humanidade é sempre superior à tecnologia, e onde os sonhos superam os números.

Em novembro de 2018, a Microsoft tornou-se novamente a empresa mais valiosa do mundo, depois de um intervalo de 16 anos. Passados sete meses, a empresa atingiu a marca de US$1 trilhão no mercado de capitais.

No final de 2019, Nadella foi nomeado Personalidade do Ano pelo *Financial Times*, com a revista afirmando que Nadella presidiu "uma era de impressionante criação de riqueza".

> **INSPIRAÇÃO 5: MARY BARRA**
> ELA DESAFIOU A CULTURA TRADICIONAL DA GM (GENERAL MOTORS) EM ESTILO DRAMÁTICO, REJEITANDO A COMPLACÊNCIA E ADOTANDO NOVAS TECNOLOGIAS, EM UMA MISSÃO DE REINVENTAR SUA INDÚSTRIA.

A fabricação de carros está longe de ser um negócio de luxo, especialmente no coração dizimado da indústria automobilística norte-americana. A chegada de marcas melhores e mais baratas, como a Toyota, do Japão, e mais recentemente outros da China e da Coreia do Sul, fundamentalmente desafiou os fabricantes locais. A globalização estava matando a indústria local.

Mary Barra cresceu nos arredores de Detroit, numa época em que a cidade e a indústria automobilística estavam em alta. Seu pai, Ray Makela, trabalhou como pintor por 39 anos na fábrica do Pontiac, enquanto Mary começou a trabalhar no setor com a idade de 18 anos, verificando para-choques e inspecionando capôs para pagar a faculdade.

"Meus pais nasceram e foram criados durante a Depressão. Eles incutiram grandes valores de integridade e a importância do trabalho árduo, e eu tenho levado isso comigo para todos os empregos", diz ela.

Seu tutor no Instituto General Motors contou como lhe ensinou muitos aspectos do design de automóveis, incluindo como fazer o limpador de para-brisa funcionar. Ele disse que Barra sempre foi a líder, encarregando-se de grupos majoritariamente masculinos, equilibrando o forte conhecimento técnico com sua habilidade de comunicação.

Ela ingressou na GM em tempo integral e subiu na hierarquia, passando à vice-presidente de fabricação global em 2008 e, em seguida, de recursos humanos. Em 2014, com a empresa cada vez mais lutando para sobreviver e incerta sobre um futuro que parecia elétrico e sem motoristas, tornou-se CEO.

Ela descreveu sua missão como a de "salvar a GM e reinventar a indústria automobilística".

Em seu primeiro ano como líder, a GM foi forçada a fazer um recall de 30 milhões de carros devido a questões de segurança que resultaram em 124 mortes. Ela foi chamada ao Senado para explicar os problemas, e a reputação da marca despencou para o nível mais baixo da história. Os recalls, no entanto, também exigiram mudanças significativas nas práticas de trabalho. Ela introduziu novas políticas para que os funcionários relatassem problemas, e assim nasceu uma nova cultura de abertura e determinação para contra-atacar.

Nos cinco anos seguintes, Barra pressionou a GM para se transformar, adotando a inovação e novas formas de trabalhar, tanto operacional quanto estrategicamente. Em especial, ela queria aproveitar a liderança em novas tecnologias, como motores híbridos e direção automatizada.

Questionada pela CNN sobre o que é preciso para transformar uma empresa tradicional, ela disse: "É preciso muito! Você precisa das pessoas certas, da cultura certa e da estratégia certa. Para ser realmente excelente, sua equipe precisa ter diversidade de pensamento e estar disposta a colaborar de forma construtiva".

A cultura da empresa deve empoderar e inspirar as pessoas a perseguir incansavelmente a visão da companhia, sempre com integridade. Uma estratégia forte é o roteiro para alcançar sua visão, mas você precisa de estratégias para este ano, bem como para os próximos 5, 10 e 20 anos — e todas podem ter de trabalhar em conjunto. Nossa visão na GM é um mundo com zero acidentes, zero emissões e zero congestionamento, e todos na equipe sabem que estamos comprometidos em colocar o cliente no centro de tudo o que fazemos.

Na GM, vivemos e trabalhamos com um conjunto de sete comportamentos, um dos quais chamamos de Inovar Agora. Isso significa que "eu vejo as coisas não como são, mas como deveriam ser". Assim, capacitamos nossas equipes para inovar e criar, ao mesmo tempo em que entendemos as macrotendências.

Em 2016, Barra gastou mais de US$1 bilhão para investir na Cruise, uma empresa de software para carros autônomos. Ela colocou isso no centro de sua revolução. A aquisição deu ao antigo negócio uma injeção de novas capacidades, mas também nova coragem e criatividade.

"Minha definição de 'inovador' é fornecer valor ao cliente", acrescenta ela.

Sua mudança representou US$20 bilhões em valor de mercado, apenas com a confiança dos investidores. Logo as receitas começaram a crescer novamente, com funcionários e clientes acreditando em um novo futuro. O Chevy Bolt, um carro sem volante, de repente tornou realidade os sonhos de automóveis autônomos, e as marcas da GM começaram a ser objeto de desejo novamente.

> **INSPIRAÇÃO 6: JACK MA**
> O PROFESSOR DE HANGZHOU, GANHANDO US$12 POR MÊS, TRANSFORMOU O ALIBABA EM UM LÍDER GLOBAL EM TECNOLOGIA DE US$400 BILHÕES AO LONGO DE 20 ANOS, ANTES DE SE APOSENTAR PARA VOLTAR A SER PROFESSOR NOVAMENTE.

A tecnologia, naturalmente, não é tudo. Embora as máquinas possam eclipsar 30% dos empregos humanos de hoje, ainda haverá necessidade de obter mais do que velocidade e eficiência. Isso exige que os humanos se imponham para aproveitar suas características mais distintivas: criatividade e intuição. Para ir além da tecnologia.

Ma começou a estudar inglês ainda jovem, passando o tempo conversando com visitantes de língua inglesa no hotel internacional de Hangzhou, perto de sua casa. Ele então pedalava 100 km em sua bicicleta para oferecer aos turistas passeios guiados pela área para praticar o inglês. Os estrangeiros o apelidaram de "Jack" porque achavam o seu nome chinês muito difícil de pronunciar.

INTRODUÇÃO

Em 1988, tornou-se professor de inglês, ganhando apenas US$12 por mês, e descreveu isso anos depois, ao falar no Fórum Econômico Mundial de 2018, como "a melhor vida que tive".

Depois de ensinar, logo teve ambições de fazer mais. Candidatou-se a 30 empregos diferentes e foi rejeitado por todos. Queria ser policial, mas lhe disseram que era muito pequeno. Tentou a sorte no KFC, o primeiro a chegar à China. Ficou famosa a história que ele conta: "Vinte e quatro pessoas se apresentaram para o emprego. Vinte e três foram contratadas. Fui o único a não ser aceito". Inscreveu-se na Harvard Business School, mas foi rejeitado dez vezes.

Ele perseverou. Em 1994 descobriu a internet. Um dia, ao buscar online as diferentes cervejas do mundo, surpreendeu-se por não encontrar nenhuma da China. A marca de cerveja mais consumida no mundo, a cerveja Snow, é obviamente chinesa. Então ele e um amigo lançaram um site simples em chinês chamado China Pages. Em poucas horas, investidores estavam ao telefone e, em três anos, ele estava gerando mais de 5 milhões de yuans chineses:

> Meu sonho era montar minha própria empresa de e-commerce. Em 1999, reuni 18 pessoas em meu apartamento e falei para elas durante duas horas sobre minha visão. Todos colocaram dinheiro na mesa e isso nos rendeu US$60.000 para iniciar o Alibaba. Eu queria ter uma empresa global, então escolhi um nome global.

Entrevistado no Fórum Econômico Mundial, disse: "Eu chamo de Alibaba e os 1001 erros. Expandimos rápido demais e depois, na bolha das pontocom, tivemos que fazer demissões. Em 2002, tínhamos dinheiro suficiente apenas para sobreviver por 18 meses. Tínhamos muitos membros gratuitos utilizando nosso site e não sabíamos como ganharíamos dinheiro. Então desenvolvemos um produto para os exportadores da China encontrarem compradores internacionais online. Esse modelo nos salvou".

Nas duas décadas seguintes, ele transformou o Alibaba em uma organização de US$400 bilhões. Em 2017, para comemorar o 18º aniversário do gigante da internet, Ma apareceu no palco vestido como Michael Jackson, transformando o evento em uma performance de "Thriller". Sua paixão pela empresa e pelo público de funcionários manifestou-se.

Olhando para trás, refletiu: "As lições que aprendi com os dias sombrios do Alibaba são que você precisa fazer com que sua equipe tenha valor, inovação e visão. Uma vez que você não desista, sempre há uma chance. E quando você é pequeno, precisa estar muito focado e confiar em seu cérebro, não em sua força".

E sobre si mesmo, muitas vezes citado como apoiador da mentalidade de trabalho "996" (trabalhando das 9h da manhã às 9h da noite, seis dias por semana), ele acrescenta: "Eu não acho que sou um workaholic. Todo fim de semana, convido colegas e amigos para jogar cartas em minha casa. E as pessoas, meus vizinhos, sempre se surpreendem, porque moro no apartamento do segundo andar e há geralmente 40 pares de sapatos na frente do meu portão. Nós nos divertimos muito".

No aniversário de 20 anos do Alibaba, agora com 54 anos de idade e valendo mais de US$40 bilhões, ele decidiu se aposentar, dizendo: "os professores sempre querem que os alunos os superem, então a coisa mais responsável a fazer por mim e pela empresa é deixar que pessoas mais jovens e talentosas assumam cargos de liderança para herdar nossa missão de 'facilitar a realização de negócios em qualquer lugar'".

"Tendo me formado como professor, sinto-me extremamente orgulhoso do que conquistei", escreveu ele a seus colegas e acionistas, antes de acrescentar: "Ainda tenho muitos sonhos pela frente. Quero voltar a ensinar, o que me emociona com tantas bênçãos, porque é isso que amo fazer. É algo a que quero dedicar a maior parte do meu tempo quando me aposentar".

Ele falou com paixão sobre os desafios para o futuro da educação, dizendo: "Um professor deve aprender o tempo todo; um professor deve compartilhar o tempo todo. A educação é um grande desafio agora — se não mudarmos a forma como ensinamos, 30 anos depois estaremos em apuros. Não podemos ensinar nossas crianças a competir com as máquinas que são mais inteligentes — temos de ensinar-lhes algo que seja único. Assim, em 30 anos, nossas crianças terão uma chance".

> **INSPIRAÇÃO 7: JK ROWLING**
> HARRY POTTER FOI O PONTO CULMINANTE DA PRÓPRIA HISTÓRIA DA AUTORA, PARTINDO DA POBREZA E DA REBELIÃO PARA A FAMA E A FORTUNA. "NÃO IMPORTA ONDE UMA PESSOA NASCE, MAS QUEM ELA ESCOLHE SER".

O poder da nossa imaginação para impulsionar a criatividade e a inovação, envolver as pessoas com empatia e inspirar seus sonhos foi o tema do discurso de Joanne Rowling na formatura dos alunos da Universidade de Harvard em 2008.

A autora best-seller, mais conhecida como JK Rowling, contou como usou suas experiências de trabalho como pesquisadora e secretária bilíngue da Anistia Internacional para imaginar as histórias que se tornaram seus livros muito amados.

Ela concebeu a ideia para seus livros *Harry Potter* enquanto esperava um trem atrasado de Manchester para Londres em 1990, imaginando a história de um jovem bruxo que foi para a escola de bruxaria. Sem nada para anotar suas ideias, rapidamente traçou um enredo inteiro em sua cabeça e depois tentou escrevê-lo ao chegar em casa.

Os sete anos seguintes foram difíceis, com a morte da mãe, o nascimento do primeiro filho e o divórcio do primeiro marido. Tendo perdido o emprego, porque ficava sonhando com os enredos, decidiu mudar-se para a cidade do Porto, onde casou-se por um breve período com um jornalista de televisão local, antes de se dirigir a Edimburgo para ficar com a irmã.

INTRODUÇÃO

Em 1995, enviou o manuscrito a todas as editoras que conseguiu encontrar, mas foi rejeitada por todas, com a justificativa de que a história era muito longa, muito elitista e muito complicada. Por fim, a filha do CEO da editora Bloomsbury leu a história e não conseguiu largá-la. Sua influência sobre o pai resultou em um adiantamento de £4.000 para Rowling. O único problema é que eles sentiram que seu pseudônimo precisava de mais estilo, e então ela pegou emprestado a inicial do meio de sua avó, Kathleen.

Harry Potter e a Pedra Filosofal foi publicado em 1997 e recebeu críticas entusiasmadas. O que realmente mudou sua vida foi quando a editora Scholastic se ofereceu para comprar os direitos para publicar o livro nos EUA por sensacionais US$105.000. O livro vendeu 80.000 exemplares no primeiro ano e liderou a lista de best-sellers do *New York Times*. Ao longo dos anos, o livro tornou-se o romance de maior sucesso financeiro da história, com 400 milhões de leitores e US$10 bilhões em vendas.

Sua própria história, um pouco parecida com a de Jack Ma, foi da miséria à riqueza, conforme progrediu de uma vida de benefícios do Estado para ser a primeira autora bilionária do mundo. Perdeu seu status de bilionária depois de doar grande parte de seus ganhos para instituições de caridade, mas continua sendo uma das pessoas mais ricas do mundo.

Ela escreveu seu primeiro livro, *Rabbit*, quando tinha seis anos de idade, sobre um coelho que vivia em sua aldeia de Tutshill, em Gloucestershire, que ficou doente e foi cuidado por uma abelha chamada Miss Bee. Ela estava convencida de que poderia ser escritora, embora lhe faltasse confiança.

Quando Rowling estava na escola, seus pais não queriam que ela insistisse no sonho de ser escritora porque temiam que isso não pagasse uma hipoteca. Ela os ignorou, dizendo que você deve ouvir seus amigos, familiares e todos aqueles que se preocupam com você, mas lembrando-se sempre de que é a sua vida. "Se você tem um dom, talento, sonho, então persiga-o. Ninguém sabe como vai acabar, mas se você ama o que faz e coloca toda a sua energia nisso, suas chances de sucesso são grandes".

Seu editor na Bloomsbury diz que o grande ponto forte de Rowling é que ela tem "uma visão microscópica e macroscópica do mundo", que lhe permite contar histórias imaginativas com detalhes envolventes.

"Passar nos exames", disse ela aos recém-formados em Harvard, "não determina o seu sucesso". Embora admitindo ter um talento especial para fazer testes e passar nos exames, ela também disse que foram seus fracassos que a levaram mais longe. "É impossível viver sem fracassar em algo, a menos que você viva com tanta cautela que pode não ter vivido de verdade". Em vez de tentar evitar o fracasso, devemos estar dispostos a aceitar que ele virá e estar prontos para construir nossas vidas a partir disso.

"Passar pela vida sem fracassar", diz ela, "não seria uma vida que valesse a pena ser vivida".

"A imaginação é o poder que nos permite ter empatia pelos humanos cujas experiências nunca compartilhamos", diz Rowling, proclamando que a imaginação é crucial para a vida. Sem ela, ignoramos a qualidade verdadeiramente única que nos diferencia de todas as outras espécies, afirmando efetivamente que somos humanos.

INTRODUÇÃO

Talvez também devêssemos nos lembrar das palavras do grande mago de Rowling, Dumbledore, diretor da Escola de Magia e Bruxaria de Hogwarts, que disse: "Não importa onde uma pessoa nasce, mas quem ela escolhe ser".

ENTÃO, CONTINUE A LER...

Você tem a crença de Kipchoge, para aproveitar tecnologias como a AlphaGo, o que pode transformar empresas como Nadella, abandonar o passado como Barra, criar o legado de Ma e realizar sonhos como Rowling?

E fazer do seu jeito?

MUDANÇA 1
AURORA

Recodifique seu futuro

COMO VOCÊ REINVENTARÁ SUA EMPRESA PARA UM FUTURO MELHOR?

De máquina de lucros para progresso esclarecido.

Aurora é a palavra latina para amanhecer, originada da antiga deusa romana do amanhecer. Em meteorologia, descreve as faixas luminosas que ocasionalmente se formam na atmosfera superior quando partículas solares carregadas se alinham com o campo magnético da Terra.

Considere as amplas aspirações destas empresas:

- A Adidas, marca esportiva global, acredita que "por meio do esporte, temos o poder de mudar vidas".
- A Bulletproof, que cria alimentos inovadores, incluindo um ótimo café, existe "para ajudar as pessoas a ter um melhor desempenho, pensar mais rápido e viver melhor".
- O Google busca "organizar as informações do mundo e torná-las universalmente acessíveis e úteis".
- A IKEA eleva-se acima de suas criações em embalagens planas para dizer que está aqui "para criar uma vida cotidiana melhor para muitas pessoas".
- A Nike quer "trazer inspiração e inovação para todos os atletas do mundo" e observa que "se você tem um corpo, você é um atleta".
- A Shopify busca "tornar o comércio melhor para todos, para que as empresas possam se concentrar naquilo que fazem melhor: desenvolver e vender seus produtos".
- A Tesla, com todo o seu foco em carros rápidos e elegantes, tem um objetivo mais valioso: "acelerar a transição do mundo para a energia sustentável".
- A Whole Foods deseja "criar em conjunto um mundo em que cada um de nós, nossas comunidades e nosso planeta possam prosperar", acrescentando, "com grande coragem, integridade e amor".

Qual é o propósito de sua empresa?

> **CÓDIGO 1: QUAL É O SEU POTENCIAL FUTURO?**
> FIQUE ACIMA DO CAOS E COMPLEXIDADE DE HOJE, DEIXE DE LADO A OBSESSÃO COM O QUE O TROUXE ATÉ AQUI E, EM VEZ DISSO, CONCENTRE-SE EM CRIAR UM FUTURO OUSADO, CORAJOSO E BRILHANTE.

No final de 1999, o otimismo estava nas alturas conforme um novo milênio de possibilidades se aproximava. Para mim, foi particularmente emocionante, pois minha primeira filha, Anna, nasceu poucas semanas antes do início de 2000. Enquanto os relógios anunciavam o novo milênio, minha esposa Allison e eu ficamos do lado de fora de casa, nosso novo bebê dormindo em meus braços, enquanto a exibição de fogos de artifício mais deslumbrantes que já vi na vida iluminava o céu ao nosso redor.

No entanto, a economia se move em ciclos e, três meses depois da comemoração de um novo século, lembro-me vividamente do dia do crash das empresas pontocom. Os sonhos deslumbrantes de muitos empreendedores online vieram abaixo. Alguns sobreviveram, mas muitos outros não, incluindo o meu próprio. Percebi que, agora com uma família jovem, precisava ser mais inteligente para construir uma empresa e prever o futuro.

Muitas pessoas se inspiraram em uma startup sediada em Seattle, chamada Amazon. Alguns anos antes, em 1993, Jeff Bezos trabalhava em Wall Street, uma estrela em ascensão de 30 anos de idade no mundo dos fundos de hedge. Em sua mesa pousou um relatório descrevendo como a internet, que surgia, poderia se tornar um enorme mercado virtual, capaz de ultrapassar as antigas fronteiras de nações e mercados. Tim Berners-Lee, do CERN, acabara de lançar a World Wide Web no início daquele mesmo ano, permitindo que qualquer pessoa começasse a construir um negócio online de forma simples e econômica.

Poucas semanas depois, Bezos deixou seu emprego ambicioso, abarrotou um trailer de malas e partiu para o oeste com sua jovem esposa, ainda com importantes perguntas por esclarecer. Em Seattle, onde a maioria do pessoal de tecnologia se agrupava em torno da Microsoft, ele traçou seu plano de negócios com o sonho de criar a maior livraria do mundo. Inicialmente denominou-a Cadabra, depois pensou em Relentless, mas acabou optando por Amazon. Passados três anos, abriu o capital da empresa com uma IPO. Qualquer pessoa que tivesse investido US$5.000 na empresa de Bezos naquela época teria o equivalente a cerca de US$5 milhões hoje.

Ao mesmo tempo, Anne Wojcicki, uma analista de investimentos júnior de 25 anos de idade, estava sentada em sua mesa em Wall Street, não muito longe do antigo escritório de Bezos.

Ela leu que o futuro dos cuidados com a saúde tem tudo a ver com dados: perfis genéticos de cada indivíduo permitindo medicamentos e cuidados personalizados. As pessoas não precisariam mais depender de medicamentos padronizados com eficácia limitada, procurando tratar doenças já estabelecidas, muitas vezes tarde demais. Em vez disso, os cuidados de saúde poderiam ser transformados para se tornar pessoais, positivos e proativos.

Como Bezos, a paixão por criar um futuro melhor despertou dentro dela e, em poucas semanas, largou o emprego e foi para São Francisco para fundar uma empresa de perfis de DNA, a 23andMe.

Na época custava aproximadamente US$300.000 para sequenciar todo o genoma humano. Wojcicki procurou reduzir acentuadamente o custo utilizando uma tecnologia chamada genotipagem, que verifica partes específicas de um gene em busca de determinadas mutações conhecidas por estarem ligadas a certas doenças, em vez de criar uma sequência completa. A marca foi lançada para os consumidores em 2007, com pacotes de teste disponíveis pelo correio por US$999 e, posteriormente, diretamente na prateleira da farmácia.

O revolucionário negócio da genética misturou ideias de nova tecnologia de genoma e financiamento coletivo, em um modelo que desde então reduziu o custo do perfil de DNA para US$99 e, provavelmente, cairá muito mais nos próximos anos. Ela agora lidera uma revolução nos cuidados com a saúde.

OLHE PARA FRENTE, NÃO PARA TRÁS

No entanto, gastamos muito tempo olhando para trás e não o suficiente olhando para frente. Assim, o nosso futuro padrão é uma extrapolação do que fizemos, não o que poderíamos fazer. Em um mundo de mudanças turbulentas, um futuro baseado no passado pode ser bastante limitador e com retornos decrescentes.

Naturalmente, nos confortamos olhando para trás. É muito mais fácil definir, avaliar.

Como indivíduo, quando foi a última vez que você procurou um novo emprego? Provavelmente você tentou mostrar seu potencial descrevendo o que fez no passado. Orgulhosamente apresentou seu currículo descrevendo de forma eloquente suas experiências do passado, qualificações impressionantes e realizações anteriores. Pode até ser impressionante, mas é uma história antiga.

Como empresa, você provavelmente faz o mesmo. Planos, reuniões e relatórios diários são gastos analisando o passado. O desempenho trata do que fizemos no último trimestre, no ano passado e em comparação com os anos anteriores. A estratégia muitas vezes se baseia no que fizemos, nossas capacidades e recursos existentes, e limitamos nosso futuro pelo que fazemos atualmente.

No entanto, todos sabemos ser improvável que aquilo que nos trouxe até aqui nos leve para onde queremos ir.

Como indivíduos e como organizações, sabemos que não é o que fizemos que importa, mas o que podemos e poderíamos fazer em seguida. No entanto, o que fazemos a seguir provavelmente será uma repetição do que temos feito, a menos que mudemos algo. Qual é a mudança que abrirá as portas para mais do que era anteriormente possível? Qual é a chave para nosso potencial no futuro?

Olhar para frente é um luxo raro.

Algumas semanas do ano geralmente são alocadas para planejamento futuro. E disso, somente alguns dias — talvez até horas — são alocados para uma discussão séria sobre futuras possibilidades, desenvolvimento da visão e planejamento de novas direções. As ideias para o futuro são capturadas em cavaletes, slides e slogans, antes que sua magia se perca rapidamente em uma furiosa rodada de negociações orçamentárias com foco em limitar despesas, em vez de revelar novas receitas. As ideias inspiradoras para o amanhã são rapidamente diminuídas pela máquina de gerenciamento de hoje.

Não deveria ser assim. E em um mundo turbulento de mudanças contínuas, não pode ser.

Os líderes empresariais precisam estar de cabeça erguida, não abaixada.

Naturalmente, precisamos de sucesso hoje para criar o amanhã, mas criar o futuro é mais importante. Muitos líderes empresariais afirmam que não têm poder para sair desse ciclo e passar mais tempo olhando para frente. Eles são escravos dos relatórios trimestrais exigidos pelos investidores e das atitudes de curto prazo de muitos analistas. Mas isso é, em grande parte, uma desculpa.

Paul Polman, quando era CEO da gigante britânico-holandesa de bens de consumo Unilever, decidiu acabar com os relatórios trimestrais, argumentando que ele nunca conseguiria fazer mais nada e que seus projetos de investir e desenvolver ideias futuras ficavam sempre comprometidos por um desejo inevitável de fazer o resultado de hoje parecer o melhor possível. Em um confronto com investidores, argumentou que eles também deveriam estar muito mais interessados no crescimento de longo prazo do que na glória em curto prazo. Ele venceu a batalha, e a Unilever começou a prosperar.

O desafio é focar o futuro e envolver todos na exploração e na criação de seu potencial. O valor econômico de uma empresa é medido pela soma dos fluxos de caixa futuros, não pelos lucros do passado. Estes só podem crescer por meio de iniciativas mais focadas no futuro. A alternativa é extrair cada vez mais receitas e menos custos dos negócios existentes, com retornos decrescentes. Isso não é muito divertido e certamente não é o caminho para um futuro melhor.

Os investidores que entendem, por meio de informações melhores e de diálogo, o futuro potencial de iniciativas de longo prazo, recompensarão as empresas com sua confiança. Isso flui para as bolsas de valores e capitalização de mercado.

Os ativos intangíveis, na forma de marcas, patentes, contratos e bases de clientes, são os blocos de construção da inovação e do desempenho futuro. Cerca de 52% do valor acumulado de todas as empresas de capital aberto é intangível, valendo US$57,3 trilhões segundo o *Global Intangible Finance Tracker* (*Rastreador de Finanças Globais Intangíveis*, em tradução livre) da Brand Finance. A maior parte do valor das empresas está relacionada, portanto, ao seu potencial no futuro.

Se os líderes empresariais puderem apresentar mais claramente estratégias futuras para mercados em mudança, novos modelos de negócios para engajar melhor os clientes e portfólios de inovação para transformar ideias novas em ação, então ainda mais desse potencial no futuro poderá ser capturado no valor de seus negócios.

QUAL É O SEU POTENCIAL FUTURO?

Nosso potencial é o que temos pela frente... como podemos ser mais, fazer mais, alcançar mais.

Pense em algumas das grandes pessoas que mudaram para realizar seu potencial:

JK Rowling era secretária de uma editora. No caminho de ida e volta para o trabalho, ela costumava sonhar em escrever um romance, esboçando enredos na cabeça. Como secretária, seu potencial convencionalmente se limitava a funções de apoio administrativo. Mas então ela saiu do emprego, deu o passo ousado de escrever seu primeiro manuscrito, e seu potencial foi transformado.

Eliud Kipchoge era um corredor muito bom. Era mais um dos vários atletas africanos de resistência que competiam ao redor do mundo, ganhando medalhas em grandes eventos. Mas, percebendo que sua carreira estava perto do fim, quis deixar mais uma marca. Mudou para a maratona. Campeão olímpico, detentor do recorde mundial. O primeiro homem a correr abaixo das duas horas.

O "potencial futuro" é o desejo e a capacidade de ser mais. Tanto no âmbito individual e quanto no organizacional, é normalmente impulsionado por três fatores:

- **Coragem para o futuro** — atrevemo-nos a ser mais do que somos atualmente? O potencial futuro requer ambição pessoal e motivação para ir além do nosso mundo atual, abandonar o que sabemos, ir mais longe, entrar no desconhecido.

- **Visão de futuro** — sabemos para onde estamos indo e se é a direção correta? O potencial futuro requer mais escopo, espaço de oportunidade, terreno mais fértil para apoiar o novo crescimento, para ampliar cada vez mais o que está à frente.

- **Capacidade para o futuro** — temos talento, criatividade e recursos para chegar lá? O potencial futuro requer que nos tornemos mais, que nos aprofundemos em nós mesmos, para desenvolver novas mentalidades e capacidades relevantes para o futuro.

Em certo sentido, é mudar do que parece impossível para vê-lo como possível e, então, por meio de nossa coragem e capacidade, torná-lo plausível.

Eu trabalho com muitas organizações, e rapidamente se percebe quais têm o maior "potencial futuro". As organizações que o têm, normalmente, veem o futuro além das estruturas de hoje; procuram ir além de seu setor, inovar os modelos de negócios, provocar a disruptura do jogo atual.

Em 2017, a Tesla se reestruturou como uma empresa de energia, não apenas um negócio automotivo, dando a si mesma muito mais potencial, e os investidores viram do mesmo modo, pois seu desempenho no mercado acionário aumentou. A dinamarquesa Orsted era uma geradora de eletricidade com base no carvão, mas em dez anos se transformou do preto ao verde e agora é um negócio de energia renovável, com enorme potencial de crescimento.

As empresas que não têm potencial futuro competem dentro do espaço existente, buscam produtos aprimorados e eficiências operacionais, mas ficam essencialmente felizes em participar do antigo jogo. A Vodafone, por exemplo, está obcecada em ser um negócio de telecomunicações, focada em aparelhos e planos tarifários, enquanto o resto do mundo está mais interessado em plataformas convergentes e no conteúdo delas. Ou a Ford, lutando para sobreviver em um setor automobilístico que está sendo rapidamente redefinido por novas formas de mobilidade.

De modo semelhante para os indivíduos, fica rapidamente claro quem tem o maior "potencial futuro".

As pessoas que procuram ser mais do que são atualmente — não apenas ambiciosas para subir nas hierarquias corporativas e alcançar cargos maiores, mais poder —, são aquelas que estão constantemente aprendendo, que são curiosas e criativas, que querem se aprimorar, em busca de novas ideias, novas iniciativas, novas maneiras de avançar (Figura 1.1).

O potencial futuro está intimamente ligado à mudança e ao crescimento. É improvável que uma organização alcance mudanças significativas, a menos que as pessoas estejam preparadas para mudar também. O potencial futuro dos líderes tem uma grande influência no potencial futuro de sua organização. Sem os líderes certos, as organizações estão presas no hoje.

Mudança na mentalidade, nas atividades, nas capacidades — como resultado disso, é improvável que as organizações alcancem um crescimento significativo, além apenas do crescimento relacionado ao trabalho duro, a menos que vejam o crescimento pessoal como pré-requisito.

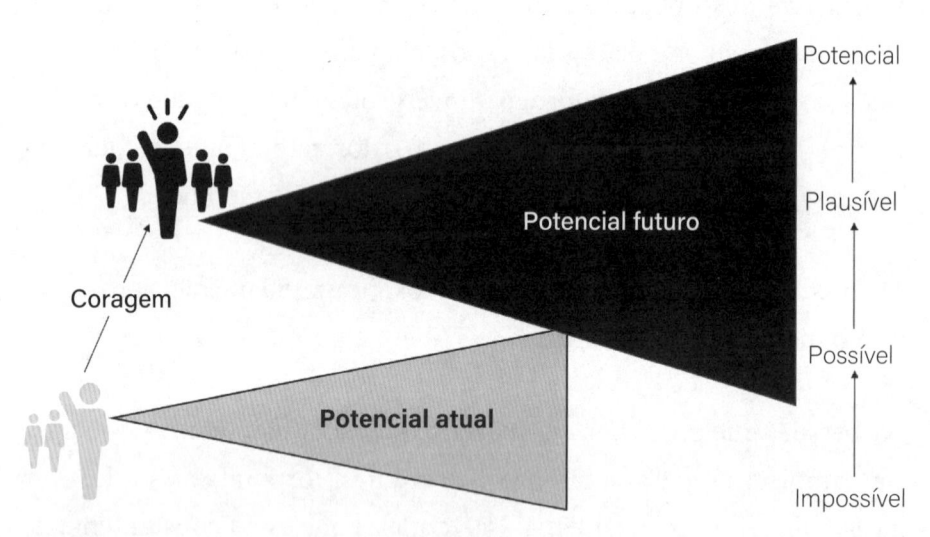

FIGURA 1.1 Alcançando seu potencial futuro.

Quanto "potencial futuro" você tem?

- O quanto você é capaz de enxergar à frente para ousar olhar além dos horizontes de hoje?
- Qual a proporção de tempo que você passa olhando para frente, em comparação com o que olha para trás?
- O propósito de sua empresa é uma definição limitadora ou libertadora de por que vocês existem?
- A maior parte de sua inovação explora o núcleo ou busca explorar as bordas?
- Sua empresa é amplamente definida por seus produtos atuais e concorrentes existentes?
- Normalmente você pensa mais em termos de probabilidades ou de possibilidades?
- As medições de desempenho são baseadas no que você fez ou no que poderia fazer?
- O seu valor de mercado é um reflexo do que você poderia fazer ou do que você fez?
- Você tem líderes com potencial de desvendar seu potencial futuro?

Encontrar seu potencial futuro requer mudança em sua empresa, orientação mais voltada para o futuro, mentalidade de crescimento, reformulação dos seus objetivos e do que é possível. E requer flexibilidade para fazer a mudança física e mental. Precisa de um catalisador para abrir mentes, precisa de energia para sair do hoje e precisa de liderança corajosa para levar a um lugar que você ainda não conhece.

Sem "potencial futuro", é improvável que você e sua empresa encontrem um futuro melhor.

OS LÍDERES PRECISAM TER VISÃO DE FUTURO

Quando perguntei a Jim Snabe, ex-co-CEO da SAP e agora presidente da Siemens e da Maersk, de que forma ele via o seu mundo de negócios, ele fez uma pausa. Sua primeira reação foi a óbvia: entender seus setores específicos, seus clientes e concorrentes, hoje. Mas então ele refletiu sobre a inadequação dessa visão atual. Se o que vem a seguir for diferente, então ele precisa olhar de maneira diferente para isso, disse.

Ver o quadro geral é uma maneira de mudar nosso ponto de vista, mas provavelmente ainda não é o suficiente. Ainda nos colocamos no centro e depois exploramos as adjacências óbvias. No entanto, precisamos de novas perspectivas; precisamos ver os padrões emergentes de mudança, os paralelos e as possibilidades, e como reagir a eles e aproveitar primeiro as melhores novas oportunidades. Em resumo, trata-se de ter visão de futuro.

Beth Comstock, ex-diretora comercial e de marketing da GE, escreveu sobre suas experiências de liderança enquanto a empresa enfrentava os desafios de mercados em rápida mudança. Seu livro *Imagine It Forward: Courage, Creativity and the Power of Change* (Imagine o Futuro: Coragem, Criatividade e o Poder da Mudança, em tradução livre) é um chamado à ação para todos aqueles executivos que achavam que poderiam continuar fazendo o que sempre fizeram e que eles e suas empresas ficariam bem.

Comstock começa com paixão: "O ritmo das mudanças nunca será mais lento do que hoje". Ela ressalta que 50 anos atrás a expectativa de vida de uma empresa da lista da revista *Fortune 500* era de aproximadamente 50 anos, ao passo que agora é de 15 anos.

O futurista Ray Kurzweil vai mais longe, em um artigo intitulado "The Law of Accelerating Returns" ("A Lei dos Retornos Acelerados", em tradução livre), dizendo: "Não experimentaremos 100 anos de progresso no século XXI; será mais como 20.000 anos de progresso".

A capacidade de olhar para o futuro e de focar o futuro, a capacidade de imaginar e enunciar possibilidades futuras, diferencia o grande líder dos demais. Enquanto o restante da organização se concentra em resultados de curto prazo, espera-se que o líder oriente o que todos fazem, de acordo com o contexto e com o modo como isso contribui para a jornada.

Os líderes, atuando como estrategistas, têm uma curiosidade intensa sobre o futuro, olhando além das próprias organizações e dos setores econômicos, para compreender um mundo em mudança. Eles olham para a dinâmica de mudança dos mercados, de como as organizações competem, mas também para as mudanças macroeconômicas, políticas e na sociedade. Na verdade, os verdadeiros catalisadores da mudança estão fora, e não dentro, de uma organização.

A capacidade de olhar à frente, dizem Barry Posner e Jim Kouzes em *O Desafio da Liderança*, só perde para a honestidade como a característica mais admirada nos líderes. Eles constataram que 70% dos funcionários dizem que olhar para o futuro é o atributo que mais buscam em seus líderes. Não se trata apenas de comunicar uma visão atraente, mas de ser capaz de compreender a complexidade, ligar os pontos em um quadro mais geral e antecipar os eventos antes que aconteçam.

Uma nova pesquisa que conduzi na IE Business School, como parte de minha função como diretor acadêmico de seus programas de desenvolvimento de liderança, analisou a realidade de líderes com visão de futuro.

Constatamos que a visão de futuro aumenta com os níveis de liderança. Os supervisores da linha de frente precisam olhar meses à frente, os gerentes de nível intermediário que lideram projetos complexos precisam olhar de um a três anos à frente. Os executivos de alto escalão devem pensar de cinco a dez anos à frente, mesmo que planejem e concentrem suas ações em um prazo de tempo mais curto.

No entanto, a pesquisa também mostrou que a maioria dos executivos seniores atualmente gasta cerca de 5% de seu tempo pensando no futuro — o que pode ser algumas horas por semana ou, mais provavelmente, uma ou duas semanas por ano.

Compare isso com alguns dos grandes líderes empresariais. Falando no encontro anual da Berkshire Hathaway AGM em Omaha, Nebraska, Warren Buffett afirmou ter passado cerca de 80% de sua carreira lendo e pensando. Isso parece extremo, mas também o é seu desempenho como um dos grandes investidores do mundo.

Richard Branson me contou como sempre tenta nadar por cerca de uma hora todas as manhãs, geralmente uma volta ao redor da costa de sua ilha caribenha, dando-lhe tempo para pensar antes de qualquer coisa durante o dia. É conhecido também o fato de que bebe 20 xícaras de chá por dia, dizendo que isso lhe dá tempo para fazer uma pausa em meio ao caos diário para apenas pensar um pouco. Jeff Bezos marca reuniões de "reflexão" sobre o futuro às 10 horas todas as manhãs, quando está descansado e alerta, e nunca à tarde.

O futuro é um conjunto infinito de possibilidades — para você decodificar como opções e escolhas. Em primeiro lugar, precisamos entender quais são essas opções, explorar o que poderiam significar para nós e, então, decidir como fazer as escolhas certas.

Os líderes com visão de futuro adotam quatro princípios importantes:

- **O futuro é rápido.** Embora a velocidade da mudança acelere implacavelmente, não devemos nos sentir intimidados por isso, ou pular para reações instintivas em pânico, mas pensar com calma no longo prazo e sobre como alcançar o progresso.
- **O futuro é complexo.** Embora a busca por simplicidade seja admirável, ela nem sempre é possível ou a melhor solução. Em vez disso, precisamos reconhecer que no mundo de hoje não se trata de reduzir as coisas a matrizes 2 x 2 ou a escolhas binárias.

- **O futuro é imprevisível.** Embora desejemos ser completos e corretos, o futuro não oferece tal precisão. Na verdade, precisamos abraçar a incerteza como uma força positiva para definir nosso norte e, então, abraçar a jornada à medida que ela evolui.
- **O futuro está aí para ser criado.** Embora gostemos de nos limitar ao que sabemos, em quais mercados e setores estamos, não há fronteiras ou regras que limitem aonde podemos ir. A imaginação é nosso guia para escrever o futuro que desejamos.

Em seu livro *Farsighted: How to Make Decisions that Matter* (*Visão de Futuro: Como Tomar Decisões que Importam*, em tradução livre), Steven Johnson pergunta: se as escolhas mais difíceis são aquelas com mais consequências, por que gastamos tão pouco tempo pensando nelas? Está na moda, diz ele, argumentar que vivemos em uma época de curtos períodos de atenção, exigindo raciocínio e ação rápidos. No entanto, ele afirma que nos tornamos muito melhores no pensamento holístico — conectando várias ideias, ligando os pontos, com abordagens baseadas em sistemas. A velocidade da mudança requer um pensamento mais amplo, diz ele.

Adam Grant, psicólogo da Wharton Business School, refletiu sobre o desafio de Johnson. Ele argumentou que uma boa maneira de pensar de forma mais ampla é lendo romances, o que nos permite transportar nossos cérebros para novos espaços e ganhar perspectivas novas — incluindo explorar ideias para o futuro através de ficção científica. *Jornada nas Estrelas*, por exemplo, é uma obsessão de vida de Jeff Bezos.

A pesquisa da IE sugere que muitos líderes são avessos a pensar o futuro porque não há certezas absolutas nem análises detalhadas para basear as decisões. De fato, na última década, adotamos o método científico em nossos negócios de tal forma que agora nos sentimos expostos sem ele. Em vez disso, fazer escolhas futuras requer intuição, imaginação e coragem.

O conselho da psicóloga Ellen Langer para fazer escolhas difíceis sobre futuros imprevisíveis é: "Não tome a decisão certa, tome a decisão de forma certa". O que ela quer dizer é que devemos pensar sobre como podemos explorar as oportunidades à nossa frente e suas implicações. Como é provável que você nunca tenha tantas informações quanto gostaria, não procure a resposta perfeita; pense em como você pode fazer as melhores escolhas a partir do que sabe.

> **CÓDIGO 2: TENHA UMA MENTALIDADE DE FUTURO**
> ABRA SUA MENTE PARA NOVAS POSSIBILIDADES, VÁ MAIS ALTO E MAIS LONGE, PARA ABRAÇAR O DESCONHECIDO COM CURIOSIDADE E CORAGEM, PARA MOLDAR O FUTURO EM SEUS TERMOS.

"Shoshin" é o conceito zen budista de "mente de iniciante" e encampa uma atitude de abertura, entusiasmo e falta de preconceitos.

Em seu livro *Mente Zen, Mente de Principiante*, Shunryu Suzuki explica a estrutura do shoshin, dizendo: "na mente do iniciante existem muitas possibilidades, na mente do experiente há poucas".

Como pai, sempre fiquei impressionado com a clareza das perguntas das minhas duas filhas, especialmente em seus primeiros anos. Elas questionavam tudo o que viam, como um teste do meu conhecimento para tentar explicar as ações da natureza e até mesmo das pessoas. Nos primeiros dias, elas perguntavam por quê; à medida que envelheciam e ficavam mais desafiadoras, perguntavam por que não.

Suas perguntas me surpreendiam, fazendo-me perceber que cresci aceitando o que havia aprendido; eu tinha adotado uma mentalidade construída com base na educação convencional e na experiência pessoal, mas isso não necessariamente me equipou para responder suas questões mais simples e compartilhar suas curiosidades frequentemente penetrantes.

ABRA SUA MENTE À NOVIDADE

Langer diz: "Não é o nosso self físico o que nos limita principalmente, mas sim a nossa mentalidade sobre os nossos limites físicos".

Mentalidades são as crenças, atitudes e pressupostos que criamos sobre quem somos e como o mundo funciona, e como podemos alcançar o progresso. Ou como disse Mahatma Gandhi: "Suas crenças se tornam seus pensamentos, seus pensamentos se tornam suas palavras, suas palavras se tornam suas ações, suas ações se tornam seus hábitos, seus hábitos se tornam seus valores, seus valores se tornam seu destino".

Mentalidades não devem ser confundidas com atenção plena (*mindfulness*), que significa ter uma consciência aumentada. Com suas raízes na meditação budista, a atenção plena é sobre aceitação sem julgamento, viver no presente em vez de no futuro ou no passado. Embora seja útil para estarmos alertas em relação à nossa situação atual, para nos conectarmos com nossas perspectivas, é a nossa mentalidade que nos move para frente.

O ex-CEO da Coca-Cola, Roberto Goizueta, descreveu a mentalidade de seus líderes como uma vantagem competitiva, visível quando conseguiam "encontrar oportunidades que outros não conseguiam ver". Durante uma gestão de 16 anos, o valor de mercado da empresa aumentou de US$4 bilhões para US$145 bilhões. Ele descreveu quatro tipos de mentalidades que determinam a capacidade de um líder de explorar novas oportunidades para inovação e crescimento:

- Mentalidade zero: você não vê a mudança.
- Mentalidade passiva: você vê a mudança, mas a teme.
- Mentalidade ativa: você abraça a mudança e a entrega.
- Mentalidade criativa: você vê e faz o que os outros não conseguem.

James Quincey substituiu Goizueta como CEO em 2016 dizendo que queria ir mais longe, abraçando uma "mentalidade de crescimento". Isso incluía diferentes maneiras de pensar, além da busca obstinada de vender a mesma bebida para mais e mais pessoas.

Quincey queria que seu pessoal adotasse novas agendas, como saúde e bem-estar, junto com práticas responsáveis e sustentáveis. Embora valorizasse a "cultura baseada no desempenho", que destacava "urgência, velocidade, agilidade, responsabilidade e empreendedorismo", ele argumentava que os consumidores esperavam que a Coca fosse "cheia de ideias e rápida", o que podia até significar "fazer menos coisas melhor", ou mesmo vender menos coisas melhores.

Tive uma experiência muito semelhante recentemente quando me reuni com um grupo de líderes de negócios na Microsoft. Caminhando pelos escritórios no amplo campus de Redmond nos arredores de Seattle, fiquei impressionado, quase que com admiração infantil, com aquilo que é uma empresa de tecnologia relativamente antiga. No passado, pegavam a tecnologia nas mãos e se concentravam nas vendas; hoje constantemente se questionam por que fizeram isso e como poderiam fazer melhor.

Culturalmente, não era mais uma empresa de tecnologia, mas um negócio com uma imaginação muito maior e uma consciência mais profunda. Conforme a Microsoft lidera as inovações mais recentes baseadas em IA, seu pessoal está tão interessado nas implicações éticas dessa capacidade de redefinição humana quanto no que poderia fazer na prática para aumentar o desempenho dos negócios.

Percebi que Satya Nadella, CEO da empresa que, após um intervalo de quase 30 anos, acabara de se transformar na mais valiosa do mundo, havia incutido uma nova mentalidade. À medida que os executivos conversavam, ficou claro que essa "mentalidade de crescimento" teve um efeito profundo sobre eles como indivíduos e sobre sua prática comercial.

Ficou para trás a obsessão de vender a qualquer custo, caracterizada pelos anos Steve Ballmer. Agora eles estavam muito mais interessados em fazer o que era certo, gerando progresso para seus clientes, mas igualmente para a sociedade. Eles queriam explorar e experimentar novas ideias, fazer uma pausa e considerar alternativas, adotar a diversidade, a ética e a sustentabilidade. Parecia espiritualizado.

Nadella diz que precisamos deixar de tentar ser especialistas "sabe-tudo" e passar a ser estudantes constantes, ou "aprender tudo". Embora o passado possa fornecer ideias úteis, o que importa é o foco no futuro, diz ele. "Se mantiver os olhos focados no espelho retrovisor, você vai bater. É preciso se manter focado no que está à frente".

FAÇA VOCÊ E SUA EMPRESA CRESCEREM

Quando era aluna de pós-graduação no início dos anos 1970, Carol Dweck começou a estudar como as crianças lidam com o fracasso. Rapidamente compreendeu que *lidar* era uma palavra errada, pois elas *percebiam*. Agora professora de psicologia em Stanford, passou várias décadas estudando essa dicotomia, que inicialmente chamou de "teoria incremental".

Acabou encontrando uma linguagem melhor — a mentalidade "fixa" e "de crescimento". Seu livro *Mindset — A Nova Psicologia do Sucesso* tornou-se um best-seller.

Dweck aplica o conceito a todas as esferas da vida — desde a educação dos filhos e paternidade até o treinamento esportivo e o desempenho mental. Ela argumenta que uma mentalidade de crescimento leva a maiores realizações, enquanto uma mentalidade fixa paralisa ativamente o progresso de um indivíduo. Também aplica a ideia a equipes e organizações. Aqueles que, por exemplo, gostam de destacar os de melhor desempenho são mais fixos em sua mentalidade, em vez de abraçar todos com suas diferentes contribuições ao longo do tempo.

Uma "mentalidade fixa" sugere que algumas pessoas são criativas e outras não, algumas são inteligentes e outras não. Como resultado, ficamos mais preocupados em como parecemos, evitamos o fracasso a todo custo, por medo de nos expor, tomamos cuidado e evitamos riscos, nos sentimos ameaçados pelo sucesso dos outros e ficamos obcecados com nossa frágil reputação.

- Ficamos presos em um mundo preto e branco de sucesso e fracasso.
- Buscamos opções fáceis, pois tememos o fracasso.
- Aceitamos a mediocridade e rejeitamos a mudança.
- Culpamos os outros e evitamos responsabilidades.
- Evitamos riscos.

Uma "mentalidade de crescimento" reconhece que nosso progresso pessoal e coletivo é alcançado por meio do desenvolvimento e do aprendizado. Abraçamos a mudança como uma oportunidade, buscamos desafios para nos expandir, enfrentamos os obstáculos para encontrar novas soluções, ouvimos opiniões e críticas alternativas, abraçamos o medo e o risco como parte do seguir em frente, aceitamos o fracasso e o sucesso como partes igualmente importantes de nossa jornada e valorizamos o esforço, não apenas a realização.

- Vivemos em um mundo de potenciais, de novas oportunidades e possibilidades.
- Buscamos desafios, sem medo de fracassar.
- Abraçamos a mudança e rejeitamos a mediocridade.
- Assumimos a responsabilidade e ouvimos outros pontos de vista.
- Buscamos o progresso.

Naturalmente, as mentalidades não são "preto e branco", e podemos nos encontrar flutuando entre elas em diferentes aspectos de nossas vidas. Devemos também reconhecer que cada pessoa é diferente em seus pontos fortes e capacidades, e na forma como se apresentam. O papel da equipe ainda é importante, com sua força para combinar diferenças. O papel do líder é ainda mais importante, criando um contexto para que as mentalidades de crescimento prosperem.

CRIE O FUTURO SEGUNDO SUA PRÓPRIA VISÃO

"Exponencial" é uma palavra usada quando se fala sobre o futuro e, especialmente, sobre a influência das novas tecnologias. Ao nosso redor, vemos como as empresas utilizam os efeitos de rede de mercados conectados para multiplicar seu alcance e sua riqueza, influência e impacto, em vez de apenas aumentá-los gradativamente.

O laboratório de inovação da Alphabet, X, é famoso por defender a ideia de buscar soluções que sejam "10x, e não apenas 10%" melhores. Astro Teller, líder da X, diz: "Para criar valor exponencial, é imperativo criar primeiro uma mentalidade exponencial. A mentalidade incremental se concentra em fazer algo melhor, enquanto a mentalidade exponencial torna algo diferente. A incremental se satisfaz com 10%. A exponencial busca 10x".

Pessoalmente, acho o desafio "10x" incrivelmente simples e útil. Imagine, por exemplo, que você deseja criar um carro com melhor desempenho; digamos, um carro que atualmente faça 21 km/litro. A maioria das marcas de automóveis ficaria feliz com uma melhoria incremental de 10%, para 23 km/litro. A mentalidade exponencial, no entanto, busca 10x, ou uma solução de 210 km/litro. Isso o obriga a pensar de forma diferente, mudar perspectivas, tentar novas abordagens. Mesmo que você acabe não conseguindo e chegue a um carro que ande 84 km/litro, isso seria um avanço significativo.

Teller argumenta que, sem uma mentalidade exponencial, as organizações não seriam capazes de fazer avanços de grandes proporções, criando novidades e progresso no mundo. O Google, ele argumenta, não teria sido capaz de criar sua visão ambiciosa para "organizar as informações do mundo", ou o Airbnb, de buscar um mundo em que "7 bilhões de pessoas possam pertencer a qualquer lugar". Como um cientista procurando provar uma nova hipótese, começa com um salto de imaginação.

Uma "mentalidade de futuro" é uma mentalidade de crescimento com forte orientação para o futuro. Você poderia argumentar que um líder precisa da mentalidade de um verdadeiro futurista — para ser visionário, entender a mudança, definir o que não foi expresso.

O futuro não é como costumava ser. Seguro, previsível, certo.

O que o trouxe até aqui em seu mercado, em sua vida empresarial, dificilmente o levará para onde você deseja ir em seguida. Usar continuamente, ou expandir, os velhos modelos de sucesso terão retornos decrescentes. Em vez disso, devemos abraçar novos futuros e novas maneiras de chegar lá.

Portanto, a mentalidade de futuro permite um salto de imaginação, permite que o líder empresarial vislumbre um negócio futuro que vá além do que os outros conseguem ver. Uma visão melhor do futuro permite que os líderes o moldem segundo sua própria visão, em seu proveito.

> **CÓDIGO 3: IMAGINE UMA EMPRESA MELHOR**
> APROVEITE O PODER DA EMPRESA COMO UMA PLATAFORMA DE MUDANÇA, PARA ENGAJAR OS COLEGAS E A SOCIEDADE NA SOLUÇÃO DE GRANDES PROBLEMAS, PARA CRESCER E FAZER O BEM AO MESMO TEMPO.

Nos últimos 30 anos, nosso mundo viu enormes melhorias sociais e progresso tecnológico. Experimentamos um crescimento econômico sem precedentes à medida que centenas de milhões de pessoas saíam da pobreza.

Atualmente estamos nos beneficiando de uma revolução digital que está transformando vidas, proporcionando às pessoas acesso à saúde e educação de maneiras nunca dantes imaginadas. Em consequência, podemos abraçar culturas diversas, criatividade e capacidade em todo o mundo para resolver muitos dos desafios sociais e ambientais mais urgentes. Porém, apesar desses sucessos, nosso modelo de progresso ainda é profundamente falho.

AS FALHAS PROFUNDAS DO CAPITALISMO

Os sinais do fracasso e das imperfeições do capitalismo estão por toda parte.

Os desastres naturais desencadeados pelas mudanças climáticas dobraram de frequência desde a década de 1980. O clima extremo afetou a maior parte do mundo — incêndios florestais a tornados esquisitos, aumento da desertificação e diminuição das terras agriculturáveis, aumento do degelo das calotas polares e elevação do nível do mar. A violência e os conflitos armados custam ao mundo o equivalente a cerca de 10% do PIB, enquanto a biodiversidade perdida e os danos ao ecossistema custam estimados 3%, e só aumentam.

Continuamos a investir em infraestrutura com alto teor de carbono a uma taxa que pode nos comprometer com mudanças climáticas irreversíveis e imensamente prejudiciais. O crescimento estagnado apenas nos torna mais determinados a continuar com os métodos antigos, ao invés de mudar para os novos. Os recentes custos médicos diretos e custos econômicos associados da pandemia global de 2020 poderiam ter pagado com folga uma transformação em larga escala para um mundo com energia renovável. A desigualdade social e o desemprego dos jovens estão piorando em países de todo o mundo, enquanto, em média, as mulheres ainda recebem 25% menos do que os homens por trabalhos semelhantes.

Mark Thomas, um economista britânico e ex-colega, fundou a 99% Organization. Em seu livro *99%: Mass Impoverishment and How We Can End It* (*99%: Empobrecimento em Massa e Como Podemos Acabar com Isso*, em tradução livre), ele diz que o assalariado médio é mais pobre hoje do que era em 2007. Isso, diz ele, é empobrecimento em massa. O argumento é que caso faça parte dos 99% — e existe 99% de probabilidade de que faça —, então, você compõe a primeira geração de que se tem notícia que espera ser mais pobre do que seus pais, mesmo que a economia continue a crescer. E você poderia ser muito mais pobre. "Se continuarmos assim, a civilização de que desfrutamos hoje não durará até 2050. Para a maioria dos jovens, comprar a casa própria é um sonho distante: os salários não acompanham a inflação e cada vez mais pessoas dependem de doação de alimentos", diz ele.

A desigualdade também gera profunda ansiedade quanto ao impacto da globalização e da automação em todos os tipos de empregos, de fábricas a call centers. Isso teve um impacto direto na política, com aumento no nacionalismo, protecionismo e guerras comerciais. As taxas de juros reais estão historicamente baixas, até mesmo negativas, em várias economias importantes, enquanto a dívida total permanece desconfortavelmente elevada.

As visões econômicas divergem entre o otimismo e o pessimismo político, e os mercados de ações tornam-se cada vez mais voláteis. A incerteza resultante dificulta ainda mais prever o futuro. É fácil entender por que muitas empresas parecem estar paralisadas pela incerteza — retardando gastos, comprando suas próprias ações, pagando altos dividendos —, em vez de se comprometerem com investimentos de longo prazo.

O Edelman Trust Barometer de 2020 revela que a maioria dos entrevistados em todos os mercados desenvolvidos não acredita que estará melhor em cinco anos, e 56% acreditam que o capitalismo em sua forma atual está fazendo mais mal do que bem para o mundo.

A EMPRESA COMO UMA PLATAFORMA DE MUDANÇA

"O grande erro de cálculo da época é a ideia de que as empresas precisam fazer uma escolha: ficar lucrativa ou se tornar plataforma de mudança. Não é o caso", diz Marc Benioff, CEO da Salesforce, em seu livro *Trailblazer* (*Pioneiro*, em tradução livre).

Seu argumento, claro, é que as empresas estão profundamente enraizadas na vida cotidiana de cada um de nós. Como comemos, bebemos, falamos, nos conectamos, nos reunimos, viajamos, trabalhamos, rimos e amamos. Somos todos consumidores, buscando marcas que amamos e nas quais confiamos emocionalmente, produtos e serviços de que precisamos e desejamos, e modelos de negócios que possam operar em grande escala.

Se essas transações cotidianas, e todas as atividades que as viabilizam, pudessem ser aproveitadas de uma forma que fosse boa para o mundo, dando resposta aos muitos desafios que enfrentamos social e ambientalmente, então elas poderiam ser incrivelmente poderosas. Bem mais poderosas do que qualquer organização sem fins lucrativos poderia ser, pois simplesmente lhe faltam recursos e infraestrutura.

As empresas têm o poder de ser a maior plataforma de mudança.

Este não é um ideal maluco e utópico. Já vemos como um copo diário de café do Starbucks pode ajudar os agricultores de subsistência da Colômbia a escapar da pobreza, que comprar os tênis mais legais da Adidas pode ajudar a reduzir os danos ambientais nos belos lugares em que você corre ou como o Grameen da Danone fornece microfinanciamentos para laticínios domésticos em toda a Ásia e permite que as pessoas desenvolvam seus métodos para um melhor sustento.

O *Blueprint for Better Business* (*Projeto para Melhores Negócios*, em tradução livre) foi desenvolvido pela The Blueprint Trust, uma instituição de caridade independente, em busca de uma empresa melhor. Propõe que uma empresa "melhor":

- Tenha um propósito além do lucro — acredite que o lucro não é o seu propósito, mas o resultado de uma empresa eficaz que busca alcançar um objetivo melhor para a sociedade.
- Atue pela sociedade mais ampla — atue além do interesse próprio, demonstrando respeito pelas pessoas e construindo relacionamentos que beneficiam a empresa e a sociedade.
- Permita o bem — torne-se uma plataforma para mudança e force o bem, entregando benefícios claros para a sociedade, ao mesmo tempo em que tem um desempenho sustentável de longo prazo.
- O projeto é baseado nos "Cinco Princípios de uma Empresa Orientada a Propósitos", criando um quadro do que poderia ser uma empresa que é guiada e inspirada por um propósito que serve à sociedade (ver Figura 1.2).

De forma semelhante, um grupo de líderes empresariais, incluindo Jochen Zeitz (Kering), Paul Polman (Unilever), Richard Branson (Virgin), Emmanuel Faber (Danone), Muhammad Yunus (Grameen) e Hamdi Ulakaya (Chobani), lançaram o "The B Team" em 2013, dizendo em uma carta coletiva: "Acreditamos que, para um amanhã melhor para nossas comunidades, nossas empresas e nosso planeta, precisamos de liderança ousada, já".

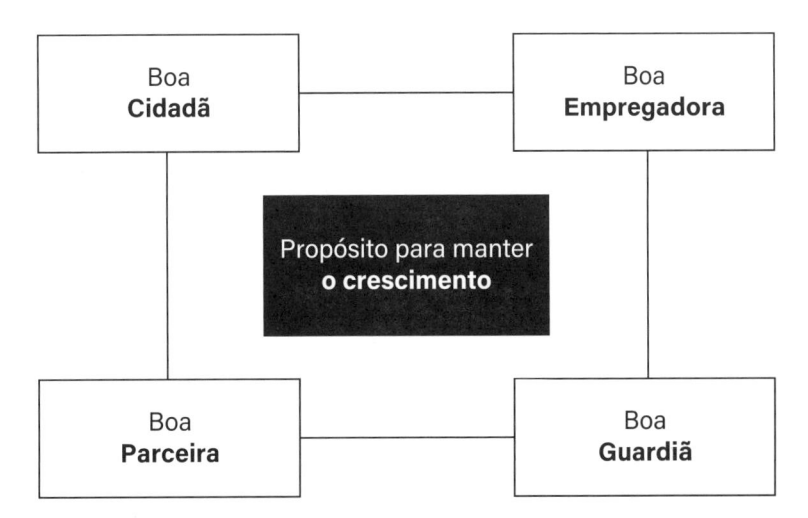

```
┌─────────────┐       ┌─────────────┐
│     Boa     │───────│     Boa     │
│   Cidadã    │       │ Empregadora │
└──────┬──────┘       └──────┬──────┘
       │    ┌───────────────┐│
       │    │Propósito para │ │
       ├────│    manter     │─┤
       │    │ o crescimento │ │
       │    └───────────────┘ │
┌──────┴──────┐       ┌──────┴──────┐
│     Boa     │───────│     Boa     │
│  Parceira   │       │   Guardiã   │
└─────────────┘       └─────────────┘
```

FIGURA 1.2 Projeto para uma empresa melhor.

Eles se propuseram a enfrentar dez grandes desafios — de transparência à colaboração, da natureza às comunidades, da responsabilização aos incentivos, da justiça às recompensas, diversidade e visão de longo prazo:

> Nosso modelo econômico atual está quebrado. Mas não se quebrou sozinho. E não se consertará sozinho. Nós, como líderes do setor privado e da sociedade civil, enxergamos a visão de futuro como um caminho melhor para fazer negócios. Por isso, trabalhamos para mudar a cultura de responsabilização nos negócios no sentido de incluir não apenas números e desempenho, mas também pessoas e planeta. Reconhecemos que, embora façamos parte do problema, temos a responsabilidade — e o poder — de liderar na solução. Criaremos formas novas de liderança corpora-

tiva que vão além do compromisso e em direção à transformação fundamental hoje, para um amanhã melhor.

O responsável pelo marketing da P&G, Marc Pritchard, descreveu recentemente algumas das maneiras profundas pelas quais a maior empresa de bens de consumo do mundo está adotando a sustentabilidade para transformar suas marcas. Ou, como diz ele, tornar a P&G "uma força para o bem e uma força para o crescimento".

Como parte de seu novo plano Ambition 2030, a P&G se comprometeu a tornar todas as suas embalagens totalmente recicláveis ou reutilizáveis até aquele ano. Também planeja utilizar 100% de energia renovável e ter 0% de desperdício líquido até aquela data. Trabalhando com a coalizão Brands for Good (Marcas pelo Bem), ela pretende utilizar seus US$7 bilhões de gastos anuais com publicidade para educar e inspirar os consumidores a tornarem desejáveis os estilos de vida sustentáveis.

A P&G busca se tornar mais sustentável, mas também ajudar os consumidores a adotarem, eles próprios, estilos de vida mais sustentáveis. Seus frascos de xampu Head & Shoulders são agora feitos de plásticos retirados dos oceanos (removendo 2.600 toneladas de plásticos anualmente), enquanto os tensoativos no sabão em pó Tide permitem a limpeza com água fria, reduzindo o uso de energia doméstica. A empresa também lançou novos produtos ou está atualizando os produtos existentes com ingredientes vegetais, como o Gain Botanicals e o Downy Nature Blends. Esses produtos são melhores para o meio ambiente, mas também se alinham com as agendas dos consumidores, que mudam rapidamente.

A OPORTUNIDADE DE US$12 TRILHÕES DOS ODS

Os Objetivos de Desenvolvimento Sustentável das Nações Unidas (ODS) criam uma base estruturada para desenvolver melhores estratégias de negócios e transformar mercados (ver Figura 1.3).

O cumprimento das 17 metas, acordadas por todos os Estados-membros em 2015, criaria um mundo totalmente sustentável, diz a ONU, que define como socialmente justo, ambientalmente seguro, inclusivo, economicamente próspero e mais previsível. Os objetivos estão interligados, como o mundo, de modo que o progresso em todos eles terá muito mais impacto do que cumprir apenas alguns.

Embora as empresas sejam claramente importantes para o cumprimento dos ODS, eles também criam oportunidades novas para que os negócios cresçam de forma mais positiva. O desafio, portanto, é incorporar os 17 objetivos como uma estrutura orientadora para o desenvolvimento estratégico, bem como para as boas práticas operacionais.

Na apresentação dos argumentos econômicos para os ODS em 2017, a Comissão de Desenvolvimento Empresarial e Sustentável da ONU estimou que os objetivos representam uma oportunidade de US$12 trilhões, combinando economia de custos e novas receitas. Destacaram especialmente as oportunidades para alimentos e agricultura, cidades, energia e materiais, saúde e bem-estar — juntos representando 60% da economia mundial.

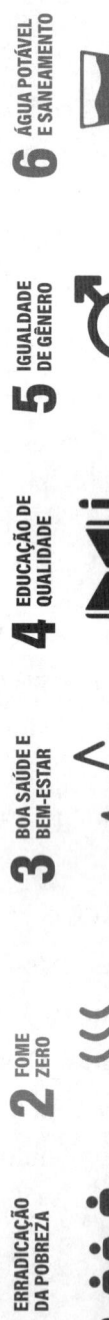

FIGURA 1.3 Os 17 Objetivos de Desenvolvimento Sustentável da ONU.

A comissão disse que "para aproveitar essas oportunidades por completo, as empresas precisam buscar a sustentabilidade social e ambiental com a mesma avidez com que buscam participação de mercado e valor para os acionistas. Se uma massa crítica de empresas se juntar a nós para fazer isso agora, juntos nos tornaremos uma força invencível. Se não o fizerem, os custos e as incertezas do desenvolvimento não sustentável podem aumentar até que não haja um mundo viável para fazer negócios".

O prêmio econômico total da implementação dos ODS poderia ser de duas a três vezes maior, eles acrescentam, assumindo que os benefícios são aproveitados pela economia como um todo e acompanhados por uma produtividade muito maior do trabalho e dos recursos. Essa é uma suposição justa. Considere que apenas o cumprimento do objetivo de igualdade de gênero poderia contribuir com até US$28 trilhões para o PIB global até 2025, de acordo com uma estimativa. O ganho geral é enorme.

Em 2019, algumas das principais empresas do mundo — incluindo ARM, Coca-Cola, Alphabet, Mastercard, Nike, Microsoft, SAP, Salesforce e Unilever — uniram-se como os Business Avengers (Vingadores Empresariais) para definir melhor o papel que cada empresa pode desempenhar no cumprimento dos ODS.

Cada empresa concordou em aplicar o objetivo ao seu negócio principal, compromissos financeiros, redes de funcionários, atividades de consumo e influência social, como forma de acelerar o progresso. Elas foram também complementadas pelo Conselho Empresarial Mundial para o Desenvolvimento Sustentável, que acrescentou uma estrutura de

Objetivos para uma Vida que Queremos (Good Life Goals), que busca transformar os ODS em um conjunto de ações de estilo de vida pessoal mais relevantes e tangíveis para cada pessoa.

> **CÓDIGO 4: ENCONTRE SEU PROPÓSITO INSPIRADOR**
> ENCONTRAR SUA RAZÃO DE SER, ALÉM DE PRODUTOS E LUCROS, PARA APROVEITAR A PAIXÃO QUE O ORIENTA E DEFINE COMO VOCÊ TORNA O MUNDO UM LUGAR MELHOR.

Yves Chouinard, fundador da Patagonia, é um grande líder movido por um propósito. Ele é um dedicado amante da natureza que, no final da década de 1950, começou a construir equipamentos de escalada para algumas pessoas nas montanhas de Yosemite.

Atualmente, a Patagonia é uma empresa de US$200 milhões, com certificado B Corp e amplamente reconhecida como líder em sustentabilidade ambiental. O sucesso da empresa é em grande parte devido a algumas decisões orientadas pelo propósito que Chouinard tomou ao longo do caminho. Isso incluiu a decisão de abandonar logo no início um de seus produtos mais vendidos, os pitões, estacas de metal que os alpinistas martelam nas rochas, por causa dos danos ao meio ambiente.

Alguns anos depois, Chouinard assumiu um risco significativo ao insistir que todas as roupas da marca deveriam ser feitas de materiais orgânicos. Isso exigiu a busca de novos fornecedores, a construção de uma nova cadeia de suprimentos e o aumento do custo dos itens. As ações eram boas para o planeta e alinharam o trabalho da empresa com o próprio senso de propósito de Chouinard, mas se ele fosse movido somente pelo lucro é improvável que tivesse feito essas escolhas. As decisões foram onerosas no curto prazo, mas ajudaram a empresa a prosperar a longo prazo.

A Patagonia há muito definiu seu propósito como o de "fazer o melhor produto, não causar danos desnecessários e usar os negócios para inspirar e implementar soluções para a crise ambiental". No entanto, para o velho líder, isso não era suficiente, e em 2018 ele redefiniu o motivo de a empresa existir, afirmando que a "Patagonia está nos negócios para salvar nosso planeta natal".

Chouinard diz que a mudança de palavras pode parecer cosmética, mas está longe disso. Ele quis expressar a urgência, em seus negócios, mas também na sociedade, de que não se trata apenas de mudanças climáticas, mas de uma crise climática. "Estamos perdendo o planeta por causa das mudanças climáticas. Este é o elefante na sala. A sociedade está basicamente trabalhando nos sintomas. Salvar o urso polar? Se quiser salvar o urso polar, você terá que salvar o planeta", diz ele.

ENCONTRANDO SEU PROPÓSITO

Então, por que sua empresa existe?

O propósito define como a empresa contribui para o mundo ou, da mesma forma, por que o mundo seria um lugar pior se a empresa não existisse. O propósito cria uma causa duradoura pela qual a empresa se dispõe a lutar. Para algumas empresas, pode ser um chamado urgente à ação, para outras pode ser uma inspiração mais pessoal.

A Tesla existe para "acelerar a transição do mundo para uma energia sustentável", o Starbucks para "inspirar o espírito humano", a Dove para "ajudar a próxima geração de mulheres a perceber seu potencial", a Microsoft para "empoderar cada pessoa a conquistar mais", e a Swarovski para "dar brilho ao dia a dia das pessoas".

O propósito gera uma sensação de significado mais rico em seu negócio, inspirando os funcionários a melhorar seu desempenho, a transformar e fazer crescer a si próprios e a organização. Ele incentiva um foco estratégico, para ficar acima das distrações do hoje, alinhar com objetivos maiores e inovar de forma mais radical. A produtividade e o desempenho geralmente vêm em consequência.

É uma causa compartilhada interna e externamente, da qual os investidores desejam fazer parte, com a qual os parceiros desejam se alinhar e os clientes querem promover por meio do consumo e da fidelidade.

O propósito vai muito além das antigas declarações de missão e visão, que eram em grande parte mantras internos sobre como a empresa queria ser boa — "a melhor", "a líder do setor", "para maximizar o desempenho". O propósito é muito mais altruísta e inclusivo. Tem a ver com o que o mundo interior faz com o exterior. Está acima de outras ambições e provavelmente deve substituí-las, como uma intenção firme e inspiradora.

Se o propósito é "Por que existimos?", então a missão deve ser mais sobre "O que fazemos?" e a visão é "Para onde estamos indo?".

Mark Zuckerberg, aquele que abandonou Harvard e que passou seus anos de estudante em busca de uma ferramenta Facemash para explorar o sexo oposto, voltou ao campus de Boston recentemente com uma nova noção de propósito:

> Hoje eu quero falar sobre propósito, mas não algum tipo de grande discurso sobre como encontrá-lo. Somos a geração do milênio. Tentaremos fazer isso instintivamente. Na verdade, estou aqui para lhes dizer que encontrar o seu propósito não é suficiente.
>
> O desafio para nossa geração é criar um mundo onde todos tenham um propósito. Uma das minhas histórias favoritas é aquela de que, quando visitou a NASA, John F. Kennedy viu um faxineiro carregando uma vassoura e se aproximou e perguntou o que ele estava fazendo. O faxineiro respondeu: "Sr. Presidente, estou ajudando a colocar um homem na Lua". Propósito é ter essa noção de que fazemos parte de algo maior do que nós mesmos, de que somos necessários, de que temos algo melhor pela frente para trabalhar. Propósito é o que cria a verdadeira felicidade.

EMPRESAS COM PROPÓSITO FAZEM MELHOR

Dos líderes empresariais pesquisados pelo Beacon Institute de Harvard, 90% acreditam que um propósito da organização é central para o sucesso da empresa, mas apenas 46% disseram que suas decisões estratégicas e operacionais são levadas em conta atualmente.

A questão, porém, é fundamental. Empresas com propósito são mais lucrativas e valiosas, atraem clientes que pagam mais e se tornam mais leais, atraem os melhores talentos que se tornam mais engajados, e investidores que as apoiam a longo prazo.

Essas empresas superam o mercado de ações em 42%, segundo análise do Corporate Board. As empresas com declaração de propósito, mas que não atuam de acordo com ela, apresentam desempenho médio, enquanto as que não definem um propósito têm desempenho 40% inferior ao do mercado.

Edelman constatou que 80% dos consumidores acreditam que uma empresa deve desempenhar um papel no que tange questões sociais, enquanto a Accenture constatou que 62% dos consumidores querem que as empresas "se posicionem em questões como sustentabilidade, transparência e emprego justo".

Sessenta e seis por cento dos consumidores escolheriam ativamente uma marca com propósito, de acordo com a Cone Porter Novelli, mas isso sobe para 91% entre os da geração do milênio. Sessenta e sete por cento disseram estar mais dispostos a perdoar empresas que tentam fazer o melhor; 53% das pessoas reclamariam se as empresas não demonstrassem se importar com questões sociais, e 17% as boicotariam.

Segundo a IBM, 70% dos consumidores estariam dispostos a pagar um preço extra de 35% para marcas com propósitos específicos.

Empresas com propósitos específicos são 2,5 vezes melhores em promover inovação e transformação, de acordo com o Beacon Institute, enquanto a Deloitte afirma que, em média, elas geram 30% mais receita com as inovações lançadas no ano anterior.

O Gallup constatou que apenas 34% dos trabalhadores dos EUA estavam entusiasmados ou comprometidos com seu trabalho. A geração do milênio, em especial, busca empresas com mais propósito, com a Cone afirmando que 83% dos jovens são leais a empresas que fazem o bem para a sociedade ou o meio ambiente. A Deloitte constatou que empresas com propósito têm retenção de funcionários 40% maior.

O Bank of America prevê um "tsunami" de capital fluindo para "boas" ações em um boom de investimentos éticos. Ele diz que, nas próximas duas décadas, US$20 trilhões em recursos irão para fundos sustentáveis (semelhante ao valor atual do S&P 500).

Coldwell Banker diz que a "Grande Transferência de Riqueza" dos próximos 30 anos verá cerca de US$68 trilhões sendo passados de pais da geração baby boomer para filhos da geração do milênio. Em 2030, essa nova geração terá cinco vezes mais riqueza do que tem hoje, com 77% deles afirmando que as questões de sustentabilidade são sua principal prioridade ao tomar decisões de investimento.

TRANSFORMANDO PROPÓSITO INSPIRADOR EM AÇÃO PRÁTICA

Simon Sinek tem uma boa definição de propósito em seu livro *Comece pelo Porquê*, descrevendo seu círculo dourado com "Por quê" no centro: "Todos os grandes e inspiradores líderes e organizações do mundo, seja a Apple, Martin Luther King ou os irmãos Wright, pensam, agem e se comunicam exatamente da mesma maneira, e é o oposto de todos os outros. É provavelmente a ideia mais simples do mundo e eu a chamo de Círculo Dourado... Por quê? Como? O quê?".

Sinek acredita que ter um "porquê" explica por que alguns líderes e organizações conseguem inspirar pessoas, enquanto outros não. Todo mundo sabe o que faz, a maioria das pessoas sabe como faz as coisas, mas surpreendentemente poucas pessoas conseguem explicar por que fazem o que fazem.

O "porquê" precisa permear toda a organização e sua multiplicidade de atividades. Precisa ser um "fio dourado" que conecta tudo junto. Precisa motivar valores e objetivos, estratégias e decisões diárias, cultura e comunicação.

O problema, porém, é que uma única afirmação pode parecer simplista demais; inspiradora, mas apenas um slogan. O desafio é fazer com que o propósito seja importante para cada pessoa.

O propósito o leva a fazer escolhas estratégicas melhores. Em um mundo de infinitas possibilidades, em que você pode fazer qualquer coisa, as escolhas são mais importantes do que nunca. E por causa da complexidade e da incerteza, são mais difíceis de fazer. O propósito se torna um árbitro útil.

```
                    Propósito
Criado pelos líderes  "Por quê"   Entregue pelas marcas

                    Princípios
Criados pela cultura  "Como"     Entregues por proposições

                    Práticas
Criadas pelas estratégias "O quê" Entregues pela experiência
```

FIGURA 1.4   A pirâmide do propósito da empresa.

O segredo é tornar o "porquê" mais tangível, para construir uma ponte entre o propósito de alto nível e as estratégias para a ação prática. Existem três níveis, conforme mostrado na Figura 1.4.

1. **Propósito — Por quê:** encontrar sua causa, que lhe dê uma direção duradoura e autêntica, que alinhe tudo o que você faz de maneira inspiradora e significativa. Deve ser autêntico, distintivo, coerente e duradouro.

   Ele é construído em torno de seu público consumidor, como você torna as vidas e o mundo ao redor deles melhores e representados por sua identidade de marca. Exemplos:

   - Nike: "expandindo o potencial humano".
   - Kellogg's: "nutrindo famílias para que possam florescer".
   - Starbucks: "inspirando o espírito humano".

2. **Princípios — Como:** definindo as abordagens distintivas pelas quais você entregará seu propósito — conceitos de alto nível, que fluem para sua cultura interna. A incorporação de tais princípios molda a liderança, a cultura e a organização.

   Eles tornam o propósito mais tangível, mas ainda são capazes de perdurar com o tempo — são plataformas conceituais para diferenciação e comunicação. Exemplos:
   - A Nike foi construída com base em "alcançar o seu melhor desempenho", por meio de roupas esportivas tecnicamente superiores, além de uma variedade de serviços para ajudá-lo a ter um melhor desempenho.
   - A Kellogg's é construída com base em "um portfólio de cereais matinais saudáveis", incluindo diversas marcas e produtos para atender às necessidades de toda a família.
   - O Starbucks se baseia em "conexões humanas" que são alcançadas por meio do café e das cafeterias que se tornam "o terceiro lugar" na vida das pessoas.

3. **Práticas — O quê:** alinhando o propósito com suas escolhas estratégicas que geram planos e processos, inovação e experiências, produtos e serviços.

   Estes se tornam práticas e evoluem com o tempo, gerando os conceitos vinculados ao propósito de forma distintiva, mas também tangível e coletivamente lucrativa:
   - As estratégias da Nike podem variar de seus aplicativos digitais Nike+ e academias de ginástica online a novos tecidos ou designs de calçados que permitem um melhor desempenho.

- As estratégias da Kellogg's podem variar de novas categorias para um estilo de vida em movimento, por meio de fontes, produção ou embalagens mais sustentáveis.
- As estratégias do Starbucks podem variar de novos serviços como plataforma de compartilhamento de música online até iniciativas na vizinhança local.

Um propósito eficaz é construído sobre essas bases fortes e tangíveis, em vez de uma frase inteligente que pode facilmente soar abstrata demais e ser descartada como apenas palavras bonitas. O propósito acaba se tornando uma causa quando é adotado pela organização e pela sociedade como um todo. Deixa de ser apenas uma intenção e se torna um movimento coletivo pelo melhor. Os grandes exemplos incluem a ação da CVS contra o cigarro e a busca da Unilever por uma vida sustentável.

Como disse Friedrich Nietzsche: "Aquele que tem um porquê para viver pode enfrentar quase todos os comos".

> **CÓDIGO 5: CRIE SUA HISTÓRIA DO FUTURO**
> ENVOLVA SEU PESSOAL EM UMA VISÃO MAIS RICA DO FUTURO, CRIANDO UMA NARRATIVA QUE CAPTURE CORAÇÕES E MENTES, E DEFINA UM CAMINHO DISTINTIVO PARA O PROGRESSO.

Como líder empresarial, você é um contador de histórias.

Não de histórias de ficção, mas histórias de sua visão para o futuro, histórias de para onde a empresa está indo e de como ela será. Histórias que envolvem as pessoas na compreensão dessas declarações de propósito simplistas de maneiras profundas, humanas e inspiradoras.

Steve Jobs era um mestre em contar histórias. Em 2001, quando o mundo da tecnologia ainda estava em choque com o estouro da bolha das pontocom, Jobs subiu ao palco para o encontro anual da Apple. Ele estava no auge. Seus novos computadores iMac foram um sucesso, a empresa se transformou sob sua liderança renovada.

Jobs falou sobre sua paixão pela música. Como a música o inspira e a cada um de nós. Ela marca os grandes momentos, define os momentos de nossas vidas, pode mudar nosso mundo. Os Beatles, Dylan e outros. A essa altura, parecia que a Apple era uma empresa da área de música. Então, do bolso de sua calça jeans, ele tirou um pequeno aparelho branco e o ergueu.

"Mil canções no seu bolso", disse ele, com um grande sorriso.

QUAL É A SUA HISTÓRIA DO FUTURO?

Estratégias e slogans não são suficientes. Precisamos de algo mais humano e pessoal.

Uma história pode despertar emoções nas pessoas hoje e explicar como o amanhã pode ser melhor. Uma história pode dar vida a uma visão de futuro, convidando as pessoas a imaginá-lo com você, explorando seus benefícios. Uma história se desenvolve e mostra um caminho de onde estamos para onde poderemos estar. Uma história é mais fácil de lembrar e pode ser recontada de pessoa para pessoa. As pessoas buscam esperança e querem razões para acreditar em dias melhores.

Elon Musk não tem exatamente a intensidade ou a fluência de Jobs, mas se transformou em um dos melhores contadores de histórias do futuro do mundo empresarial de hoje.

Suas empresas são fundadas tendo como base ideias futuras, construindo as possibilidades futuras. Elas começam com um propósito inspirador, seja o desejo da SpaceX de manter a vida através de uma nova civilização além da Terra ou a motivação da Tesla de acelerar a mudança para a energia limpa.

A SpaceX pode ter criado um negócio de lançamento de satélites que é cerca de dez vezes mais barato do que a NASA, mas ele usa essa capacidade para contar uma história muito maior. Trata-se apenas de lançamentos para praticar, visando uma missão muito maior em Marte. Quem pode esquecer o momento dramático em que ele pousou sua espaçonave Falcon 9 no retorno do espaço em uma plataforma incrivelmente pequena no meio do oceano? Ou quando o muito mais poderoso Falcon Heavy lançou um carro (Tesla) em órbita perpétua tocando a canção *Life on Mars* de David Bowie?

Musk escreve o Plano Diretor para seus negócios publicando-os em seu blog e atualizando-o com frequência. Seu estilo é informal, mas informativo; visionário, mas prático, combinando lógica científica e fatos técnicos. Em 2006, ele escreveu o seu Plano Diretor para a Tesla:

- Criar um carro de baixo volume, o que necessariamente seria caro.

- Usar esse dinheiro para desenvolver um carro de volume médio a um preço menor.

- Ao produzir o carro acima, fornecer também opções de geração de energia elétrica com emissão zero.

Em 2016, ele continuou sua história de futuro, com o Plano Diretor "Part Deux":

- Criar telhados solares incríveis, com armazenamento em baterias perfeitamente integradas.

- Expandir a linha de produtos de veículos elétricos para atender todos os principais segmentos.

- Desenvolver a capacidade de direção autônoma que seja dez vezes mais segura que a manual.

- Permitir que seu carro ganhe dinheiro para você quando não o estiver usando.

Musk pode parecer bastante humilde e nervoso quando fala em público, mas suas ideias ousadas revelam uma grande confiança.

Ao falar pela primeira vez sobre o Hyperloop, ele explicou o conceito com base no que nós já conhecíamos, os trens-bala com levitação magnética que correm entre Tóquio e Osaka e, então, foi mais longe.

Imagine se estivesse em um tubo sem fricção a 1.200 km/h, levando 12 minutos do centro de São Francisco a Los Angeles. Depois ele nos mostrou a simulação em vídeo. Parecia quase real. Nós acreditamos na possibilidade e em como seria melhor.

Estratégias são histórias. Marcas são histórias. Casos de negócios são histórias. Planos de projeto são histórias. Quando as pessoas dizem "conte-me sua história", raramente perguntam de onde você vem; é mais provável que estejam interessadas em saber para onde você está indo.

PIXAR E A JORNADA DO HERÓI

"Contar histórias é a maior tecnologia que os humanos já criaram", disse o ex-diretor de criação da Pixar, Jon Lesseter, em meu livro *Creative Genius* (*Gênio Criativo*, em tradução livre). Ele disse que contar histórias envolve uma profunda compreensão das emoções, motivações e psicologia humanas para realmente comover o público.

Felizmente, contar histórias é algo que todos nós fazemos naturalmente, desde a mais tenra idade. Mas há diferença entre uma boa narrativa e uma ótima narrativa. Grandes histórias começam com experiências humanas, sentimentos com os quais as pessoas se identificam. Elas têm estrutura e processo, geralmente levando um personagem a uma jornada. Têm momentos de alegria e desespero, de surpresa e do inesperado, recorrendo às nossas emoções mais profundas.

Elas ganham vida em palavras e imagens, reluzentes em um filme ou contadas de pessoa a pessoa. Mas também são incrivelmente simples e focadas. A ex-artista de histórias da Pixar, Emma Coates, definiu 22 regras de narrativa que são tão relevantes para a empresa e seus líderes quanto para Buzz Lightyear e seus milhões de seguidores.

A Pixar sempre começa com um personagem, alguém que você admira, que você quer que alcance algo grande, normalmente superando adversidades, geralmente tornando o mundo melhor de alguma forma. Ou preenchendo os espaços em branco: "Era uma vez ___. Todo dia, ___. Um dia ___. Por causa disso, ___. Por causa disso, ___. Até que finalmente ___".

Esse tipo de narrativa de "aventura" reflete uma estrutura popular que podemos ver em muitas histórias, desde *O Mágico de Oz* até *Guerra nas Estrelas*. O conceito de Jornada do Herói vem do livro de Joseph Campbell, *O Herói de Mil Faces*, que conta como o personagem, o herói, enfrenta uma crise, consegue uma grande vitória e volta para casa transformado. Campbell descreve 17 estágios da jornada, ao longo de três atos: partida, iniciação e retorno.

A HISTÓRIA DO FUTURO DA SUA EMPRESA

Para a empresa, o "herói" costuma ser o cliente.

A história do futuro para um líder empresarial descreve como ajudamos o cliente a superar os desafios de hoje. O propósito reflete uma causa positiva, como o bem triunfa sobre o mal, como o cliente vive uma vida melhor.

Embora as histórias possam parecer simples, elas exigem reflexão. A concepção é a chave para o estágio inicial, para o contexto e para a forma como o desafio é apresentado. Igualmente importantes são os detalhes. Uma história trata de emoções, esperanças e sonhos, amor e amizade, medo e euforia. É algo com que as pessoas têm que se identificar.

Existem muitas maneiras de contar a história. Algumas organizações recorrem à liderança inovadora, desenvolvendo relatórios sobre o futuro de seu setor ou, talvez, enviando uma carta a todos os stakeholders, como Larry Fink, CEO da BlackRock, envia a cada ano. Elon Musk, por sua vez, gosta de visuais e vídeos, criando filmes de ficção científica que simulam suas visões. Isso pode evoluir para a publicidade de conceito do tipo "Nós imaginamos", como fez a Microsoft ao retratar o futuro do trabalho, da educação ou das viagens. Outra maneira é criar um manifesto, como fizeram empresas como a Patagonia e a Lululemon.

A melhor maneira de contar a sua história, no entanto, é levantar-se e falar. Com autenticidade, de maneira pessoal e naturalmente. E esteja pronto para contar sua "história do futuro", aonde quer que você vá, de maneira que inspire as pessoas a acreditar, a querer fazer parte desse futuro e a acompanhá-lo na jornada.

CÓDIGO 6: GERE MAIS IMPACTO POSITIVO
REDEFINA O SIGNIFICADO E AS MÉTRICAS DO SUCESSO — A MANEIRA PELA QUAL VOCÊ CRIA E COMPARTILHA VALOR, ENTREGA DESEMPENHO E PROGRESSO, BENEFÍCIOS ECONÔMICOS E SOCIAIS.

Yancey Strickler, fundador do Kickstarter, argumenta apaixonadamente que podemos e devemos redefinir a forma como medimos o sucesso, se quisermos uma sociedade mais forte do que a existente hoje.

Ele descreve o mundo empresarial atual como o de "infraestrutura em ruínas, domínio de megaempresas e ascensão de paraísos fiscais". Ele não se opõe ao dinheiro ou mesmo à riqueza. "Se os negócios fossem otimizados para a comunidade ou sustentabilidade", diz ele, "os ricos ainda seriam ricos, mas não tão ricos", enquanto a ampla maioria das pessoas seria mais rica e mais feliz.

Na pandemia de 2020, o impacto de uma busca obstinada pelo lucro ganhou grande importância à medida que muitas empresas fechavam as portas e uma grande quantidade de pessoas perdia o emprego. A falta de serviços de saúde e de uma rede de proteção social mergulhou trabalhadores de todos os níveis na turbulência. De modo semelhante, hospitais careciam de equipamentos essenciais por causa de uma busca incessante por eficiência. Conforme os mercados de ações despencavam e trilhões de dólares em valor eram eliminados, as empresas começaram a perceber a loucura de sua frugalidade e falta de compaixão.

As empresas têm buscado maximizar o desempenho financeiro há tanto tempo que é difícil imaginar outro motivo para elas existirem.

RENTABILIDADE E CRIAÇÃO DE VALOR

Os lucros se tornaram a medida predominante do sucesso. Muitas pessoas da área de negócios ainda acreditam que a participação de mercado e as receitas de vendas são os objetivos, mas já há algum tempo temos visto que grande nem sempre é melhor. Como a lucratividade relativa dos clientes e dos produtos ficou mais diversa, muitas vezes é mais lucrativo se concentrar no menos do que no mais. Da mesma forma, vários canais com diferentes eficiências, e um impulso para dar descontos, significam que mais vendas nem sempre se convertem em mais lucros.

O conceito de "valor" é importante. As empresas são frequentemente definidas como trocas de valor — geração de valor par os clientes e captura de valor para os negócios.

Os economistas avaliam as empresas com base na soma dos lucros futuros, ajustados pela probabilidade de esses lucros realmente ocorrerem. Marcas fortes, relacionamentos e canais de inovações tornam a ocorrência de lucros futuros mais segura. Sua soma é conhecida como valor da empresa, refletida externamente nos mercados acionários, com base no julgamento de analistas e no comportamento dos investidores, como valor de mercado. Os executivos são incentivados a gerar lucros. No entanto, os incentivos mais perspicazes estimulam a preferência pela manutenção dos lucros ao longo do tempo, geralmente com base no retorno total ao acionista (crescimento do valor de mercado mais uma parcela em dividendos).

Os líderes empresariais podem decidir como conceber sua máquina de geração de valor, em especial como compartilhar valor entre todos os stakeholders ao longo do tempo.

Conforme os lucros vão surgindo a cada ano, os líderes decidem quanto alocar, para funcionários, em salários e bônus, ou como melhores condições; quanto alocar, para clientes, por meio de produtos e serviços inovadores ou melhores preços; quanto alocar, para investidores, em dividendos ou dinheiro; e quanto compartilhar com a sociedade através de iniciativas sociais ou, mais comumente, através de impostos. As alocações relativas, e sua finalidade, determinam a eficácia dos investimentos da empresa para seu futuro, a fim de manter a geração de valor — ou, em outras palavras, fazer crescer o "bolo de valor" do qual todos possam tirar uma fatia saudável.

No entanto, essa ideologia é desfeita pela ganância, principalmente de proprietários que estão mais interessados em obter um retorno rápido, ao invés de ver um negócio sustentável de longo prazo.

James O'Toole, em seu livro *The Enlightened Capitalists* (*Capitalistas Esclarecidos*, em tradução livre), analisa a história de líderes empresariais que tentaram combinar a busca de lucro com práticas organizacionais virtuosas — pessoas como o fabricante de jeans Levi Strauss e Anita Roddick da Body Shop.

Ele conta a história de William Lever, inventor da barra de sabão Sunlight, que criou a empresa mais lucrativa da Grã-Bretanha, as origens da Unilever de hoje, e usou seu dinheiro para melhorar significativamente a vida dos funcionários. Em 1884, ele comprou 56 acres de terra em Wirral, perto de Liverpool, e construiu uma nova cidade para seus trabalhadores, conhecida como Port Sunlight, onde os funcionários e suas famílias podiam viver mais saudáveis e felizes. No final, ele perdeu o controle da empresa para os credores, que imediatamente encerraram as práticas esclarecidas que Lever havia iniciado. O destino de muitos capitalistas idealistas.

DE ACIONISTAS A STAKEHOLDERS

Nos últimos anos, a relação entre empresas e sociedade passou a ser cada vez mais fragmentada. Embora não haja nada de errado com os acionistas e nada de errado com o lucro, a cultura do capitalismo parecia cada vez mais fora de sincronia com o mundo. Uma série de crises econômicas, sociais e ambientais fez com que isso ficasse mais aparente.

Naturalmente, muitas empresas despertaram para a importância das questões sustentáveis e de suas responsabilidades com a sociedade nos últimos anos, mas em grande parte as veem como um novo componente do capitalismo.

Há dez anos, escrevi o livro *People, Planet, Profit: How to Embrace Sustainability for Innovation and Growth* (*Pessoas, Planeta, Lucro: Como Adotar a Sustentabilidade para Inovação e Crescimento*, em tradução livre), que vendeu muitos exemplares, mas que pareceu mudar pouco. Sim, recebemos o relatório de sustentabilidade como um apêndice do relatório anual, a fundação que opera à distância do negócio principal e uma série de iniciativas para reduzir emissões e resíduos. Ao mesmo tempo, surgiram empresas sociais — de fato, eu mesmo fui CEO de uma empresa sem fins lucrativos de US$50 milhões —, mas tais organizações ainda eram consideradas uma espécie diferente das empresas comerciais. Os negócios principais não mudaram.

E então três coisas aconteceram.

- Em janeiro de 2018, Larry Flink, da BlackRock, escreveu uma carta aos CEOs de todas as empresas em que ele investia, dizendo que não continuaria a menos que pudessem demonstrar que estavam cumprindo um "propósito antes do lucro". A BlackRock é a maior instituição de investimento do mundo, uma gestora de ativos de US$6 trilhões. Isso foi uma revolução.

- Em agosto de 2019, The Business Roundtable, o grupo mais influente de líderes empresariais dos EUA, disse que adotaria formalmente o capitalismo de stakeholders, pois com "uma visão mais ampla e completa do propósito corporativo, os conselhos administrativos podem focar a criação de valor de longo prazo, servindo melhor a todos — investidores, funcionários, comunidades, fornecedores e clientes".

- Em janeiro de 2020, o Fórum Econômico Mundial (FEM) lançou o Manifesto de Davos por "um tipo melhor de capitalismo", dizendo que "o propósito de uma empresa é engajar todos os seus stakeholders na criação compartilhada e sustentável de valor" com "um compromisso compartilhado com políticas e decisões que fortaleçam a prosperidade de longo prazo de uma empresa".

Klaus Schwab, fundador do FEM, chamou isso de "funeral do capitalismo de acionistas", mas também de nascimento ousado e corajoso do capitalismo de stakeholders.

Marc Benioff, da Salesforce, acrescentou que o "capitalismo como conhecemos está morto. Essa obsessão com a busca de lucros apenas para os acionistas não funciona". Gina Rometty, da IBM, disse que agora existem dois tipos de negócios: "bons e ruins".

Jim Snabe, da Maersk, disse: "as empresas precisam começar a fazer a mudança agora, na forma como trabalham, nos recursos que utilizam, nos impostos que pagam e nas decisões que tomam".

ESCOLHAS MAIS INTELIGENTES, IMPACTO POSITIVO

A ideologia parece convincente. O desafio é garantir que isso mude a forma como as empresas funcionam, as escolhas que fazemos e os impactos que causamos.

"Escolhas mais inteligentes" é o primeiro desafio. Um papel fundamental do líder empresarial é tomar decisões, mas isso se tornou muito mais difícil em um mundo complexo, de muitos compromissos e compensações. A estratégia também envolve escolhas, direções e prioridades para os negócios, a curto e longo prazo.

"Inteligente" consiste na capacidade de alinhar o propósito da empresa com todos os seus stakeholders e de encontrar uma maneira eficaz de, juntos, manter uma geração de valor que leve tudo em conta.

"Impacto positivo" é o segundo desafio. Há muito tempo ouvimos o mantra "o que é medido é feito". Portanto, os líderes precisam apoiar sua ideologia de stakeholder com um novo conjunto de medidas de desempenho, que motivem comportamentos, definam o progresso e as recompensas.

"Positivo" consiste na capacidade da empresa de criar uma contribuição líquida positiva para o mundo em que ela existe, parte da qual será financeira, mas também não financeira.

O capitalismo de stakeholder precisa de um conjunto de métricas para a criação de valor sustentável.

Para buscar um modelo coerente para isso nas comunidades de negócios e investimentos, o FEM reuniu 140 das maiores empresas do mundo, apoiadas pelas quatro maiores empresas de contabilidade: Deloitte, EY, KPMG e PwC.

Seu ponto de partida foi alinhar as abordagens existentes para medir o desempenho Ambiental, Social e de Governança (ESG) e os Objetivos de Desenvolvimento Sustentável (ODS). Eles concordaram em buscar métricas comuns para emissões de gases do efeito estufa, estratégias, diversidade, saúde e bem-estar dos funcionários como fatores a serem publicados em relatórios anuais, juntamente com as métricas financeiras.

As métricas propostas e as divulgações recomendadas foram organizadas em quatro pilares que estão alinhados com os domínios dos ODS e ESG. São eles:

- Princípios de Governança, alinhado com os ODS 12, 16 e 17, e com foco no compromisso da empresa com a ética e o benefício social.
- Planeta, alinhado com os ODS 6, 7, 12, 13, 14 e 15, e com foco na sustentabilidade climática e responsabilidade ambiental.
- Pessoas, alinhado com os ODS 1, 3, 4, 5 e 10, e com foco nos papéis que o capital humano e social desempenha nos negócios.
- Prosperidade, alinhado com os ODS 1, 8, 9 e 10, e com foco nas contribuições da empresa para um crescimento equitativo e inovador.

Há um caminho a percorrer para chegar próximo a "relatórios integrados" — em especial, interligando métricas financeiras e não financeiras que permitam decisões mais difíceis de compromisso e compensação (*trade-off*) — e entender a saúde genuína de uma organização a longo prazo.

Uma abordagem, desenvolvida pelo BCG (Boston Consulting Group), é o Impacto Social Total (*Total Societal Impact* — TSI), que é uma cesta definida de métricas financeiras e avaliações não financeiras, reunidas como uma pontuação geral. Isso permite que os líderes considerem o impacto geral relativo de diferentes opções estratégicas.

O desafio, naturalmente, é que o valor total de qualquer empresa privada será sempre financeiro, desde que seja possível que um comprador apareça e pague um determinado preço por ela.

> ## CÓDIGO 7: SEJA O OTIMISTA RADICAL
> ### SEJA O CATALISADOR DA MUDANÇA —
> O LÍDER QUE OS OUTROS DESEJAM SEGUIR EM UMA JORNADA RUMO AO FUTURO
> — SEJA CRIATIVO, INSPIRADOR E ACREDITE NO MELHOR.

"O mundo nunca será mais lento do que agora. Para prosperar, todos precisam mudar", diz Beth Comstock em seu livro *Imagine It Forward* (*Imagine o Futuro*, em tradução livre). A ex-executiva da GE acredita que todo líder empresarial precisa de coragem para questionar as convenções, resiliência para superar o fracasso e criatividade para reinventar o que é possível.

Comstock diz: "O que nos segura, na verdade, é o apego ao velho, ao que sabemos. Precisamos de mais pessoas com imaginação e coragem dispostas a assumir riscos e lutar pelo futuro".

A mudança pode ocorrer em nossos mercados, na sociedade, em nosso ambiente. Mas a mudança nos negócios começa com você, como líder empresarial. Começa com você se permitindo olhar para frente, para acreditar em mais do que hoje e despertar sua curiosidade para descobrir o que vem em seguida. Exige que você imagine um futuro que as outras ainda pessoas não conseguem ver e depois ter a coragem de torná-lo realidade.

ACREDITE NO MELHOR

Hans Rosling, o falecido grande médico suíço que hipnotizou as pessoas com seus TED Talks, utilizou uma análise estatística simples e rápida para explicar nosso mundo em mudança. Sua mensagem era que "o mundo é melhor do que você pensa", e que constantemente subestimamos o quanto de progresso que já foi feito.

Ele também questionava alguns de nossos preconceitos, entranhados em nossa linguagem, tais como as descrições do mundo "desenvolvido" e "em desenvolvimento". Essa terminologia está desatualizada, pois a maior parte do desenvolvimento mundial vem dos chamados mercados emergentes, enquanto os mercados maduros estão em grande parte estagnados. Se observarmos de onde vêm as ideias, onde está ocorrendo o progresso mais rápido, isso se dá cada vez mais no Oriente, e não no Ocidente.

Na verdade, o mundo fica melhor a cada dia, segundo Johan Norberg, da Cato Institute. Embora a incerteza econômica, a crise climática, o extremismo político e as pandemias de saúde possam ocupar a sua mente, os dados mostram que a última década foi uma história de prosperidade e progresso humano.

Seguem oito fatos sobre o progresso humano na década de 2010 a 2019, que nos dão motivos para ficar otimistas sobre a jornada à frente:

- 28% de toda a riqueza que a humanidade já criou, medida como PIB per capita, foi gerada nos últimos dez anos, de acordo com o Banco Mundial.
- A expectativa de vida aumentou de 69,5 para 72,6 anos, o que significa que a cada dia na última década nossa expectativa de vida aumentou quase oito horas, diz a ONU.

- A pobreza extrema, definida como viver com menos de US$1,90 por dia, caiu pela metade na última década, de 18,2 para 8,6%, equivalente a 158.000 pessoas pobres a menos por dia.

- A mortalidade infantil reduziu em um terço, à medida que os padrões de educação e saúde melhoram nos países em desenvolvimento, com 2,1 milhões de mortes de crianças evitadas a cada ano.

- A democracia pode parecer frágil, mas está crescendo. A proporção de pessoas que vivem em países "não livres" caiu de 34 para 26%, segundo a Freedom House.

- Os países nos quais a lei busca ativamente proteger as mulheres de parceiros violentos aumentaram de 53% para 78%, diz o Banco Mundial.

- Apesar do aquecimento global, das condições climáticas extremas e dos incêndios florestais incontroláveis, as mortes por desastres relacionados com o clima diminuíram em um terço, para 0,35 por 100.000 pessoas.

- Muitos países ricos atingiram o "pico de materiais", de acordo com o US Geological Survey, que mostra que o consumo de 66 dos 72 recursos monitorados está diminuindo.

De fato, vivemos em uma época incrível, com mais probabilidade de mudanças nos próximos 10 anos do que nos últimos 250 anos. A mudança traz desafios emocionais, mas também oferece oportunidades como nunca. Os recursos da tecnologia, juntamente com a criatividade das pessoas, nos permitem imaginar um futuro além de nossos sonhos mais loucos — e torná-los reais.

SEJA CURIOSO E OTIMISTA

O mundo progride através da curiosidade. Muitos dos principais avanços da sociedade, da penicilina aos carros autônomos, são o resultado de um impulso de fazer novas perguntas, de ver novas possibilidades, de experimentar novas ideias.

Nossa curiosidade nos leva a pensar de forma mais profunda, tanto logicamente, para entender por que as coisas acontecem, quanto criativamente, para resolver problemas e encontrar novas aplicações. Fazer perguntas, em vez de apenas buscar respostas, nos permite continuar explorando, manter nossas mentes abertas, em vez de ficarmos satisfeitos com o que sabemos.

Francesca Gina, uma cientista comportamental de Harvard, diz que a curiosidade leva a uma melhor tomada de decisão, porque nos ajuda a evitar o viés da confirmação (procurar confirmar nossas crenças existentes, que podem estar erradas) e estereotipar as pessoas (porque estamos mais interessados e fazemos menos julgamentos amplos e abrangentes). A curiosidade também nos ajuda a colaborar e nos comunicar melhor por meio de uma melhor escuta, e a sermos mais criativos e inovadores à medida que buscamos novos insights e inspirações.

A curiosidade aumenta quando se está mais interessado em seu mundo e nos mundos ao redor. Isso pode significar passar mais tempo com os clientes, entendendo o mundo deles como um todo e indo além da necessidade por seus produtos e serviços. Compartilhar ideias com colegas de outros setores, especialmente aqueles com desafios semelhantes, pode ser mutuamente inspirador. Em termos de equipe, procure contratar pessoas que sejam diferentes, que tragam novas experiências e perspectivas; incentive as pessoas a explorar interesses mais diversos e continue fazendo perguntas abertas: "Por quê?", "E se?" e "Como poderíamos?".

O otimismo, por outro lado, é uma qualidade mais inata. Você escolhe ser otimista em termos de como vê o mundo e reage a ele. O otimismo é contagioso; portanto, pode ser uma qualidade poderosa nos líderes, embora o pessimismo seja igualmente contagioso.

O psicólogo Martin Seligman acredita que os líderes empresariais mais bem-sucedidos são inspirados por um senso de otimismo. Aqueles que veem a vida e o trabalho com lentes positivas têm probabilidade muito maior de sucesso, sugere ele. Ser otimista não significa ignorar os fatos ou os desafios necessários para progredir, mas evita se perder em todas as razões para não progredir e em uma espiral de negatividade.

Um líder otimista começa de uma posição de possibilidade e depois encontra maneiras de superar os obstáculos mais importantes. Ele comunica uma visão positiva com energia e inspiração. Ele se relaciona melhor com as pessoas, defendendo os benefícios e não as restrições, recompensas e não riscos, e tem resiliência para persistir ao longo do tempo, a fim de chegar a um lugar melhor.

Uma das pessoas mais otimistas que conheci é o fundador da Virgin, Richard Branson. Em sua organização ele é mais conhecido como o Dr. Sim, por sua insaciável atitude positiva diante de novas ideias. Ele escolheu *Screw It, Let's Do It* (*Dane-se, Vamos Lá*, em tradução livre) como título de sua autobiografia, uma de suas frases favoritas. Quando o entrevistei, perguntei-lhe onde encontrava sua motivação. Ele respondeu: "Os corajosos podem não viver para sempre, mas os cautelosos simplesmente não vivem".

SEJA A MUDANÇA

Jonah Berger, em seu livro *The Catalyst: How to Change Anyone's Mind* (*O Catalisador: Como Mudar a Mente de Qualquer Pessoa*, em tradução livre), diz que os agentes de mudança sabem que não se trata de forçar mais ou de fornecer mais informações, mas de ser um catalisador. Os catalisadores removem os bloqueios de estradas e reduzem as barreiras à mudança. Em vez de perguntar "Como posso mudar a mente de alguém?", eles perguntam "O que os está impedindo?".

Mahatma Gandhi, ao longo de sua vida na África do Sul e na Índia, foi um lutador destemido pelos direitos e pela dignidade das pessoas. Sua promoção inabalável da não violência como uma ferramenta para conquistar corações e mentes deixou sua marca para sempre no mundo. Certamente, foi dele a frase: "Seja a mudança que você deseja ver no mundo".

Talvez seja esta a questão. Não se trata de mudar os outros, o que nunca é fácil. Trata-se mais de mudar a si mesmo. Isso está ao seu alcance. Ao mudar a si mesmo, é muito mais provável que outros o sigam, e inspirados por sua liderança, por sua crença e por seu otimismo, eles têm maior probabilidade de querer mudar a si próprios também.

Gandhi disse ainda: "Se pudéssemos mudar a nós mesmos, as tendências do mundo também mudariam. À medida que um homem muda sua própria natureza, também muda a atitude do mundo em relação a ele. Não precisamos esperar para ver o que os outros fazem".

O que nos traz aos líderes empresariais que procuram mudar seus mundos. Não são necessários super-heróis, mas pessoas genuínas e autênticas, com uma crença e paixão para fazer melhor. Trata-se de líderes avançando em um mundo de mudanças incríveis, um mundo que às vezes parece estar em chamas, mas também um mundo de oportunidades.

O mundo está esperando que pessoas comuns façam coisas extraordinárias.

RESUMO: COMO VOCÊ RECODIFICARÁ SEU FUTURO?

5 perguntas para refletir:

- Olhe para frente, não para trás — qual é seu potencial futuro?
- Tenha visão de futuro — quanto tempo você passa moldando o futuro?
- Encontre seu propósito inspirador — por que sua empresa existe?
- Tenha uma visão melhor — qual é a sua história do futuro?
- Crie impacto positivo — como você mede o sucesso?

5 líderes para se inspirar (mais em businessrecoded.com):

- Ann Wojcicki, 23andMe — criando um futuro pessoal e preditivo de cuidados de saúde.
- Elon Musk, SpaceX — transformando visões do futuro em realidades audaciosas.
- Patrick Brown, Impossible Foods — criando alimentos à base de plantas que têm um sabor melhor.
- Larry Fink, BlackRock — um investidor exigindo que o propósito direcione os lucros.
- Yves Chouinard, Patagonia — de alpinista apaixonado a ativista do certificado B Corp.

5 livros para se aprofundar:

- *Aperte o F5* de Satya Nadella.
- *Encontre Seu Porquê* de Simon Sinek.
- *Trailblazer* (*Pioneiro*) de Marc Benioff.
- *Reimagining Capitalism* (*Reimaginando o Capitalismo*) de Rebecca Henderson.
- *Catalyst* (*O Catalisador*) de Jonah Berger.

5 fontes para explorar mais:

- Futurismo.
- Institute for the Future (Instituto para o Futuro).
- Future Timeline (Linha do Tempo do Futuro).
- B Corporation.
- Fórum Econômico Mundial.

MUDANÇA 2
KOMOREBI

Recodifique seu crescimento

ONDE ESTÃO AS MELHORES OPORTUNIDADES PARA CRESCER MAIS E MAIS RÁPIDO?

Da sobrevivência incerta ao crescimento futurista.

O termo japonês komorebi *não tem tradução para o português, mas descreve o efeito da luz do sol atravessando as folhas das árvores. Olhar diretamente para o sol do meio-dia pode ser ofuscante, mas, visto de outras perspectivas, o efeito se torna belo e inspirador.*

Considere algumas das inovações que remodelam os mercados:

- Em Xangai, a polícia chinesa usa óculos de realidade aumentada, com software de reconhecimento facial com IA, capaz de identificar cada cidadão e todos os seus cargos e funções.

- Em Wall Street, o software Fusemachine com base em IA ajuda os investidores do Citibank a fazer melhores investimentos, minimizando riscos e maximizando retornos.

- Na sede da DeBeers em Joanesburgo, Tracr é um novo sistema baseado em blockchain que rastreia a vida dos diamantes, assegurando sua autenticidade e práticas éticas.

- Em Londres, o MedicalChain usa blockchain para criar e manter uma única versão dos registros médicos de cada paciente, permitindo um melhor atendimento por parte de qualquer médico.

- Na Indonésia, a New Story, uma instituição de caridade que atende os sem-teto, está trabalhando com Icon para criar milhares de novas casas após desastres naturais, cada uma sendo impressa em 3D em 24 horas por US$4.000.

- Em San Diego, a Organovo imprime tecido humano em 3D. Atualmente, a pele humana é o órgão mais vendido; no entanto, corações e outros órgãos impressos em 3D podem transformar a vida.

- Na University of South Denmark em Odense, uma pista de corrida exclusiva com colinas e espirais é utilizada para testar exoesqueletos robóticos para atletas paralímpicos e trabalhos em condição de periculosidade.

- Em Seattle, os armazéns da Amazon são dominados por 10.000 plataformas de robôs Kiva, que transportam as compras do almoxarifado para os pontos de entrega mais rápido do que humanos correndo.

Onde estão suas melhores oportunidades?

> **CÓDIGO 8: SIGA AS MEGATENDÊNCIAS**
> O QUE MOLDARÁ SEU FUTURO? COMO VOCÊ SURFARÁ NAS ONDAS DA MUDANÇA E TERÁ VISÃO DE LONGO PRAZO PARA TRANSFORMAR AS DISRUPTURAS E DESCONTINUIDADES EM INOVAÇÃO E IMPACTO?

Algumas das melhores praias para surfar no mundo estão ao longo da costa de Lisboa, em Portugal. A bela vila de pescadores de Cascais parece estar a um mundo de distância das ondas enormes e dos surfistas radicais que buscam pegar a onda mais incrível.

Sentado em um dos muitos restaurantes que servem frutos do mar, lula e depois robalo, com uma taça de vinho verde, levanto os olhos e vejo a imponente fortaleza que se ergue acima do pequeno porto. Provavelmente assistiu a muitas mudanças desde a sua construção, alguns anos antes de Cristóvão Colombo passar por ali, em seu caminho à procura de novas terras. Ainda assim, permanece praticamente inalterada.

Da mesma forma, raramente temos tempo para fazer uma pausa e olhar para o quadro geral de nosso mundo em mutação — mudanças tectônicas que provavelmente transformarão nosso mundo nos próximos anos. Ameaça ou oportunidade, nós as ignoramos por nossa conta e risco.

Surfar nas ondas de um mundo em mutação nos permite acompanhar as mudanças, ver as oportunidades à frente e nos preparar para abraçá-las.

As megatendências, termo usado pela primeira vez por John Nasbitt em 1982, são as enormes mudanças — sociais, econômicas, políticas, ambientais ou tecnológicas — que demoram a se formar, mas, uma vez implementadas, podem influenciar uma ampla gama de atividades, processos e percepções, possivelmente por décadas.

Mundo envelhecendo	Mudança demográfica de **jovens** para **idosos**
Ásia prosperando	Mudança econômica do **Ocidente** para o **Oriente**
Tecnologia cognitiva	Mudança tecnológica da **automação** para a **inteligência**
Densidade demográfica	Mudança urbana de **cidades** para **megacidades**
Renovação ecológica	Mudança na sustentabilidade da **crise** para a **circularidade**

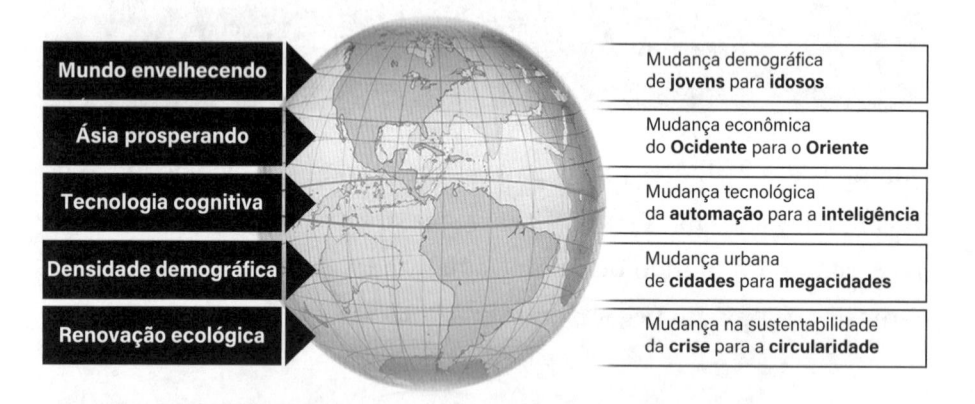

FIGURA 2.1   As cinco megatendências moldando seu futuro potencial.

São forças subjacentes que impulsionam as mudanças nos mercados globais e em nossa vida cotidiana. Embora possa parecer que a tecnologia seja a principal megatendência, com novas ciências e dispositivos ganhando manchetes, são suas implicações mais amplas que criam a maior parte das mudanças. Análise da McKinsey mostra que aproveitar as ondas certas de mudança, criadas pelas tendências geográficas e do setor econômico, é o que mais contribui para os resultados dos negócios. O estudo afirma que a empresa que se beneficia de tais ventos favoráveis tem quatro a oito vezes mais probabilidade de chegar ao topo entre os futuros empreendedores.

Cinco megatendências — o ABCDE do nosso futuro — estão moldando nosso futuro potencial agora, mudando a forma como viveremos e trabalharemos:

1. **Mundo envelhecendo...** *a mudança demográfica de jovens para idosos*

    As mudanças sociais são impulsionadas principalmente por pessoas que vivem mais e com mais saúde em todo o mundo, à medida que melhoram os cuidados com a saúde, a educação e o estilo de vida.

2. **Ásia prosperando...** *a mudança econômica do Ocidente para o Oriente*

    A riqueza do consumidor está aumentando, principalmente na Ásia. Os chamados mercados emergentes representarão seis das sete maiores economias até 2050.

3. **Tecnologia cognitiva...** *a mudança tecnológica da automação para a inteligência*

    Avanços tecnológicos revelam novas possibilidades e progresso exponencial — 125 bilhões de dispositivos conectados até 2030.

4. **Densidade demográfica...** *a mudança sociológica de cidades para megacidades*

    Rápida urbanização. Uma parcela de 65% do mundo se concentrará em ambientes urbanos até 2050, hoje nas megacidades da Ásia, amanhã em cidades ainda maiores da África.

5. **Renovação ecológica...** *a mudança ambiental da crise para a circularidade*

   50% da energia mundial será sustentável até 2050, à medida que buscamos formas de combater as mudanças climáticas e a pressão sobre os recursos naturais.

Cinquenta anos atrás, em seu livro *O Choque do Futuro*, Alvin Toffler identificou o divisor de águas de uma nova era pós-industrial, apontando a enorme mudança estrutural em andamento na economia mundial e a aceleração dos avanços tecnológicos em direção a uma "sociedade superindustrial" em uma era da informação. Agora vemos que muito do que ele previu se tornou realidade. Em muito menos tempo, em 10 ou 20 anos, veremos o verdadeiro impacto dessas novas megatendências.

Utilizando várias fontes de dados, incluindo a Organização das Nações Unidas (ONU) e a Organização para Cooperação e Desenvolvimento Econômico (OCDE), e de forma mais útil o fantástico site de Max Roser, OurWorldinData.org, exploramos essas cinco tendências e suas implicações para os negócios:

Megatendência 1: Mundo Envelhecendo... *a mudança demográfica de jovens para idosos*

Mudanças sociodemográficas, principalmente o envelhecimento das populações em todo o mundo, terão um enorme impacto em todas as nações:

- **Boom asiático.** A população mundial provavelmente aumentará para 8,5 bilhões em 2030, de 7,2 bilhões em 2020 — composta de 5 bilhões de asiáticos, 1,5 bilhão de africanos, 750 milhões de europeus e latino-americanos, 400 milhões de norte-americanos e 50 milhões na Oceania.

- **Diminuição da juventude.** As taxas de natalidade estão diminuindo, principalmente nas nações ricas, resultando em menos jovens e 90% da população mundial com menos de 30 anos de idade vivendo agora em mercados emergentes.
- **Vivendo mais tempo.** O mais profundo é um provável aumento de 45% na população mundial com mais de 60 anos de idade até 2030, com 80% deles vivendo na Ásia em 2050 (as pessoas com mais de 60 anos na Ásia já superam toda a população dos EUA).
- **Cidadãos globais.** 4% da população mundial é composta de migrantes, que não vivem no país em que nasceram. Em alguns países essa proporção é muito maior — Emirados Árabes Unidos com 85% em função dos trabalhadores migrantes, mas também Austrália com 29%, Canadá com 22% e EUA com 14%.

As implicações para o apoio incluem:

- **Assistência médica.** À medida que as populações envelhecem, a demanda por assistência médica e apoio domiciliar crescerá rapidamente. Prevê-se que os gastos com saúde nos EUA aumentem 8% do PIB a cada ano nas próximas duas décadas, cerca de US$3,4 trilhões por ano.
- **Pensões.** Provavelmente surgirá uma lacuna de US$400 trilhões no financiamento da aposentadoria até 2050, à medida que os fundos de pensão se mostrem insuficientes, as pessoas vivam mais do que o esperado e necessitem de mais apoio. Os jovens precisarão suprir essa deficiência e ter menos recursos.

- **Força de trabalho robótica.** À medida que a quantidade de pessoas em idade produtiva for diminuindo, recorreremos mais à automação, com máquinas e robôs se tornando uma substituição necessária e desejável dentro da força de trabalho, assumindo trabalhos manuais, enquanto os humanos agregam mais valor.
- **Consumo.** A idade e a saúde moldarão significativamente os mercados, desde viagens e entretenimento a alimentos e moda. Em termos de alimentação, exigiremos produtos frescos e orgânicos, funcionais e medicinais, convenientes e entregues em domicílio.

Megatendência 2: Ásia prosperando... *a mudança econômica do Ocidente para o Oriente*

Do Ocidente para o Oriente — o crescimento populacional leva a uma mudança global significativa no poder econômico e ao surgimento de uma nova e enorme classe média de consumidores:

- **Fabricado na Ásia para a Ásia.** As economias "emergentes" deixaram de ser produtoras para países desenvolvidos para se tornarem as principais consumidoras do mundo. Elas agora respondem por 80% do crescimento mundial e 85% do crescimento do consumo.
- **Superpotência chinesa.** 15 anos atrás, a economia da China correspondia a 10% da economia dos EUA, mas vai superá-la no final da década de 2020. A China espera ter 200 cidades com mais de 1 milhão de habitantes até 2025.
- **Tigres Asiáticos.** O crescimento do Sudeste Asiático ultrapassará o da China, em especial o Vietnã e a Tailândia. A Índia possui as dez cidades de crescimento mais rápido do mundo. Delhi em bre-

ve substituirá Tóquio como a maior cidade do mundo, enquanto o porto de Surat cresce mais rápido.

- **Novos consumidores.** A nova classe média da Ásia cresceu nos últimos tempos e representará 66% dos 5,3 bilhões de consumidores de renda média do mundo até 2030. Setenta por cento dos chineses estarão neste grupo, um mercado consumidor de US$10 trilhões.

As implicações para o mercado incluem:

- O poder econômico da China estará consolidado nos próximos anos, apesar de impulsionado por altos níveis de endividamento e avaliações do mercado imobiliário. A China também ficou esperta no desenvolvimento de "poder brando" utilizando a cultura e os negócios para obter influência global.

- O crescimento dos negócios chineses é inexorável, com mais de 100 unicórnios e mais de 7.500 novas empresas registradas por ano, e mais registro de patentes do que qualquer outra nação. Seu apoio para startups faz com que sobrevivam à infância e acelera o aumento de escala.

- Os mercados dentro de países asiáticos dominarão a economia global. Quinze das 20 maiores rotas aéreas do mundo estão na Ásia, lideradas pela KUL-SIN com mais de 30.000 viajantes por ano (em comparação com LHR-JFK com metade, a 13ª maior).

- O E7 (como o Goldman Sachs denominou as economias emergentes da China, Índia, Brasil, México, Rússia, Indonésia e Turquia) será maior do que o G7 em 2030 e dobrará de tamanho em 2050 (o E7 já supera o G7 em paridade de poder de compra).

Megatendência 3: Tecnologia cognitiva... *a mudança tecnológica da automação para a inteligência*

A "quarta revolução industrial" contempla uma mudança para tecnologias conectadas e inteligentes que sustentam todas as outras tendências:

- **Mudança exponencial.** Isso ocorrerá à medida que as plataformas digitais conectarem os mercados, a internet das coisas (IoT) conectar tudo e os efeitos de rede multiplicarem os impactos, a robótica substituir os trabalhadores manuais e a inteligência artificial superar nossas mentes.

- **Mídia líquida.** O conceito de digital versus físico está evoluindo rapidamente para um estado de fusão, no qual cada experiência é real e tecnicamente aprimorada. A realidade aumentada e as telas 3D holográficas aceleram isso, assim como os jogos e os filmes.

- **Os dados são o novo petróleo.** 90% dos dados do mundo foram conectados nos últimos dois anos, com 1 trilhão de objetos conectados até 2025, mais de 90% das negociações de ações são feitas agora por algoritmo, e cerca de 66% da população mundial está online a qualquer momento.

- **Vida inteligente.** 60% de todas as ocupações podem ter pelo menos 30% de suas atividades componentes automatizadas. A robótica e a IA podem aprimorar as capacidades humanas, livrando-nos de tarefas repetitivas, aprimorando as proezas esportivas e liberando nossa criatividade.

As implicações do progresso rápido da tecnologia incluem:

- **Ideias ilimitadas.** A velocidade do avanço tecnológico acelera além da mudança do comportamento dos consumidores ou das necessidades das empresas. O desafio criativo não é o desenvolvimento da tecnologia, mas como aplicá-la da forma mais útil.

- **Além da singularidade.** Ray Kurzweil descreve um hipotético futuro, por volta de 2045, quando as máquinas inteligentes não serão mais controláveis pelos humanos. Elon Musk compartilha esse medo e é um crítico da DeepMind da Alphabet.

- **Tecnologia sustentável.** Muitos dos desafios ambientais de hoje acabarão sendo resolvidos pela tecnologia, por meio de novas abordagens de manufatura aditiva e revitalização, ou pela captura de carbono e conversão de resíduos.

- **Ética e segurança.** A crescente inteligência das máquinas apresenta muitos dilemas éticos para as empresas e a sociedade. As questões de segurança e privacidade somente serão tratadas considerando novas abordagens para autenticidade e regulamentação.

Megatendência 4: Densidade demográfica... *a mudança sociológica de cidades para megacidades*

Mais de metade da população mundial vive agora em vilas e cidades, e em 2030 esse número aumentará para cerca de 5 bilhões, principalmente na Ásia e na África:

- **Megacidades de 10 milhões.** Em 1990 havia apenas 10 dessas cidades; em 2025 serão 45, com 33 delas na Ásia. Muitas cidades grandes estão construindo cidades secundárias, como a Nova Área de Xiongan, que fica a 100 km de Pequim.

- **Migração para as cidades.** Globalmente, mais pessoas vivem em áreas urbanas do que em áreas rurais. Em 1950, 30% do mundo vivia em cidades; hoje é 55%, crescendo para 66% até 2050. As cidades atraem desproporcionalmente jovens em busca de trabalho e prosperidade.

- **A vida é melhor nas cidades.** As cidades normalmente têm melhores serviços, escolas e hospitais, e maior acesso a esportes e cultura. As pessoas são mais saudáveis, mais educadas e mais ricas. Na China a renda urbana per capita é o triplo das áreas rurais.

- **Cidades inteligentes.** As cidades são as primeiras a adotar novas infraestruturas tecnológicas, desde conectividade gratuita a carros autônomos, casas inteligentes e energia renovável. O mercado de "cidade inteligente" triplicará em 10 anos para US$1,2 trilhão em 2030.

As implicações dessa urbanização são:

- As cidades são impulsionadas por populações urbanas modernas que exigem infraestruturas avançadas e adotam rapidamente a tecnologia e a inovação. As novas cidades podem ser construídas a partir de um projeto, enquanto as cidades mais antigas precisam se adaptar às estruturas herdadas.

- Saúde e segurança conduzirão a novos graus de vigilância, à medida que as autoridades buscam superar o crime e melhorar o fluxo de tráfego, o saneamento e a resposta a emergências. O

"CityBrain" do Alibaba, por exemplo, é implantado em muitas cidades chinesas.

- As aspirações do consumidor mudam, pois os símbolos tradicionais do progresso, como um carro ou uma casa maior, são inviáveis. Em vez disso, surgem novas prioridades, como moda e entretenimento, miniaturização de produtos e personalização de serviços.
- Comunidades virtuais substituem as formas mais tradicionais baseadas na localização e vizinhança. Os recursos são cada vez mais compartilhados, desde fornecedores de energia até soluções de mobilidade. O comportamento virtual do grupo domina de novas maneiras.

Megatendência 5: Renovação ecológica... *a mudança ambiental da crise para a circularidade*

O impacto das mudanças climáticas está ao nosso redor — elevação das temperaturas e do nível do mar, incêndios florestais e preços dos alimentos:

- **Pressão populacional.** Uma quantidade crescente de pessoas gera uma demanda enorme por energia, água e alimentos, testando os recursos finitos do planeta. A população de 2030 exigirá 35% mais alimentos, 40% mais água e 50% mais energia.
- **Emissões de carbono.** Os gases do efeito estufa, principalmente dióxido de carbono de combustíveis fósseis, levarão o aquecimento para acima de dois graus até 2036, nas taxas atuais. Isso pode fazer com que o nível do mar suba dois metros até 2100, inundando as casas de 250 milhões de pessoas.

- **Clima extremo.** O aquecimento global gera um clima mais imprevisível e extremo, os verões quentes levam à desertificação e à perda de terras agrícolas, as tempestades ameaçam as cidades. O clima extremo causou danos de US$148 bilhões em 2018.
- **Pressão industrial.** A produção de alimentos esgotou as reservas naturais da terra e dos oceanos, prejudicou a ecologia e reduziu a biodiversidade. Os produtos tecnológicos têm despojado a Terra de metais preciosos, e o petróleo é cada vez mais um recurso limitado.

As implicações desses impactos ambientais são:

- **Mais a partir de menos.** Atender às demandas da população requer inovação para melhorar a produção com menos recursos. A detecção de ervas daninhas com sensores e sprays locais pode reduzir o uso de herbicidas em até 95%.
- **Do petróleo às energias renováveis.** A conversão para energia sustentável, principalmente solar e eólica, será acelerada à medida que o armazenamento da bateria se desenvolve rapidamente. As políticas governamentais e a tributação serão os principais impulsionadores dos negócios, junto com a demanda do consumidor.
- **Viagem elétrica.** A mudança para combustíveis sem carbono em veículos rodoviários se acelerará rapidamente, com os veículos movidos a carbono sendo eliminados até 2040. A mesma mudança agora é exigida em todos os meios de transporte (a estrada gera 70% das emissões, enquanto o ar e o mar geram 14% cada).

- **Demanda do consumidor.** 66% dos consumidores pagariam mais por produtos ecológicos, aumentando para 73% para a geração do milênio. Este será o maior motivador para as empresas adotarem mais modelos econômicos sustentáveis e circulares.

> **CÓDIGO 9: ENCONTRE NOVAS FONTES DE CRESCIMENTO**
> OS MERCADOS SÃO INCRIVELMENTE DIVERSOS E DINÂMICOS, OFERECENDO MUITO MAIS OPORTUNIDADES ALÉM DAS FRONTEIRAS PELAS QUAIS ATUALMENTE LIMITAMOS NOSSAS AMBIÇÕES DE CRESCIMENTO.

No verão de 2019, incêndios devastaram a floresta amazônica, causando alarme em todo o mundo. Para o brasileiro João Paulo Ferreira, CEO da Natura, uma das maiores empresas de cosméticos do mundo, com paixão pela sustentabilidade, foi um desastre. A Natura tem o compromisso de trabalhar com 35 comunidades locais na região amazônica, incluindo mais de 4.300 famílias, para ajudar a desenvolver produtos e modelos de negócios sustentáveis que beneficiem a floresta e seus habitantes.

A Natura também procura acelerar seu crescimento, buscando novas maneiras de crescer no mundo, ajudada pela aquisição de marcas como a dos cosméticos australianos de luxo Aesop, a Body Shop do Reino Unido e a Avon, empresa de vendas porta a porta com 6 milhões de representantes em todo o mundo.

O modelo de crescimento de Ferreira procura reunir três mudanças importantes no mercado: a demanda dos consumidores por produtos mais sustentáveis, a busca por luxo acessível, especialmente no setor de bem-estar, e a mudança para comunidades e modelos de negócios porta a porta. Além disso, sua noção de crescimento não é simplesmente a receita de vendas, mas o impacto positivo crescente para todos os stakeholders, incluindo seus parceiros amazônicos, que precisam desesperadamente de sua ajuda para recuperar o sustento.

ENCONTRANDO O FUTURO PRIMEIRO

William Gibson, o autor de ficção científica, disse: "o futuro está aqui — só não está distribuído de maneira muito equitativa". Portanto, muito do que criará o futuro já está diante de nossos olhos. Nosso desafio é entender, ver como se encaixa, imaginar como pode ser mais.

A novidade ocorre nas margens, não no núcleo central. Precisamos olhar para os pontos fora da curva, os primeiros a adotar e os usuários extremos, em busca dos novos comportamentos nos mercados. Precisamos olhar para os inovadores menores e especializados em busca de novas soluções. Encontrar a novidade tem menos a ver com esperar uma tecnologia completamente nova, como a computação quântica, e mais com interligar os pontos do que já está aqui, e então usar fusões imaginativas para entender como ela moldará uma nova realidade para muitos.

Conforme gradualmente passam a ser adotadas, as novas ideias começam a se espalhar mais rapidamente, um pouco como o gelo derrete a partir das bordas, quase imperceptivelmente, devagar, e depois muito mais rápido. Às vezes essas ideias podem parecer legais para os geeks, mas são rejeitadas pelas pessoas em geral porque não são práticas ou desejadas. Geoffrey Moore chama isso de "o abismo" que as novas ideias precisam saltar para atingir a maioria das pessoas.

Como você pode ver as megatendências e como elas afetarão seus negócios e clientes antes que cheguem?

Inflexão Estratégica, de Rita McGrath, enfoca os pontos de inflexão em nossos mercados em constante mudança. Se pensarmos na evolução do mercado como uma série de curvas em "s", então um mercado decola lentamente, mas depois acelera onde sofre uma inflexão. Malcolm Gladwell chamou isso de ponto de inflexão. A inflexão é normalmente causada por fatores externos, tais como novos recursos ou atitudes, ou mudanças econômicas ou regulatórias.

O desafio é estar pronto para essas inflexões. De fato, muito do pensamento futuro tem menos a ver com prever com alguma certeza do que estar preparado para a incerteza. Podemos buscar pistas de que uma inflexão está próxima ou já atuante. Podemos olhar para os mercados adjacentes em busca de comportamentos paralelos. As tendências alimentares costumam provocar as tendências de bebidas, as tendências de roupas esportivas impulsionam a alta-costura, os jogos de computador lideram o entretenimento.

McGrath observa que os pontos de inflexão não acontecem instantaneamente. Eles levam muito tempo. O título original de seu livro foi tirado do romance de Ernest Hemingway *O Sol Também Se Levanta*. Um dos personagens pergunta ao outro: "Então, como você faliu?", e a resposta foi: "Bem, gradualmente, e depois de repente". É como são sentidos os pontos de inflexão. Quando o atingem, é como se tivessem surgido do nada, e são perturbadores e difíceis. Mas se você realmente olhar para as raízes deles, perceberá que já existiam há muito tempo.

A mudança da Nike para canais diretos ao consumidor (DTC) foi evoluindo por algum tempo, mas agora se tornou a norma. Talvez por observar startups que criaram relacionamentos com consumidores, como os colchões Casper ou produtos de barbear Harry's, a Nike ganhou confiança para sair dos canais tradicionais e criar uma experiência de compra melhor, tanto em suas lojas quanto online. Ao usar os relacionamentos com consumidores construídos através de equipamentos esportivos e associação ao site Nike+, a marca pode ter um diálogo individual, oferecer incentivos pessoais e uma experiência verdadeiramente personalizada para os consumidores. Os concorrentes não conseguem dar uma olhada. A Nike adquiriu novos recursos, como a empresa de análise de dados Zodiac, para apoiá-la, e a Invertex, para criar o Nike Fit, cujo escaneamento remoto em 3D de calçados permite aos consumidores assegurar o ajuste perfeito. E US$16 bilhões em vendas fluíram pelos canais DTC da Nike em 2019.

No entanto, muitos líderes resistem à mudança. Muitos líderes passaram a amar seu status quo. A estabilidade traz mais certeza e eficiência. A mudança constante exige mais esforço e turbulência. Planos cuidadosamente elaborados precisam ser reescritos, linhas de produção adaptadas, novos produtos e embalagens, novos talentos recrutados e parceiros forjados, novos anúncios criados.

Como diz McGrath, "Os líderes fecham os olhos deliberadamente, porque é mais conveniente não receber as notícias de que as coisas podem estar mudando".

VENDO AS COISAS DE FORMA DIFERENTE

As companhias aéreas são um dos piores setores para se trabalhar. Toda vez que ocorre uma crise econômica, seus negócios são mais atingidos do que a maioria. Lembro-me de trabalhar com a British Airways durante crises econômicas. Em poucos dias, as reservas evaporavam e os aviões ficavam parados. O problema é que eles se viam como operadores de aeronaves, e pouco mais do que isso.

Uma visão alternativa seria a de que eles estão no negócio de conectar pessoas. Para os viajantes em férias, eles os ajudam a explorar o mundo, a se encontrar com a família e amigos. Para viajantes a negócios, eles estão no setor de facilitar o comércio, encontrar novos parceiros, atingir novos mercados, fazer novos acordos comerciais. Se estruturassem seus negócios em torno dos clientes e do que procuram alcançar, poderia haver muitas opções alternativas para sustentar a atividade, mesmo em uma recessão.

De forma semelhante, Adrian Slywotzky, autor de *Como Crescer em Mercados Estagnados*, diz que muitas empresas estagnaram na última década porque se esqueceram de como crescer. Embora seus negócios tenham crescido rapidamente nos anos de empreendedorismo, eles ficaram presos nos produtos e serviços existentes, enquadrando-se dessa maneira, e, portanto, em mercados que amadureceram e estagnaram. Ele diz que a maioria das empresas confiou nas estratégias tradicionais "centradas no produto" para o crescimento.

"Reenquadrar" torna-se, portanto, uma maneira incrivelmente poderosa de ver as oportunidades de forma diferente. Ao redefinir os limites do mercado em que está atuando, você imediatamente escapa das limitações do antigo pensamento, salta para espaços incontestáveis que não são mais disputados pelos mesmos concorrentes e potencialmente envolve os clientes de maneiras novas, mais inspiradoras e valiosas.

A CVS notoriamente reenquadrou seu negócio de farmácia em um negócio de saúde. Enquanto a farmácia é considerada um lugar ligeiramente negativo, uma loja para ir quando se está doente em busca de um produto específico, a saúde é uma ideia mais positiva, a qual você pode buscar com mais frequência, a fim de uma gama mais ampla de produtos e serviços baseados no bem-estar, e até mesmo pagar mais. Em outros casos, você pode até constatar uma mudança significativa nos preços das ações, pois os analistas aplicam diferentes relações P/L (preço/lucro), por exemplo, ao mudar de um negócio de comunicações para mídia.

Além de reenquadrar seu mercado, outra maneira é entender o que mais há dentro de seu negócio que possa agregar valor aos clientes e diferenciar sua proposta.

Chris Zook trabalhou com Slywotzky em outro livro, *Unstoppable* (*Irrefreável*, em tradução livre), que incentiva as empresas a entender quais são seus ativos ocultos e encontrar maneiras de aproveitá-los para gerar novas oportunidades de crescimento lucrativo. Os ativos ocultos incluem plataformas de negócios subvalorizadas, ativos de clientes inexplorados ou recursos subutilizados.

AS 12 FONTES DE CRESCIMENTO

O crescimento continua sendo a busca fundamental de uma empresa, mesmo quando ela adota um modelo econômico mais socialmente engajado, em que o valor é mais igualmente compartilhado entre todos os stakeholders. O crescimento cria um bolo maior que pode ser compartilhado por todos, e esse crescimento pode ser gerado de forma eficiente e com impacto mais positivo, não apenas como resultado. Crescimento positivo, se você quiser.

Você pode argumentar que Igor Ansoff ainda detém a fórmula para o crescimento. Sua "matriz de expansão de produto/mercado" da década de 1950 explora as oportunidades e riscos de crescimento — uma matriz simples 2x2 que explora mercados novos e existentes, e produtos/serviços novos e existentes. A limitação, obviamente, é que isso incentiva pensar com base em produtos e nas estruturas de mercado existentes.

Encontrar o crescimento é um processo cada vez mais criativo e multidimensional que combina as ideias de busca de novas oportunidades com base na mudança de atitudes e comportamentos, novos recursos e aspirações e formas criativas de enquadrá-los, conectá-los e defini-los. Isso nos dá pelo menos 12 fontes para explorar:

- **Novos públicos** — alcançar novos segmentos de clientes ou aqueles que não foram explicitamente atendidos no passado, por meio dos mesmos produtos ou de proposições adaptadas. Exemplo: cuidados com a pele para homens, da Nivea.

- **Novas proposições** — explorar as novas ou diferentes necessidades e aspirações dos clientes, ou novos preços, como extensões de linha, ou uma versão de luxo ou de baixo custo. Exemplo: carros Mini, Mini Cooper, Mini Clubman, Mini Countryman.

- **Novos canais** — alcançar públicos mal atendidos ou inacessíveis, seja com canais diretos ou por meio de novos tipos de intermediários. Exemplo: Bolthouse Farms vendendo cenouras como salgadinhos em máquinas de venda automática.

- **Novas geografias** — levar o negócio existente para novas geografias — novos locais, cidades, países —, da mesma forma ou em formas adaptadas. Exemplo: a Hershey's tem cinco fórmulas diferentes de chocolate para diferentes partes do mundo.

- **Novos produtos** — isso é, em grande parte, gerado por novos recursos adotados para melhor atender às necessidades e às aspirações novas e existentes, a novas variedades e formatos e novas aplicações. Exemplo: bebidas, sucos, salgadinhos, água da Innocent.

- **Novos serviços** — acrescentar serviços que possam ser cobrados, como suporte para melhorar o uso, ou mudar de produtos para cobrança por acesso, como SaaS ou software como serviço. Exemplo: aulas de culinária do Eataly, lojas e restaurantes Beyond.

- **Novas experiências** — combinar produtos e serviços próprios e de possíveis parceiros, gerando uma experiência mais rica em valor agregado para os clientes. Exemplo: Airbnb Trips, acrescentando voos, aluguel de carros e atividades à hospedagem.

- **Novas categorias** — criar espaços novos de mercado que surgem de novas necessidades, ou da fusão de necessidades existentes, com produtos e serviços diferenciados para atendê-las. Exemplo: bebidas energéticas da Red Bull.

- **Novos parceiros** — colaborar com parceiros que valorizam a oferta, desde marcas afins a concorrentes e complementares. Exemplo: marca de roupa Supreme em parceria com Louis Vuitton para engrandecer a reputação da marca.

- **Novos modelos de negócios** — desenvolver novos modelos operacionais ou comerciais para os negócios — assinaturas, freemium, um por um, e assim por diante. Exemplo: assinatura com base na nuvem do Microsoft 365.

- **Novas aquisições** — melhorar seu portfólio, recursos ou alcance através da aquisição de novos negócios que complementem os existentes. Exemplo: o Facebook adquirindo o Instagram para alcançar pessoas de forma mais ativa e íntima.

- **Novas possibilidades** — desenvolver mercados inteiramente novos com base em recursos que não têm precedentes. Exemplo: a Virgin Galactic desenvolvendo o negócio de turismo espacial.

Naturalmente, o crescimento é fácil se medido apenas pelas vendas — qualquer tolo pode dar um desconto em um produto. O desafio é encontrar um crescimento sustentável e lucrativo. Essa lista não é exaustiva e as abordagens não são mutuamente excludentes. Muitas iniciativas de crescimento utilizam uma combinação dessas abordagens e se concentram tanto em acelerar as fontes existentes quanto em encontrar novas. Os aceleradores de crescimento variam de novas marcas e propostas a explorar efeitos de rede, como mídias sociais e plataformas de distribuição, que multiplicam o alcance.

CÓDIGO 10: ABRACE O SÉCULO ASIÁTICO

O SÉCULO XXI PERTENCE À ÁSIA. À MEDIDA QUE O PODER ECONÔMICO MUDA DO OCIDENTE PARA O ORIENTE, DAS NAÇÕES PARA CIDADES E PARA UMA NOVA CLASSE MÉDIA, O MESMO OCORRE COM O PODER POLÍTICO E CULTURAL.

Alguns anos atrás, meu sogro, chinês, que havia crescido no interior, ao norte de Hong Kong, perto da fronteira com a China continental, voltou para a aldeia onde nascera. Lembro-me dele contando histórias de uma vida simples, brincando nos campos de arroz, e de fotografias desbotadas dele montando um búfalo quando menino.

Tendo se mudado para a Europa, ele queria manter alguma presença naquele vilarejo. Comprou um terreno e construiu um pequeno bloco de apartamentos que esperava que aumentassem de valor, como forma de pensão para si próprio e sua família.

Nos últimos 30 anos, a vila de pescadores de Shenzhen renasceu como uma metrópole futurística repleta de fábricas. É o coração da revolução tecnológica da China, apelidada de Vale do Silício do hardware.

Em 1979, o governo chinês transformou isso em um experimento para o capitalismo crescer em um tubo de ensaio, designando como a primeira Zona Econômica Especial. A cidade é movimentada por um influxo de trabalhadores vindos do interior. A Huawei foi fundada em Shenzhen em 1987 por Ren Zhengfei e é agora o segundo maior fabricante de smartphones do mundo depois da Samsung. A cidade também é a sede da Tencent, a enorme plataforma digital, do maior negócio de carros elétricos do mundo, a BYD, e do líder mundial na fabricação de drones, a DJI.

Shenzhen e os arredores do Delta do Rio das Pérolas são agora conhecidos como o chão de fábrica do mundo.

Agora é uma megacidade com mais de 12 milhões de habitantes. Também se tornou uma incubadora de design de ponta, uma cidade de urbanização futurística e um símbolo do progresso econômico da China. O governo chinês está usando Shenzhen como uma vitrine para sua mudança do "Fabricado na China" para "Projetado na China", para mudar a marca do país como um lugar que pode inventar e não apenas copiar e produzir em massa.

ÁSIA INCRÍVEL

Enquanto o século XIX pertenceu à Europa, e o século XX, à América, o século XXI é asiático — 5 bilhões de pessoas, dois terços das megacidades do mundo, um terço da economia global, dois terços do crescimento econômico mundial, 30 das empresas da lista da *Fortune 100*, seis dos dez maiores bancos, oito dos dez maiores exércitos, cinco potências nucleares, inovação tecnológica massiva, a mais nova safra das universidades de primeira linha.

A Ásia é também a região com maior diversidade étnica, linguística e cultural do mundo, evitando qualquer generalização remotamente importante além do próprio rótulo geográfico. Mesmo para os asiáticos, a Ásia é estonteante.

A China é a segunda maior economia do mundo, um novo, enorme e crescente mercado consumidor, e lar de muitas das empresas de crescimento mais rápido do mundo: Alibaba, Baidu, BYD, Bytedance, China Mobile, Didi Chuxing, Haier, Huawei, SAIC, Tencent, Dalian Wanda e Xiaomi. A China mudou de imitadora para inovadora, fundamentalmente gerando novas tecnologias, novas aplicações e a nova agenda para os negócios.

E embora o crescimento da China seja enorme e sustentável, muitos outros países asiáticos crescerão ainda mais rápido durante a próxima década: Índia, Bangladesh, Vietnã, Malásia e Filipinas. Coletivamente, são conhecidos como o clube dos 7%. De fato, poderíamos acrescentar outra lista de grandes empresas asiáticas não chinesas, como a DBS e Grab em Cingapura, Samsung e LG na Coreia do Sul, Uniqlo e Softbank no Japão, Reliance e Tata na Índia.

À medida que a nova superpotência da China se defronta com o poder decadente dos EUA, é o eixo do mercado "eurasiano", conectando a Europa e a Ásia, que deve crescer de forma mais significativa. O cientista político português Bruno Maçães argumenta em seu livro *O Despertar da Eurásia* que a distinção entre a Europa e a Ásia desapareceu, que os novos projetos da "Rota da Seda" da China são mais importantes do que o G20, e que a Europa está perdendo essa nova oportunidade.

A Ásia abriga os mercados de crescimento mais rápido do mundo e é também de onde vêm muitas das melhores ideias novas para os negócios — tanto o que fazer quanto como trabalhar —, aplicáveis a todos os líderes empresariais em qualquer lugar. Os líderes empresariais ocidentais em busca de uma nova inspiração talvez devessem olhar para o Oriente, em vez de para o Ocidente, como faziam séculos atrás.

Como abraçar as novas tecnologias como IA e robótica? Os melhores exemplos são provavelmente empresas como Alibaba e Samsung. Como engajar os clientes de maneiras novas e mais rápidas? Dê uma olhada na incrível popularidade de Jio Phone ou WeChat. Como reorganizar sua empresa para uma inovação mais inteligente e ágil? Inspire-se com Haier ou Huawei.

Vá fazer compras em Xangai e as lojas provavelmente não aceitarão seu dinheiro ou cartões, esperando, em vez disso, que você leia o código QR com seu smartphone. Sente-se em um cinema de Dalian Wanda e você será convidado a mergulhar na história com seu fone de ouvido VR. Qualquer coisa que você precise em casa em Xangai, a Meituan Dianping entregará em minutos — na verdade, provavelmente ela sabe tanto sobre você que poderá antecipar sua necessidade antes mesmo de você solicitar no WeChat.

AS NOVAS ROTAS DA SEDA

A Rota da Seda era uma rede de rotas comerciais que conectava o mundo do século II ao XVIII, possibilitando o comércio econômico, mas também os intercâmbios culturais, políticos e religiosos. O nome vem do lucrativo comércio de seda que a rota traz consigo, introduzindo a dinastia Han da China. No entanto, o nome "seda" é uma criação mais recente, embora se acredite que as especiarias eram o maior comércio nos tempos antigos.

Em 2013, o presidente Xi Jinping da China lançou a Iniciativa do Cinturão e Rota (Belt and Road Iniciative — BRI — ou, em chinês, 一带一

路, que se traduz como Um Cinturão, Uma Rota), um grande projeto de desenvolvimento de infraestrutura envolvendo 70 países e três continentes: Ásia, Europa e África. O "cinturão" se refere às rotas terrestres para transporte ferroviário e rodoviário, em grande parte seguindo a antiga Rota da Seda, enquanto "rota" se refere às rotas marítimas.

Os objetivos declarados do governo chinês são os de "construir um grande mercado unificado e fazer pleno uso dos mercados internacionais e domésticos, por meio de intercâmbio cultural e integração, para melhorar o entendimento mútuo e a confiança dos países-membros, resultando em um padrão inovador com fluxos de capital, pool de talentos e banco de dados de tecnologia".

A primeira fase da BRI se concentra no desenvolvimento de infraestrutura para transporte, mas também comunicações e energia. É considerado por muitos como o maior projeto de infraestrutura da história, com desenvolvimento planejado ao longo de 30 anos, embora na realidade seja mais um agregado de muitos projetos, de estradas e pontes a portos e ferrovias. A segunda fase envolverá iniciativas "mais leves" em saúde, educação e serviços financeiros.

O custo total é estimado entre US$4 e US$8 trilhões, enquanto o potencial de comércio anual da China ao longo dessa rota é estimado em torno de US$3 trilhões. Ao mesmo tempo, tem enfrentado críticas pela enorme quantidade de empréstimos para pequenas nações que contribuem para o desenvolvimento, mas que depois enfrentam um enorme endividamento, o que na verdade as leva para a esfera de influência política de Pequim.

Como empresário, isso significa que posso pegar um trem na estação St Pancras de Londres com destino a qualquer cidade importante da Ásia. Em 2017, o trem de carga "East Wind" iniciou um novo serviço transportando uma enorme carga de têxteis e eletrônicos, viajando 12.000 quilômetros de Hangzhou, refazendo a antiga Rota da Seda através de Cazaquistão, Rússia, Bielo-Rússia, Polônia, Alemanha e, finalmente, Londres. Enquanto isso, a rota marítima inclui os maiores portos e nações do mundo, como a Índia, e aqueles do Oriente Médio e da África Oriental.

APRENDENDO COM OS MERCADOS EM CRESCIMENTO

O *I Ching* é provavelmente o texto mais antigo existente sobre como lidar com a incerteza. Também conhecido como *O Livro das Mutações*, data de mais de 4.500 anos e é considerado a fonte da cultura, ciência e medicina chinesas.

O *I Ching* incorpora três princípios de mudança:

- Tudo muda (变易), o que significa que o mundo está em constante mudança.
- A mudança pode ser simplificada (简易), o que significa que tudo está conectado.
- Tudo — e nada — muda (不易), o que significa que existe um equilíbrio.

Em termos práticos, o que isso nos diz é que a cultura asiática se baseia na mudança; devemos constantemente procurar novas maneiras de resolver problemas, buscar conexões entre coisas fora de nossas estruturas normais e ver o mundo, a sociedade e os negócios como um sistema.

Essa filosofia está no cerne de uma mentalidade muito diferente de liderança que encontro na Ásia, em comparação com o Ocidente. Veja os líderes como Jack Ma, do Alibaba, ou Wang Jianlin, que muitas vezes é chamado de "o Walt Disney da China" e é o fundador da Dalian Wanda, que reúne um império de compras e entretenimento. Esses líderes têm uma forma de pensar muito mais conectada; eles veem conexões, adotam o pensamento sistêmico e criam ecossistemas incríveis de parceiros.

As empresas asiáticas vêm aprendendo as práticas de gestão do Ocidente nos últimos 30 anos. Agora as empresas ocidentais poderiam aprender muito com a Ásia. Por quê? Principalmente por causa do ambiente em que as empresas asiáticas trabalham:

- **Cultura:** as características únicas dos mercados e clientes asiáticos — crescimento rápido, concentrações urbanas, famílias numerosas, grandes aspirações, mercados controlados e não controlados.
- **Concorrência:** a competição feroz de empresas asiáticas está sacudindo todos os mercados mundialmente — sede por tecnologia, infraestruturas inovadoras, ética de trabalho incrível, foco no sucesso.
- **Controle:** a estrutura de propriedade privada de muitas organizações, construída em torno de empreendedores que se mantêm nas

organizações à medida que elas crescem, e propriedade familiar, permitindo o pensamento de longo prazo.

- **Colaboração:** busca por novos investimentos ou parceiros — local e globalmente — os modelos de ecossistema e plataforma são normais, reconhecendo o poder das colaborações e o desejo de ser mais global.

Na Índia, por exemplo, considere Mukesh Ambani ou Rata Tata, que têm um estilo de liderança muito mais voltado para o propósito. A empresa de Tata, que produz tudo, de aço a caminhões, Tetley Tea a Range Rovers, tem como principal proprietária uma fundação social sem fins lucrativos. E, claro, muitas das empresas mais conhecidas do Ocidente agora também são dirigidas por líderes asiáticos — mais notadamente Satya Nadella na Microsoft e Sundar Pichai na Alphabet. Ambos trouxeram um estilo e prioridade muito diferentes para sua liderança em comparação com os antecessores Steve Ballmer e Sergei Brin.

Então, o que podemos aprender com as empresas asiáticas?

- **Valores.** A abordagem confucionista é frequentemente citada pelo presidente chinês Xi Jinping — uma filosofia baseada em colaboração e harmonia social, frugalidade e trabalho árduo, e educação, valores compartilhados por grande parte da Ásia.
- **Agilidade.** O taoísmo é seguir o fluxo e se adaptar às mudanças. O yin e o yang simbolizam a capacidade dos opostos de coexistirem de maneira positiva; comunismo e capitalismo, centralização e descentralização, rápido e lento.

- **Jogo de longa duração.** A propriedade privada dá estabilidade às empresas asiáticas para uma visão de longo prazo. O Softbank assume uma visão de investimento de 30 anos. Os governos trabalham com um plano de cinco anos, permitindo que iniciativas estratégicas prosperem.

- **Estado.** Embora seja frequentemente visto de forma negativa, o apoio do governo permite que as empresas cresçam com empréstimos de longo prazo, desenvolvam juntas novos recursos em zonas exclusivas e desenvolvam infraestrutura compartilhada, como portos e ferrovias.

- **Digital em primeiro lugar.** Um desejo de criar o futuro é combinado com a vontade de abandonar o passado e não ser prejudicado por estruturas herdadas, saltando para o mundo digital. Veja o DBS em Cingapura, o melhor banco do mundo.

- **Rápido e intuitivo.** A tomada de decisão rápida é uma marca registrada de empresas como o Alibaba; normalmente líderes em pequenos grupos, agindo de forma menos democrática e com muito mais intuição, em vez de se limitar a planilhas e casos de negócios.

- **Pesquisa.** Enormes investimentos, parcialmente financiados pelo Estado, vão para novas ciências e tecnologias, em campos específicos como IA, robótica, biotecnologia e energia sustentável. Três empresas chinesas de carros elétricos, lideradas pela BYD, agora vendem mais que a Tesla.

- **Experimentação.** A abordagem rápida e intuitiva permite a experimentação constante. Empresas como a Xiaomi testam continuamente novas ideias para ver o que decola com seu enorme público de consumidores.

- **Escala.** O enorme tamanho dos mercados asiáticos, 5 bilhões de pessoas em comparação com 1 bilhão em todos os outros continentes, significa que até mesmo ideias de nicho têm um público significativo e podem então ser ampliadas rapidamente através das redes e proporcionar eficiência.

- **Empreendedorismo.** Muitas empresas ocidentais têm dificuldade para saber como as corporações podem atuar como startups. A Haier transformou seu negócio em 10.000 microempresas sob o mesmo teto, chamando-o de modelo *Rendanheyi*.

- **Cópia.** Este é outro assunto aparentemente tabu, mas ainda no qual as empresas chinesas se destacam (como faz a Apple). A Meituan Dianping foi recentemente classificada como a empresa mais inovadora do mundo, embora copie e ajuste modelos de negócios.

- **Ecossistema.** As empresas asiáticas não temem trabalhar juntas abertamente. Alibaba e Tencent são como "Google mais Amazon mais Facebook mais eBay mais pagamento mais logística mais atacado", tudo em um. Modelos tipo plataforma são a norma.

- **Relacionamentos.** Notoriamente, o conceito asiático de *guanxi* desempenha um papel enorme em muitos desses aspectos, um relacionamento baseado na confiança, em que empresas e indivíduos se comprometem a colaborar sem atropelo ou acordos forçados.

- **Liderança.** Provavelmente conhecemos mais CEOs de empresas asiáticas do que ocidentais. Por que isso? Porque a confiança em empresas vem por intermédio de pessoas e, principalmente, dos ecossistemas de funcionários, parceiros e clientes.

- **Visão de mundo.** Muitas empresas asiáticas consideram o mundo, e não os mercados locais, como sua casa. A Xiaomi, por exemplo, vê afinidade natural e rápido crescimento em mercados emergentes semelhantes, da Índia ao Brasil, passando pelo México.

- **Educação.** De volta à ideia confucionista do início, a educação é a chave para o sucesso futuro. A China tem quatro vezes mais estudantes STEM (ciência, tecnologia, engenharia e matemática) do que os EUA, e 33% de todos os alunos estudam engenharia em comparação com 7% nos EUA.

- **Frugal.** Embora os jovens asiáticos ricos tenham um apetite enorme por festas e marcas de estilistas, em geral eles têm uma atitude frugal e a maioria das pessoas economiza muito. A poupança líquida das famílias na China é de 38%, em comparação com 18% nos EUA e 4% na Europa.

- **Trabalho árduo.** Jack Ma segue o "996", que significa trabalhar muitas horas, das 9h00 às 21h00, seis dias por semana. Embora o Ocidente tenha facilitado a vida, os asiáticos estão trabalhando muito.

CÓDIGO 11: ABRACE A TECNOLOGIA E A HUMANIDADE
AS TECNOLOGIAS DIGITAIS FAZEM MAIS DO QUE AUTOMATIZAR O MUNDO EXISTENTE; ELAS TRANSFORMAM TODOS OS ASPECTOS DA VIDA E DO TRABALHO, DA IA ÀS CIDADES INTELIGENTES, DO AUMENTO DA PRODUTIVIDADE HUMANA À IMORTALIDADE.

Peter Diamandis é mais conhecido como o criador da Fundação X-Prize, que oferece prêmios em dinheiro de sete dígitos como incentivo para a tecnologia resolver os grandes problemas da humanidade. Concursos recentes se concentraram na abundância de água, sequenciamento do genoma, segurança das mulheres e alfabetização de adultos. Seu novo livro, *O Futuro É Mais Rápido do que Você Pensa*, argumenta que o ritmo já acelerado da inovação tecnológica está prestes a ficar muito mais rápido. Ele diz que nos próximos dez anos reinventaremos todas as indústrias neste planeta, mas a mudança é principalmente para o benefício da humanidade.

O poder computacional tem sido a base do progresso nos últimos 30 anos e continuará à medida que evolui para a computação quântica, ficando mais rápido e mais barato, e convergindo com muitas outras tecnologias. Sensores e robótica, realidade virtual e inteligência artificial se desenvolverão exponencialmente, à medida que as máquinas se tornam mais inteligentes e as redes mais prolíficas. Com a queda nos preços e o aumento das aplicações em áreas como educação e saúde, mais pessoas vão adotá-las e se tornarão mais essenciais para a vida cotidiana. Acrescente a isso mais capital para investir, gerando uma experimentação mais radical e inovações mais rápidas e significativas.

A QUARTA REVOLUÇÃO INDUSTRIAL

A tecnologia está transformando as áreas da educação e saúde, agricultura e hospitalidade, bem como os mais óbvios comunicação e entretenimento, varejo e finanças. Antigamente, a tecnologia poderia ser deixada para os tecnólogos. Agora, apesar de sua enorme complexidade e linguagem intimidante, é um tema central para qualquer líder empresarial.

Considere as revoluções industriais que nos trouxeram até aqui, desde as fundições de ferro de Ironbridge em Shropshire, Inglaterra, até os empreendedores digitais do Vale do Silício e Shenzhen. Em cada caso, os pontos de inflexão que marcaram a nova revolução foram o surgimento de novas tecnologias que remodelaram aspectos fundamentais do mundo, da manufatura à saúde, à sociedade e ao meio ambiente.

- **Primeira Revolução Industrial** (1760–1840): usou água e energia a vapor para mecanizar a produção.

- **Segunda Revolução Industrial** (1870–1940): usou energia elétrica para criar a produção em massa.

- **Terceira Revolução Industrial** (1940–2000): usou eletrônica e tecnologia da informação para automatizar a produção.

- **Quarta Revolução Industrial** (2000–): usa tecnologias digitais, convergindo com os mundos físico e biológico.

Nossa revolução tecnológica atual está em um ponto de inflexão agora. As tecnologias e os aplicativos que estão surgindo têm três recursos que são diferentes, mais avançados e provavelmente terão mais impacto em nosso mundo do que as tecnologias de revoluções anteriores:

- **Inteligente** — as novas tecnologias são inteligentes, capazes de perceber ou de prever um ambiente ou uma situação e agir com base nesse conhecimento. Isso vai muito além do conhecimento; é a capacidade de entender as coisas.

- **Integrado** — as tecnologias se conectam com a humanidade, com a capacidade de se alinhar com os recursos físicos e mentais dos humanos, e com o ambiente natural. Elas envolvem voz e gestos e podem aprimorar as capacidades humanas.

- **Imersas** — elas estão incorporadas em tudo e em todos os lugares, de pessoas e máquinas a ambientes físicos e naturais. Isso cria um mundo conectado de inteligência que pode funcionar de forma independente e colaborativa.

O MIT identificou recentemente algumas tecnologias fundamentalmente importantes para a próxima década. Cada uma delas já é reconhecida como poderosa por si só, mas em conjunto podem fazer muito mais. O desenvolvimento e as conexões crescentes darão origem a uma nova geração de supertecnologias, que transformarão os negócios de maneiras que ainda não podemos imaginar. Embora isso possa nos deixar apreensivos, também deve nos encher de esperança de que resolvam muitos dos enormes desafios sociais e ambientais que enfrentamos hoje, para melhorar a humanidade e nossa vida cotidiana.

Tecnologia 1: computação em tudo — *computação incorporada e acessível*

A computação em tudo, ou pervasiva, fornece informações, mídia, contexto e poder de processamento para todos, onde quer que estejamos. É caracterizada por vastas redes de microprocessadores conectados incorporados em objetos do cotidiano, a internet das coisas (IoT). Em vez de dados armazenados centralmente, eles são continuamente atualizados em redes abertas, ou blockchains, mais seguras e acessíveis.

Exemplo: o Vital Patch é um biossensor no braço com sensores para detectar frequência cardíaca, temperatura corporal e respiração, com dados conectados em tempo real a profissionais da saúde.

Tecnologia 2: biotecnologia — *sistemas e formas de vida aprimorados*

A biotecnologia é o uso de sistemas e organismos vivos para desenvolver produtos. Os humanos têm sido bioengenheiros desde que plantamos as primeiras safras, agora aprimoradas pela engenharia genética, informática e ciências químicas. O CRISPR permite que os geneticistas editem os genes, o que nos permite combater doenças como o câncer de mama antes que elas ataquem. Ao mesmo tempo, a engenharia de células vivas em humanos ou na agricultura traz novos dilemas éticos.

Exemplo: a biometria usando retinas ou impressões digitais, mas logo odores corporais e padrões de veias, gera um novo nível de segurança e acesso.

Tecnologia 3: impressão 3D — *projetado digitalmente, fabricado quimicamente*

A impressão 3D, ou manufatura aditiva, é uma revolução baseada na química que está transformando as fábricas e cadeias de suprimentos do mundo. Em vez de solicitar uma peça sobressalente para seu carro, você faz o download do projeto digital e imprime-o em 3D sob demanda, geralmente por meio de redes locais como a 3DHubs na Holanda. Levando-se em conta que materiais tão diversos como o tecido humano podem ser impressos, essa tecnologia tem a capacidade de transformar a vida, com novos órgãos sendo impressos sob encomenda.

Exemplo: os clientes podem assinar um catálogo de design digital de uma marca da moda, permitindo-lhes personalizar e, em seguida, imprimir em 3D qualquer vestido que desejarem no dia e, depois, reaproveitar o material em outro design alguns dias depois.

Tecnologia 4: aprendizado de máquina — *análises rápidas, automatizadas e inteligentes*

O aprendizado de máquina pode mais simplesmente ser pensado como programas de computador que "aprendem", embora também inclua reconhecimento de padrões, modelagem estatística e análises para a tomada de decisões. Isso se baseia em três tecnologias. A computação em nuvem separou o armazenamento e a capacidade de processamento dos dispositivos, criando acesso universal a softwares, dados e colaboração (por exemplo, games como *Pokémon Go*). O big data agrega e interpreta enormes quantidades de dados, permitindo novos insights e decisões. Os algoritmos baseados em IA permitem que os dispositivos usem esses dados para aprender e agir com base neles.

Exemplo: a análise do cliente, alimentada por cartões de fidelidade, permite que fornecedores e varejistas forneçam mercadorias e incentivem compras, com base em um profundo conhecimento do público-alvo, suas influências e comportamentos.

Tecnologia 5: nanotecnologia — *supermateriais projetados*

A nanotecnologia é baseada na engenharia molecular, que constrói dispositivos incrivelmente pequenos, do tamanho de moléculas, geralmente de 1 a 100 mm (existem 100 milhões de nanômetros em 1 metro). Os materiais de alta engenharia são a base de inovações como as roupas esportivas Dri-Fit da Nike, meias inodoras, calçados impermeáveis e adesivos para parar de fumar.

Exemplo: a Nanotech apoiará o desenvolvimento de estruturas moleculares que replicam células vivas, permitindo que os médicos regenerem partes do corpo que são perdidas por infecção, acidente ou doença.

Tecnologia 6: robótica — *dispositivos precisos, ágeis e inteligentes*

A robótica é o desenvolvimento de sistemas mecânicos (essencialmente uma estrutura, componentes elétricos e software) que podem funcionar de forma autônoma ou semiautônoma. Embora os robôs simples não sejam novos (testemunha disso são as linhas de produção de fábricas), eles têm sido transformados nos últimos tempos por sua precisão, agilidade e inteligência.

Exemplo: na área da saúde, o sistema de cirurgia Da Vinci da Intuitive reduziu cirurgiões altamente treinados a operadores de joystick, à medida que seus movimentos de mão se traduzem em ações robóticas ultraprecisas. Visão e controles aprimorados permitem que os cirurgiões operem pacientes com o mínimo de invasão, reduzindo o risco e os danos, e melhorando a recuperação e o sucesso.

IA É COMBUSTÍVEL DE FOGUETE PARA O CRESCIMENTO

Trabalhando nos Emirados Árabes Unidos (EAU) recentemente, fui convidado a me reunir com alguns dos líderes do país para discutir o impacto da tecnologia nas tendências futuras. Cheguei ao novo Ministério das Possibilidades dos Emirados Árabes Unidos em Dubai e fui saudado por um robô, e logo estava imerso em um espaço de realidade mesclada, combinando governança, uma diversidade de projetos de inovação colaborativos e educação tecnológica.

Omar Sultan Al Olama, o ministro de Estado da Inteligência Artificial dos EAU (quantos países têm um desses?), acabara de lançar o BRAIN, o Programa Nacional de IA, com a ambição de os EAU "se tornarem líderes mundiais em IA até 2031" e impulsionar a economia local em US$182 bilhões. Um salto para o futuro, talvez, mas também uma estratégia prática de crescimento.

Da Siri aos carros autônomos, a IA tem o potencial de transformar nossa capacidade humana de adotar o poder da tecnologia e resolver os problemas mais complexos, desde mudanças climáticas até a erradicação de doenças, segurança cibernética e neurocontroles. Embora imaginemos a IA assumindo a forma humanoide de Sofia, o robô semelhante a um humano criado pela Hansen Robotics com sede em Hong Kong, a IA vem em muitas formas, desde o DeepMind da Alphabet aos carros autônomos da Tesla.

A IA de hoje é mais formalmente conhecida como IA limitada (ou fraca), significando que é concebida para realizar uma tarefa limitada, como jogar xadrez ou fazer uma busca online. Vemos isso incorporado em nossa vida diária, de freios antibloqueio em carros à proteção contra fraude de pagamentos, filtros de spam de e-mail e formulários de preenchimento automático. A IA do futuro, porém, procura assumir uma forma mais integrada, conhecida como IA geral (ou forte), com a capacidade de realizar qualquer tarefa e com muito mais autonomia.

Na saúde, por exemplo, a IA já consegue interpretar o escaneamento, sequenciar genomas e sintetizar novos medicamentos em minutos, ao mesmo tempo em que capacita enfermeiras virtuais e cirurgiões robóticos.

"Tudo o que foi inventado nos últimos 150 anos será reinventado usando a IA nos próximos 15 anos", diz Randy Dean, da Launchpad AI, e, talvez sem que seja uma surpresa, a PwC estima que pode adicionar US$15,7 trilhões à economia mundial até 2030.

No entanto, a IA traz muitas questões éticas e riscos associados a preconceitos embutidos e possui uma regulamentação inconsistente. Os preconceitos de gênero, raça e etnia podem influenciar negativamente e de maneira errada o sistema de justiça criminal; notícias falsas e desinformação podem se espalhar rapidamente por meio de bots e mídias sociais. Ela ameaça a privacidade e a segurança e pode tirar muitos humanos de seus empregos.

A IA é o novo combustível de foguete para a inovação e o crescimento das empresas. Aqui estão alguns exemplos:

- **A American Express** processa US$1 trilhão de transações e tem 110 milhões de cartões em operação, contando com algoritmos baseados em IA para ajudar a detectar fraudes quase em tempo real, economizando assim milhões em perdas. Sua análise de dados permite também atrair os portadores de cartões, com ofertas personalizadas, e os comerciantes, para gerenciar o desempenho.
- **A Burberry** usa IA para combater produtos falsificados e melhorar as vendas e o relacionamento com os clientes. Seus programas de fidelidade vão além das recompensas, usando esses dados para personalizar a experiência de compra online e para aumentar a experiência de loja física utilizando dispositivos inteligentes, de smartphones a sensores biométricos.
- **A Darktrace Enterprise Immune System** retarda os ataques aos sistemas de computação, emulando a forma como os humanos se defendem dos vírus. Uma plataforma com IA incorpora-se a uma rede, aprende quais comportamentos são normais e sinaliza anomalias, retardando ou interrompendo automaticamente redes e dispositivos comprometidos.
- **A Lemonade** está reinventando o seguro para ser instantâneo, fácil e transparente. Oferece seguro residencial baseado em IA e economia comportamental. Ao substituir corretores por bots e aprendizado de máquina, a Lemonade promete zero burocracia e políticas e indenizações instantâneas. Sendo uma B-Corp, tam-

bém possui um esquema de devolução para organizações sem fins lucrativos.

- **A Microsoft** colocou IA no núcleo do seu serviço. Cortana é uma assistente virtual, chatbots executam o Skype e respondem a perguntas, o Office inclui recursos inteligentes como clima, tráfego e agenda pessoal inteligente, e os clientes empresariais podem usar a Plataforma de IA da Microsoft para criar as próprias ferramentas inteligentes.

- **Na Netflix**, seu incrível crescimento é em grande parte devido à sua personalização conduzida por IA, reunindo históricos de visualização, buscas e avaliações dos espectadores para oferecer recomendações para você e outras pessoas iguais a você. Ela usa então essa inteligência para desenvolver um novo conteúdo que corresponda a essa preferência, como *House of Cards*.

- **Rare Carat** está inovando o mercado de diamantes. Sua plataforma utiliza tecnologia blockchain para rastrear a proveniência e verificar a certificação, melhorando em larga escala a autenticidade e a ética do fornecimento de diamantes. Ela usa, então, análise baseada em IA para comparar o preço de diamantes, conectando compradores com varejistas adequados.

TECNOLOGIA HUMANIZADORA

Evan Spiegel fica sentado em seu escritório do tamanho de um loft ocupando o último andar da sede da Snap em Santa Monica. Na praia lá fora, jovens conversam e surfam, tomam sol e se divertem. Dentro, sua plataforma Snapchat permite que esses mesmos adolescentes e jovens de 20 e poucos anos permaneçam conectados dia e noite. Spiegel é um deles, ainda na casa dos 20 anos, mas também um empreendedor multibilionário em tecnologia, fundador do que a *Fast Company* em 2020 chamou de "a empresa mais inovadora do mundo".

Um pouco como seu herói Steve Jobs, Spiegel estudou design na faculdade de artes, seguido por um estágio na Red Bull, que lhe ensinou muito sobre a cultura do consumo. Em Stanford, ele lançou uma startup com o colega Bobby Murphy, inicialmente chamada de Picaboo, que evoluiu para Snapchat em 2011, e abandonou a escola quando o aplicativo alcançou 1 milhão de usuários diários um ano depois. Em 2014, Mark Zuckerberg ofereceu-lhe US$2 bilhões pelo negócio, que ele recusou, preferindo fazer uma IPO em 2017 que avaliou o negócio em US$30 bilhões.

Aí, tudo deu errado. Spiegel aumentou rapidamente sua equipe para milhares, colocando-se no centro de todo o desenvolvimento de tecnologia, mas o Snapchat estava tendo uma hemorragia de usuários, perdendo 5 milhões em 2018 e perdendo a maior parte de sua equipe sênior. O preço das ações despencou 90%, e a maioria das pessoas achou que tudo estava acabado. No entanto, Spiegel não estava acabado, sabendo que precisava consertar seu negócio e seu estilo de trabalho interno. Com Murphy, ele reimaginou o aplicativo em torno do que as pessoas adoravam e investiu pesadamente em ferramentas de realidade aumentada (RA). Adicionar orelhas de coelho malucas às fotos ou planos de fundo legais era importante para seu público jovem.

Enquanto a Apple e a Alphabet veem o futuro do smartphone migrando para alguma forma de dispositivo de fone de ouvido, o Snap se concentrou em seus óculos baratos e divertidos, designs legais com câmeras de RA embutidas. A equipe buscou novos tipos de conteúdo, desenvolvendo uma plataforma no estilo da Netflix para filmes curtos de cinco minutos com conteúdo específico para adolescentes e um segundo aplicativo chamado Bitmoji, que permite aos usuários fazer caricaturas de si mesmos parecidas com os Simpsons e, em seguida, colocar seu avatar em desenhos animados junto com seus amigos, na Bitmoji TV.

O que surgiu foi uma abordagem muito humana da tecnologia. Embora muitos públicos mais velhos possam banalizar essas orelhas de coelho, Spiegel sabia que elas poderiam tornar seu negócio uma tecnologia legal, desejável e incrivelmente humana.

Tornar a tecnologia "mais humana" será um passo fundamental para seu progresso nos próximos anos. Isso poderia ser como o *Pokémon Go*, utilizando a realidade aumentada em games, ou usando os próprios jogos para transformar atividades como compras com os incentivos na forma de jogos, do Alibaba, para atrair compradores com seu Festival de Ofertas 11:11, ou Kahoot tornando a educação mais divertida.

A tecnologia de "humanização" assume muitas formas diferentes — do design ergonômico de um Apple iPhone aos controles que tornam o uso mais intuitivo; da capacidade de integrar ou aumentar os recursos humanos existentes, como força ou inteligência, à capacidade de tornar melhores a vida, a sociedade e o ambiente.

As interfaces serão mais pessoais, a linguagem menos técnica. A autenticidade aumenta a confiança, enquanto as máquinas aprendem a interpretar as emoções. A IA evoluirá para reconhecer o que é certo ou errado, falso ou real, ético ou não. A robótica eliminará o trabalho enfadonho do trabalho repetitivo, ao mesmo tempo que desenvolve a inteligência emocional e a empatia para melhor apoiar as pessoas, seja ajudando pessoas idosas que vivem sozinhas, ou carros sem motorista que se tornam espaços pessoais inteligentes.

> **CÓDIGO 12: COMECE DO FUTURO PARA TRÁS**
> SALTE PARA O FUTURO, PARA ALÉM DAS DISTRAÇÕES DE CURTO PRAZO. TRABALHE DA FRENTE PARA TRÁS PARA SE CONECTAR COM AS PRIORIDADES DE HOJE E, EM SEGUIDA, AVANCE PARA FAZER O FUTURO ACONTECER SEGUNDO A SUA VISÃO.

A Zacco é uma empresa dinamarquesa de propriedade intelectual, uma das maiores da Europa, especializada na proteção de ativos intangíveis como patentes, marcas registradas e designs. Com uma equipe de mais de 500 tecnólogos e advogados especializados, é um negócio focado em detalhes e processos. No entanto, quando o CEO Mats Boström me pediu para trabalhar com a empresa para ajudar seu pessoal a pensar com mais criatividade sobre o futuro, não foi fácil. O futuro não é lógico, ou absoluto, ou certo. A equipe achou difícil. Mas, na realidade, ela está no negócio do futuro, ajudando as organizações a imaginarem futuros melhores e depois fazê-los acontecer de forma prática e lucrativa.

Partimos do futuro e depois retrocedemos.

Sair do mundo atual dos negócios é incrivelmente libertador. Sem pressões e prioridades para resultados de curto prazo, sem as limitações de ser capaz de julgar o certo e o errado; de repente, todos podem ter um ponto de vista, e ninguém está errado. Partindo de 2030, imaginamos os mundos de seus clientes, como terão usado esses ativos protegidos para criar inovações incríveis e fazer a diferença para o mundo. E então retrocedemos aos dias de hoje. Administradores foram transformados em visionários, fundamentalmente pensando de forma diferente sobre o motivo de fazer o que fazem e como fazer melhor.

SALTE PARA O FUTURO

O futuro não é como costumava ser. Não podemos apenas avançar ou extrapolar a partir do passado. O futuro de hoje é descontínuo, perturbador, diferente.

É a imaginação que nos fará avançar — revelando as possibilidades tecnológicas, aplicando-as a problemas e oportunidades reais para gerar inovação e crescimento em todos os setores, em todas as partes de nossas vidas.

O melhor lugar para começar é o futuro. Os melhores empreendedores pensam "do futuro para trás" em vez de apenas tentar avançar com as limitações e distrações de hoje. Elon Musk está nas manchetes com sua visão ousada "Humanos em Marte até 2030", mas isso torna tudo mais significativo e mais possível. Da Tesla ao Hyperloop e ao SpaceX, tudo parece mais possível, e até mesmo pontos de partida para um destino maior.

O pensamento "do futuro para trás" também significa que você não está limitado por seus próprios recursos.

Richard Branson tinha uma visão fantástica para uma companhia aérea melhor, um banco de consumidores, um negócio de viagens espaciais. Mas nenhuma ideia de como fazer isso acontecer. Mas então encontrou parceiros que poderiam ajudar a torná-los realidade. Parceiros com experiência disponível para se conectar com suas ideias, e juntos inovar mais e com rapidez.

Não se trata de previsão, mas de possibilidades. É um esforço de imaginação para além da inteligência. Trata-se de ter ambição, coragem e construir uma orientação para o futuro. Uma vez que você tenha uma forte percepção das possibilidades "do futuro para trás", então pode retroceder até hoje. Com um novo sentido de direção, você começa a trabalhar "agora para a frente" com uma nova consciência e ambição.

Assim como o montanhista saindo em uma expedição, você define o pico que deseja escalar e então pensa nos possíveis caminhos para chegar lá. Haverá muitos — alguns mais curtos, alguns mais arriscados, alguns desconhecidos. Ao partir em direção ao pico, você encontrará muitas situações inesperadas — animais selvagens, clima agressivo, terreno difícil. Você muda de caminho, improvisa, reavalia e pode até alterar o objetivo. Mas você está indo na direção correta.

EXPLORE CENÁRIOS FUTUROS

Imaginar o futuro é divertido, mas também um sério desafio para todas as empresas de hoje. Como será o mercado futuro? Portanto, quais são as escolhas mais inteligentes de hoje?

Saltando para o futuro, vemos uma drástica mudança. Por exemplo, em 2050, a população mundial atingirá seu ponto mais alto e depois reduzirá lentamente. Em 2045, a muito discutida "singularidade" será alcançada, em que algumas máquinas terão uma inteligência maior que os humanos. Em 2040, um governo mundial federado poderia ser estabelecido, trabalhando com nações e tribos. E em 2035, uma população humana provavelmente será estabelecida em Marte, talvez por uma SpaceX de propriedade chinesa.

Em 2030, a pessoa média nos EUA receberá 4,5 pacotes por semana entregues por drones. Ela viajará 40% do tempo em um carro sem motorista, usará uma impressora 3D para imprimir refeições hiperindividualizadas e passará a maior parte do tempo de lazer em uma atividade que ainda não foi inventada. O mundo terá visto mais de 2 bilhões de empregos desaparecerem, com a maioria voltando em diferentes formas em diferentes setores, com mais de 50% estruturados como projetos freelancers em vez de empregos de tempo integral.

Mais de 50% das empresas da lista *Fortune 500* de hoje terão desaparecido, mais de 50% das faculdades tradicionais terão entrado em colapso e a Índia terá superado a China como país mais populoso do mundo. A maioria das pessoas terá parado de tomar pílulas, em favor de um novo dispositivo que faz o corpo fabricar seus próprios remédios.

O planejamento de cenários é complexo e fácil. Hipóteses infinitas podem criar uma rica diversidade de possibilidades e opções, mas também confusão e caos. O desafio não é prever o futuro, mas estar preparado para ele.

Minha primeira experiência de desenvolvimento de cenários foi com a Royal Dutch Shell, a companhia petrolífera, que começou a usar a técnica em 1971 para entender as implicações dos choques de petróleo e, à medida que atingíssemos o pico de petróleo, as maneiras pelas quais o mundo poderia mudar para energias renováveis. O processo da Shell é complexo, embora produza histórias fascinantes de possíveis futuros.

Uma abordagem mais simples, para ampliar as possibilidades de pensamento e debate, pode ser alcançada, em equipe, em poucas horas, em grande parte usando os insights e ideias das cabeças dos participantes, em vez de exigir a preparação de enormes quantidades de dados. O processo colaborativo, a rica discussão e o alcance estratégico são o que importa. Eu uso as seguintes etapas:

- **Fatores futuros.** Considere os possíveis fatores de mudança que moldarão o futuro de seu setor mais amplo e o mundo de seus clientes. Você pode usar megatendências como um estímulo ou desenvolver seus próprios impulsionadores com base em possíveis mudanças sociais, tecnológicas, econômicas, ambientais e políticas.

- **Incertezas críticas.** Selecione uma série de impulsionadores particularmente interessantes e descreva maneiras opostas com que poderiam atuar (polaridades). Por exemplo, o varejo passará a ser principalmente online, com entregas em casa, ou passará a ser com ricas experiências sociais nas ruas comerciais? Considere os extremos, mesmo que um equilíbrio pareça provável.

- **Cenários plausíveis.** Reúna algumas das polaridades mais interessantes. Faça isso da maneira mais simples, criando caixas 2x2 construídas em quaisquer duas polaridades. Por exemplo, a mudança no varejo, junto com boom econômico ou recessão, ou forte ou fraco foco na sustentabilidade. Cada quadrante 2x2 é um minicenário. Repita e discuta.

- **Implicações estratégicas.** Com uma grande quantidade de minicenários do grupo, reúna-os em uma rica imagem de futuros possíveis, compartilhando e discutindo conforme você avança. Avalie em equipe os possíveis prazos e certezas. Como eles se agrupam? Quais são os mais arriscados e os mais recompensadores? De qual nós gostamos mais?

Com uma melhor compreensão dos possíveis futuros, você pode começar a preparar sua empresa contra os piores cenários, mas também escolher os futuros que gostaria de criar.

MAPEIE OS HORIZONTES DE CRESCIMENTO

A estratégia costumava ser sobre o estabelecimento de uma visão e a criação de um plano para chegar lá. Hoje a estratégia e a inovação se fundem, e a estratégia fica muito mais ativa, progressiva e baseada em descobertas.

Não existe melhor maneira de alinhar sua equipe de liderança do que passar alguns dias imaginando o futuro juntos. O problema é que raramente fazemos isso; priorizamos o hoje em vez de o amanhã, e como o futuro não pode ser previsto, não o exploramos. O resultado é falta de visão, certamente uma falta de visão compartilhada e, pior ainda, uma infinidade de diferenças e mal-entendidos.

O segredo é estruturar o processo em uma série de atividades:

- **Salte para o futuro.** Imagine futuras possibilidades desenvolvendo um quadro rico de ideias e imagens. Use técnicas como uma notícia futurista ou uma futura experiência de consumo. Peça às pessoas que venham com suas próprias visões desenvolvidas sozinhas e, em seguida, compartilhe-as, elaborando uma montagem de possibilidades. E então comece a moldá-las em possíveis cenários.
- **Explore as possibilidades.** Compare o futuro com o hoje, as grandes diferenças e as possíveis jornadas para chegar lá. Converse sobre as implicações. Considere sua declaração de propósito. Está alinhada? A visão é suficiente ou o propósito não é suficientemente ousado? Em seguida, comece a mapear os horizontes estratégicos, retrocedendo até hoje.
- **Mapeie os horizontes.** A melhor abordagem, para a maioria dos setores, é focar o "5-3-1". Defina uma visão para cinco anos, como será, os principais requisitos e os resultados prováveis, incluindo a escala financeira. Em seguida, retroceda para considerar três anos com os mesmos detalhes e depois um ano. Surge um mapa de jornada de uma página (ver Figura 2.2). Analise o resultado. É ambicioso? Possível? Plausível? Rentável? Nós gostamos?

O que surge é um roteiro mais prático para o futuro, ou você poderia chamá-lo de "roteiro de crescimento". O importante é que você o desenvolveu como equipe de liderança, com propriedade coletiva e uma rica discussão ao longo do processo. Não importa se não for perfeito; ele mudará conforme o futuro for surgindo. Aprendizagem e adaptação contínuas moldarão sua jornada conforme você avança, e você pode até optar por acelerar os prazos, para criar o futuro mais rápido.

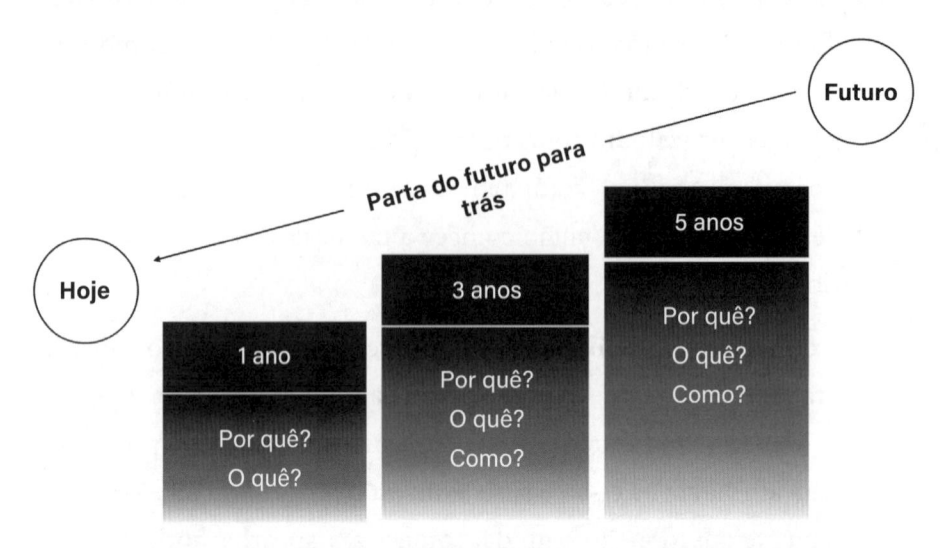

FIGURA 2.2 Estratégia do futuro para trás.

O mais importante no desenvolvimento de horizontes é que o curto prazo também mudará mais. A tentação com o planejamento "de agora para frente" é repetir o que você já tem, expandir o velho mundo e ceder às prioridades de curto prazo. Ao imaginar o "futuro para trás", o próximo ano será diferente, um passo em direção ao futuro ao invés de um passo a partir do passado.

> **CÓDIGO 13: ACELERE POR MEIO DAS REDES**
> IDEIAS E RELACIONAMENTOS SÃO SEUS ATIVOS EMPRESARIAIS MAIS IMPORTANTES, MULTIPLICADOS PELO PODER EXPONENCIAL DAS REDES, PERMITINDO QUE VOCÊ CRESÇA MAIS E COM RAPIDEZ.

Kyle "Bugha" Giersdorf tinha apenas 16 anos de idade quando apareceu para jogar no estádio Arthur Ashe, em Nova York. Sua mãe pensava que jogar online era algo que ele só fazia em seu quarto, quando deveria estar focado nos trabalhos escolares.

Mas agora aqui estava ele, um dos 100 finalistas em um campeonato mundial, competindo por US$30 milhões em prêmios em dinheiro e com 19.000 pessoas lotando o estádio para o assistir, além de 2,4 milhões de espectadores ao vivo no YouTube e na Twitch. Poucas horas depois, Giersdorf saiu com mais prêmios em dinheiro do que o campeão de tênis do US Open enfiado no bolso da calça jeans, e campeão da primeira Copa do Mundo de *Fortnite*.

Hoje, cerca de 2,2 bilhões de jovens jogam online, um número maior do que aqueles que praticam todos os esportes físicos combinados no mundo. Em 2019, os e-Sports geraram US$1,1 bilhão em receitas e atualmente triplicam a cada ano, à medida que crescem a rede mundial e as competições, e os patrocinadores buscam atingir o público. Não são apenas crianças brincando em seus quartos; isso está redefinindo o mundo dos esportes e do entretenimento e é um ótimo exemplo do poder das redes.

O VALOR EXPONENCIAL DAS REDES

Os efeitos de rede normalmente respondem por 70% do valor das empresas digitalmente ligadas.

Os efeitos de rede foram popularizados por Robert Metcalfe, o cofundador da 3Com, que criou cartões de rede que se conectavam a um computador dando acesso à ethernet, uma rede local de recursos compartilhados como impressoras, armazenamento e internet.

Metcalfe explicou que, enquanto o custo da rede fosse diretamente proporcional ao número de cartões, o valor da rede era proporcional ao quadrado do número de usuários. Ou, em outras palavras, o valor se devia à conectividade entre os usuários, permitindo que trabalhassem juntos e realizassem mais do que poderiam sozinhos.

"A Lei de Metcalfe" diz que o valor de uma rede é proporcional ao quadrado do número de nós na rede. Os nós finais podem ser computadores, servidores e apenas usuários. Por exemplo, se uma rede tem 10 nós, seu valor inerente é 100 (10 × 10 = 100). Acrescente mais um nó e o valor será 121. Acrescente outro e o valor saltará para 144. Crescimento não linear, e sim exponencial.

Os efeitos de rede tornaram-se um componente essencial de um negócio digital de sucesso. Em primeiro lugar, a internet em si passou a ser uma facilitadora dos efeitos de rede. À medida que se torna cada vez menos caro conectar usuários em plataformas, aqueles capazes de atraí-los em massa passam a ser extremamente valiosos com o tempo. Além disso, os efeitos de rede facilitam a ampliação em escala. À medida que se expandem, as empresas e plataformas digitais obtêm uma vantagem competitiva, pois controlam mais o mercado. Em terceiro lugar, os efeitos de rede criam uma vantagem competitiva.

Não se trata da tecnologia em si; trata-se de como a tecnologia permite que as redes funcionem — como permitem que as pessoas se conectem, colaborem e influenciem, construindo afinidade e confiança mútuas. As comunidades surgem, e, nelas, o poder da influência ponto a ponto é a principal fonte de confiança, recomendação e vendas.

Os movimentos são um passo adiante para fazer as redes funcionarem, dando-lhes propósito, valores e impulso. Isso pode parecer óbvio, mas pense em quantos varejistas não fazem nada para conectar seus consumidores, particularmente aqueles com interesses semelhantes. Até mesmo as marcas de telecomunicações, com bilhões de usuários, não fazem quase nada para agregar valor além das conexões básicas que fornecem.

Em 2015, três acadêmicos chineses — Zhang, Liu e Xu — testaram a Lei de Metcalfe com base em dados da Tencent e do Facebook. O estudo mostrou que a Lei de Metcalfe era válida para ambos, apesar da diferença de públicos e serviços. Também analisaram todas as empresas unicórnios, de US$1 bilhão, que cresceram nos últimos 25 anos. Eles estimaram que 35% das empresas tinham efeitos de rede em seu núcleo; entretanto, esses efeitos de rede normalmente somavam 68% do valor total.

NEGÓCIO LINEAR VERSUS NEGÓCIO EM REDE

Os negócios lineares tradicionalmente ganhavam uma vantagem competitiva comprando ativos, controlando cadeias de suprimento e conduzindo transações.

Os negócios em rede ganham vantagens competitivas por meio do efeito multiplicador das redes e, principalmente, do que acontece nas conexões, nos relacionamentos e nas interações. Os negócios baseados em rede normalmente operam de forma muito mais colaborativa com clientes e parceiros de negócios, evoluindo para ecossistemas que ultrapassam as fronteiras tradicionais do setor e podem fazer muito mais.

Conforme a rede cresce, seu valor se multiplica. Pense em um aplicativo de namoro. Inicialmente, ter poucos usuários é muito limitante, mas, assim que a rede cresce, as oportunidades de encontrar uma correspondência adequada aumentam muito mais rápido. O valor da rede para o usuário está no número de conexões possíveis e, para a empresa, o valor comercial vem dos dados que são gerados pelas interações entre os usuários. Esses dados podem ser capturados e analisados para gerar mais interações entre as pessoas e se tornam a vantagem real. Jim Collins chamou isso de "efeito volante", em que ter mais clientes cria uma experiência melhor, cujas avaliações atraem mais clientes, que reduzem custos ou aumentam as receitas de publicidade, o que permite custos mais baixos, atraindo mais clientes.

Efeitos de rede, relacionamentos e dados tornam-se os ativos de um negócio baseado em rede. Eles são os ativos "leves", geralmente na forma de propriedade intelectual (em comparação com ativos principalmente "pesados" de empresas lineares) e geram valor "intangível" financeiramente.

Existe uma desvantagem nos efeitos de rede, pois as redes em crescimento exponencial se tornam mais difíceis de controlar, coordenar ou organizar. O aumento de e-mails não solicitados, fraudadores e notícias falsas é uma consequência óbvia. E embora o Facebook e outras redes empreguem enormes exércitos de pessoas para tentar eliminar tais fatores, esta é provavelmente uma velha maneira de pensar. Na realidade, é preciso aproveitar soluções baseadas em rede, como o credenciamento entre usuários, como nos perfis de confiança que os usuários dão uns aos outros em plataformas como Airbnb, eBay e Uber.

15 TIPOS DE EFEITOS DE REDE

Como ponto de partida, os efeitos de rede podem ser diretos ou indiretos:

- **Os efeitos de rede diretos** (do mesmo lado ou simétricos) acontecem quando um aumento de usuários cria mais utilidade para todos os usuários, ou seja, um produto ou serviço melhor. Considere, por exemplo, Facebook ou Tinder.

- **Os efeitos de rede indiretos** (cruzados ou assimétricos) acontecem quando um aumento de usuários cria indiretamente mais utilidade para outros tipos de usuários. Por exemplo, Airbnb e Uber, em que mais anfitriões e motoristas criam mais utilidade para hóspedes e passageiros.

Diferentes modelos de negócios estimulam diferentes efeitos de rede. A precificação dinâmica, por exemplo, é utilizada pelo Uber para encorajar mais motoristas a ingressar na rede quando a demanda é alta, ou mais passageiros quando a demanda é baixa.

Surgem muitas variedades de efeito de rede, dependendo dos tipos de negócios, cada um com seus pontos fortes e fracos. Aqui estão 15 tipos, dentre os quais os cinco primeiros são efeitos diretos, e os outros, indiretos:

- Físico — infraestrutura, normalmente serviços públicos (por exemplo, estradas, linhas fixas, eletricidade).
- Protocolo — um padrão comum de operação (por exemplo, Ethernet, Bitcoin, VHS).
- Serviço Pessoal — baseado em identidades pessoais (por exemplo, WhatsApp, Slack, WeChat).
- Pessoal — baseado em reputação pessoal (por exemplo, Facebook, Instagram, Twitter).
- Rede de Mercado — adiciona propósito e transações (por exemplo, Houzz, AngelList).
- Mercado — permite trocas entre compradores e vendedores (por exemplo, eBay, Visa, Etsy).
- Plataforma — agrega valor à troca de um mercado (por exemplo, iOS, Nintendo, Twitch).
- Mercado Assintótico — o feito depende da escala (por exemplo, Uber, OpenTable).

- Dados — os dados gerados por meio do uso aumentam a utilidade (por exemplo, Google, Waze, IMDB).

- Desempenho Tecnológico — o serviço fica melhor com mais usuários (por exemplo, BitTorrent, Skype).

- Linguagem — o nome de uma marca define um mercado ou atividade (por exemplo, Google, Uber, Xerox).

- Crença — a rede cresce com base em uma crença compartilhada (por exemplo, mercado de ações, religiões).

- Modismo — gerado pela pressão social do medo de ficar de fora (por exemplo, Apple, Slack).

- Comunidade — gerada pela paixão e por atividade compartilhadas (por exemplo, ParkRun, Harley Owners).

- Movimento — gerado pelo propósito ou protesto compartilhado (por exemplo, Occupy, Black Lives Matter).

A maioria dos aplicativos do iPhone depende muito da existência de fortes efeitos de rede. Isso permite que o software cresça em popularidade muito rapidamente e se espalhe para uma grande base de usuários com marketing bastante limitado. O modelo de negócios "freemium" evoluiu para tirar proveito desses efeitos de rede, lançando uma versão gratuita que afeta muitos usuários e, em seguida, cobra por recursos "premium" como principal fonte de receita.

O eBay não seria um site especialmente útil se os leilões não fossem competitivos. À medida que cresce o número de usuários no eBay, os leilões ficam mais competitivos, elevando os preços dos lances nos itens. Isso torna mais vantajoso vender no eBay e traz mais vendedores para ele, o que reduz os preços novamente, à medida que aumenta a oferta, enquanto traz mais pessoas para o eBay porque há mais coisas que elas desejam sendo vendidas. Essencialmente, conforme o número de usuários do eBay cresce, os preços caem e a oferta aumenta, e cada vez mais pessoas consideram o site útil.

As bolsas de valores apresentam um efeito de rede. A liquidez do mercado é um dos principais determinantes do custo de transação na venda ou compra de uma ação, pois existe um spread entre o preço pelo qual uma compra pode ser feita em comparação com o preço pelo qual a venda do mesmo título pode ser feita. Conforme aumenta o número de compradores e vendedores em uma bolsa, a liquidez aumenta, e os custos de transação diminuem. Isso, então, atrai um número maior de compradores e vendedores para a bolsa.

> **CÓDIGO 14: CONSTRUA UM PORTFÓLIO DE CRESCIMENTO**
> O CRESCIMENTO EM MEIO A MUDANÇAS CONSTANTES É UMA JORNADA DE MUITOS PROJETOS, INOVAÇÕES E TRANSFORMAÇÕES. CONSIDERE ISSO COMO UM PORTFÓLIO EQUILIBRADO A SER MANTIDO AO LONGO DO TEMPO (FIGURA 2.3)

Shigetaka Komori, CEO da Fujifilm, tem um mantra: "Nunca pare de transformar".

Em consequência, a empresa japonesa criou soluções inovadoras em uma ampla variedade de campos, aproveitando sua tecnologia de imagem e informação para se tornar uma presença global conhecida pela inovação em saúde, sistemas gráficos, dispositivos óticos, materiais especializados e outras áreas de alta tecnologia.

Na década de 1960, a Fujifilm era um distante segundo lugar depois da Kodak no mercado de filmes fotográficos. Mas hoje a digitalização transformou a maneira como tiramos fotos, a Kodak se foi (faliu em 2012), e a Fujifilm mudou o foco e os recursos para novas áreas.

Em 2000, os negócios relacionados a filmes respondiam por 60% das vendas da Fujifilm e por 70% de seu lucro operacional, mas caíram para menos de 1% em uma década. O negócio de imagem fotográfica tradicional, o cerne da empresa, foi em grande parte substituído por outros tipos de imagens, como para saúde.

"Enquanto a Kodak tentava sobreviver em um mercado em declínio, a Fujifilm olhava para novos futuros", diz Komori, ao comparar como as duas empresas responderam às mudanças do mercado.

A imagem rapidamente evoluiu para informação digital e uma vasta gama de novos negócios surgiu em áreas como sistema médico, produtos farmacêuticos, medicina regenerativa, cosméticos, monitores de tela plana e sistemas gráficos.

Por exemplo, a divisão de cosméticos da Fujifilm começou em 2006 com o lançamento de seus produtos para a pele, Astalift, que depois se estenderam à maquiagem e, a partir disso, para outros tipos de soluções médicas e de bem-estar. Embora possa parecer que o filme fotográfico e os cosméticos não tenham relação alguma, os filmes tinham a mesma espessura (em torno de 0,2 mm) do cabelo humano. Colágeno era usado nos filmes para reter as qualidades do material, como umidade e elasticidade, ao longo do tempo. Essa experiência na fabricação de colágeno também é fundamental para fazer produtos de cuidados da pele.

A Fujifilm introduziu sistemas de imagem para diagnóstico médico usando sua tecnologia de câmera digital, o que lhe deu uma plataforma para fazer pesquisa básica em novos medicamentos. O desenvolvimento de medicamentos é cada vez mais baseado na informática, como a análise genética, campos nos quais a Fujifilm poderia utilizar sua experiência, dando-lhe uma vantagem sobre as empresas farmacêuticas tradicionais.

INFINITO E INVENCÍVEL

Em seu livro *O Jogo Infinito*, Simon Sinek analisa como as empresas podem alcançar o sucesso duradouro, uma abordagem incansável de transformações e crescimento, e valor continuado de longo prazo.

"Em jogos finitos, como futebol e xadrez, os jogadores são conhecidos, as regras são fixas e o ponto final é claro. Os vencedores e perdedores são facilmente identificados", diz ele. "Em jogos infinitos, como negócios, política ou a própria vida, os jogadores vêm e vão, as regras são mutáveis e não existe um ponto final definido. Não há vencedores ou perdedores em um jogo infinito; só existe à frente e atrás".

RECODIFIQUE SEU CRESCIMENTO

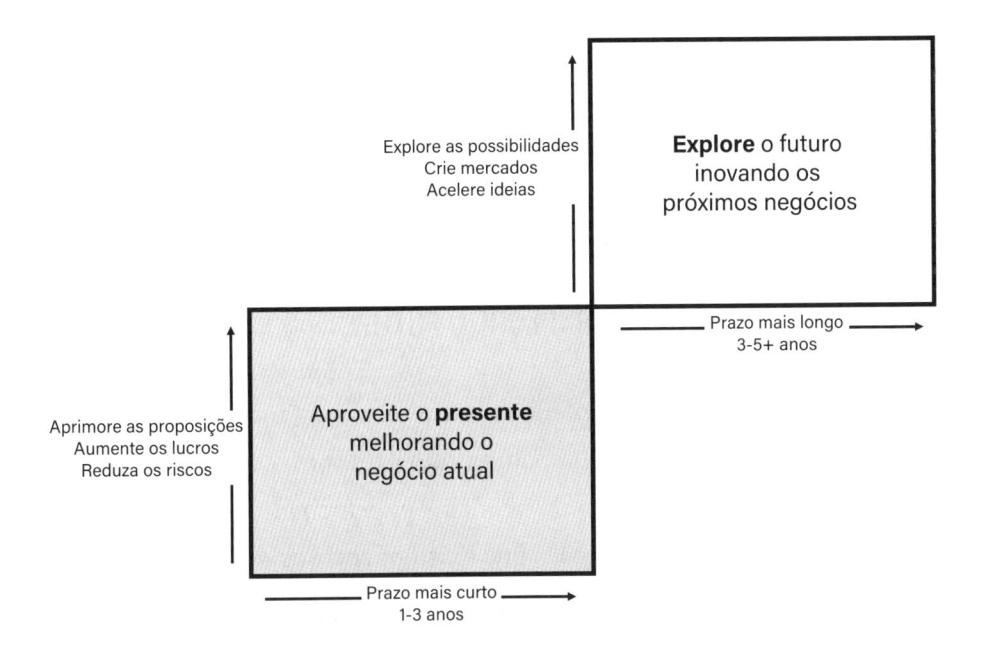

```
                              ↑
    Explore as possibilidades     ┌─────────────────────────┐
    Crie mercados                 │  **Explore** o futuro   │
    Acelere ideias                │  inovando os            │
                                  │  próximos negócios      │
                              ↑   │                         │
                                  │                         │
                                  └─────────────────────────┘
                                        ──── Prazo mais longo ────→
                                              3-5+ anos
    ┌─────────────────────────┐
    │                         │
    │  Aproveite o **presente**│
    │  melhorando o           │
Aprimore as proposições  │  negócio atual          │
Aumente os lucros    │                         │
Reduza os riscos     │                         │
    │                         │
    └─────────────────────────┘
         ──── Prazo mais curto ────→
                 1-3 anos
```

FIGURA 2.3   Construindo um portfólio de crescimento.

Muitas empresas enfrentam dificuldade porque seus negócios têm uma mentalidade finita ou fixa. Elas estabelecem para si um objetivo interno de ser melhor em algo ou lançar um produto específico e acabam ficando escravas disso. Essas empresas estreitamente definidas, voltadas para vendas centradas no produto, acham difícil romper com a abordagem atual. Só sabem como fazer mais do mesmo, com retornos decrescentes. As vendas ficam estagnadas, o ímpeto é perdido, a inovação diminui, a energia cai e elas ficam para trás.

Os líderes com uma mentalidade infinita, ou de crescimento — não apenas em termos de experimentação para encontrar novos caminhos a seguir, mas em termos de abordagem total de estratégia e inovação —, fazem muito melhor. Eles são voltados a um propósito, direcionados para o crescimento e centrados no cliente. Isso gera direção e alinhamento, impulso e energia. Esses fatores os levam naturalmente a continuar evoluindo, a se adaptar e inovar, a acompanhar um mundo em mudança. Até criam um ritmo de mudança à frente do mercado e, assim, podem moldar o mundo a seu favor.

APROVEITE O PRESENTE E EXPLORE O FUTURO

Alex Osterwalder e Yves Pigneur criaram o famoso modelo de negócio canvas, um diagrama de uma página que captura os componentes essenciais de qualquer modelo de negócios e, principalmente, explora as conexões e trocas/compensações que existem entre as diferentes opções. No entanto, eles foram descobrindo que as melhores empresas desenvolvem uma série, ou um portfólio, de modelos de negócios, que podem atendê-los ao longo do tempo.

O novo livro deles chama-se *The Invencible Company* (*A Empresa Invencível*, em tradução livre) porque as empresas que elaboram um portfólio de crescimento são sustentáveis ao longo do tempo, não apenas na mentalidade, mas também em toda uma série de grandes ideias, inovações e modelos de negócios que asseguram seu sucesso hoje e no futuro.

As empresas invencíveis gerenciam um portfólio dinâmico de negócios estabelecidos e em desenvolvimento — para proteger da ruptura, o máximo possível, os modelos de negócios estabelecidos, enquanto cultivam os modelos de amanhã. Elas precisam "aproveitar" o presente e "explorar" o futuro:

- **Aproveite o presente:** exige que os líderes gerenciem e aprimorem os negócios existentes, com foco na lucratividade e no risco de ruptura por novos concorrentes, novas tecnologias, novos mercados ou mudanças regulatórias.

- **Explore o futuro:** exige que os líderes busquem também novas áreas de crescimento, avaliando a possível lucratividade de novas ideias (que é gerada pelo tamanho e pela capacidade de aumento em escala) e o risco associado à inovação, e como tornar essas ideias mais seguras.

Para permanecer relevantes e prósperas, as empresas precisam desenvolver estruturas organizacionais verdadeiramente "ambidestras", que possam criar o futuro ao mesmo tempo que cumprem o que prometem hoje. A inovação torna-se tão importante quanto a entrega, mas são necessárias cultura, habilidades e métricas distintivas, para as empresas serem exploradoras do futuro.

LIDERANDO PARA UM CRESCIMENTO CONTÍNUO

Os próprios líderes precisam ser ambidestros — responsáveis por hoje, além de criadores do amanhã.

O sucesso de Komori não veio pela criação de um negócio, mas de uma sequência de conceitos de negócios que se desenvolvem mutuamente. Essa sequência pode assumir a forma de aproveitar recursos distintivos com várias aplicações em diferentes setores, com a Alphabet tem feito; ou de levar mais negócios ao mesmo público, como a Apple; ou de uma série de formas de trabalhar dentro do mesmo setor, como a Microsoft.

A Amazon é um bom exemplo de uma empresa que intencionalmente gerencia um portfólio diversificado de novos modelos de negócios existentes e promissores. A empresa continua a gerar crescimento com seus negócios existentes (varejo online, Amazon Web Services, logística), ao mesmo tempo em que desenvolve um portfólio de possíveis motores de crescimento futuro, que um dia podem se tornar grandes geradores de lucro (Alexa, Echo, Dash Button, Prime Air, Amazon Fresh etc.).

O crescimento sustentado de longo prazo se baseia em um portfólio de modelos de negócios inovadores de curto e longo prazo. Essas empresas "invencíveis" podem alocar melhor o capital e os recursos em cada estágio de desenvolvimento. Uma cultura e um processo que gerem um fluxo contínuo de novas ideias e inovações têm muito mais probabilidade de manter seus negócios em tempos turbulentos e futuros incertos.

RESUMO: COMO VOCÊ RECODIFICARÁ SEU CRESCIMENTO?

5 perguntas para refletir:

- Seguindo as megatendências — quais tendências levarão seu negócio mais longe?
- Aprendendo com a Ásia — como você pode aprender com as abordagens diferenciadas da Ásia?
- Radar de tecnologia — quais tecnologias novas serão mais importantes para você?
- Utilizando melhor as redes — como você pode usar os efeitos de rede para multiplicar seu impacto?

- Construir um portfólio de crescimento — o quanto o seu portfólio, atual e futuro, é equilibrado?

5 líderes para se inspirar (mais em businessrecoded.com):

- Satya Nadella, Microsoft — um líder que busca tornar seus clientes legais.
- Emily Weiss, Glossier — transformando seu blog em uma comunidade de beleza em rápido crescimento.
- Marry Barra, GM — de aprendiz a líder, reinventando a GM após anos de fracasso.
- Wang Xing, Meituan Dianping — entregando qualquer coisa aos novos consumidores da China.
- Masayoshi Son, SoftBank — investidor lendário com plano de 300 anos e US$100 bilhões.

5 livros para se aprofundar:

- *Inflexão Estratégica,* de Rita McGrath.
- *The Future is Asian* (*O Futuro é Asiático*), de Parag Khanna.
- *The Invencible Company* (*A Empresa Invencível*), de Alex Osterwalder e Yves Pigneur.
- *Unstoppable* (*Irrefreável*), de Chris Zook.
- *O Futuro É Mais Rápido do que Você Pensa,* de Peter Diamandis.

5 fontes para explorar mais:

- Our World in Data ("Nosso Mundo em Dados").
- McKinsey Insights.
- Deloitte Insights.
- Singularity Hub.
- Visual Capitalist.

MUDANÇA 3
TRANSCENDENTE

Recodifique seu mercado

COMO VOCÊ RECODIFICARÁ O MERCADO A SEU FAVOR?

Da competição marginal à criação de mercados

Transcendente vem da palavra latina medieval transcendentia. *Significa ir além dos limites comuns, ultrapassando e excedendo o normal e, uma vez lá, experimentar um nível de perspectiva e propósito excepcionalmente elevado.*

Considere alguns dos desafios de nosso mundo em mudança:

- Nos últimos 25 anos, a participação mundial da China em produtos manufaturados cresceu de 2% para 25%. Ao longo desse tempo, o PIB da China cresceu 30 vezes.

- Nas últimas duas décadas, 9,6% das áreas selvagens da Terra foram perdidas, totalizando estimados 3,3 milhões de quilômetros quadrados.

- Cinquenta e um por cento das atividades de trabalho podem ser automatizadas, com apenas 5% dos empregos totalmente substituíveis por máquinas. No entanto, surgirão mais ocupações novas do que as perdidas.

- Novas tecnologias digitais podem permitir uma redução de 20% nas emissões globais de carbono até 2030, equivalente a eliminar mais do que as emissões de CO_2 da China e da Índia.

- O compartilhamento de carros pode reduzir o número de veículos necessários em 90% até 2035, resultando em apenas 17% do número de carros que temos hoje.

- A remuneração do CEO aumentou 1.000% nos últimos 40 anos, embora a **remuneração média do trabalhador tenha aumentado apenas 11%**, praticamente estagnando quando se leva em conta a inflação.

- Setenta e a dois por cento das pessoas acham que as empresas ficaram mais desonestas, e 93% dos CEOs acreditam que é importante gerar a confiança de que sua empresa "fará a coisa certa".

- 87% das pessoas da geração do milênio dizem que baseiam suas decisões de compra no fato de a empresa fazer ou não esforços sociais positivos.

Você está correspondendo às expectativas do mundo em mudança?

> **CÓDIGO 15: EXPLORE A MATRIZ DE MERCADO**
> FÍSICO E DIGITAL, GLOBAL E LOCAL, HUMANO E AUTOMATIZADO. À MEDIDA QUE AS FRONTEIRAS FICAM INDEFINIDAS, OS MERCADOS EVOLUEM E SE TORNAM MULTIDIMENSIONAIS, CONECTADOS, FLEXÍVEIS E INDIVIDUAIS.

Keanu Reeves descreveu seu filme de 1999, *Matrix*, como um alerta para a velocidade de nosso mundo em mudança. Passadas duas décadas podemos ver muitos dos temas do filme em nossa vida cotidiana — a primazia do indivíduo, o desprezo pelo antigo sistema, reação anticorporativa, a confusão entre o falso e a realidade.

Os mercados de hoje são uma matriz de possibilidades, em que poderíamos dizer que quase nada mudou nos últimos 20 anos, ou tudo mudou. As lentes pelas quais você vê o mercado determinam tudo o que você faz, a estratégia, a inovação e o modo como você, sua organização e seu pessoal trabalham. É hora de os líderes acordarem.

FRONTEIRAS INDEFINIDAS

Costumávamos pensar nos mercados como espaços definidos — setores econômicos — com fronteiras e categorias claras, padrões do setor e concorrência previsível. E então os mercados começaram a ficar indefinidos e fragmentados.

A Amazon influencia a moda, a Alphabet influencia viagens, a Apple influencia a saúde, a Tesla influencia a energia, o Alibaba influencia as finanças, o Snap influencia os filmes.

Setores como telecomunicações e tecnologia, comunicação e mídia, dados e informação, entretenimento e jogos convergem entre si. Ou produtos farmacêuticos e saúde, bem-estar e alimentos, moda e esportes tornam-se um *continuum* sem fronteiras.

Você pode definir seu negócio da maneira que quiser. Que tipo de empresa é a sua? Em que mercado está? Qualquer um pode enquadrar seu "espaço" de mercado nessa nova matriz de mercado.

A indefinição de fronteiras evoluiu em várias dimensões:

- **A indefinição de digital e físico.** Os jogos online do *Fortnite* tornam-se um evento físico, em estádios; as lojas principais da Nike são visitadas e aprimoradas por smartphones; o espelho mágico da L'Oréal personaliza cosméticos e os entrega em casa.

- **A indefinição de produtos e serviços.** As férias da Harley-Davidson incluem o aluguel de bicicletas, voos e hotéis; o software da Adobe é entregue "como um serviço"; as experiências na Disneylândia podem ser planejadas e continuadas online em casa.

- **A indefinição de categorias e setores.** A Grab é uma empresa de entregas com um núcleo de dados e finanças; a CVS é uma farmácia que se reformulou como uma loja de saúde e bem-estar; as roupas esportivas são roupas com estilo para a moda do dia a dia.

- **A indefinição do setor e dos papéis funcionais.** A IBM era um fabricante de computadores que se tornou consultora de confiança; a Amazon é uma varejista, mas, também, líder de produtos e serviços de marca própria; os colchões Casper são vendidos diretamente aos consumidores.

- **A indefinição de empresa e consumidor.** A Glossier é uma marca de cosméticos, mas, também, uma comunidade de pessoas que compartilham e que criam em conjunto; a Avon é uma marca de vendedores-consumidores; a Rapha chama suas lojas de Cycle Clubs, pontos de encontro, bem como lojas de varejo.

Tirando proveito de cadeias de valor não lineares e marcas que evoluíram para além dos descritores de produtos, os fabricantes podem pensar como varejistas, criando canais diretos ao consumidor (DTC), com mais confiança e estilo do que um intermediário de comoditização. Pense em Apple, Allbirds, Dollar Shave Club ou Warby Parker.

Da mesma forma, varejistas como Carrefour e Target perceberam que produtos de marca própria não precisam ser inferiores aos produtos de marcas de consumo como Heinz e P&G. Na verdade, muitos são feitos pelos mesmos fabricantes. Os varejistas têm muitas vantagens, com mais oportunidades para envolver os consumidores de forma mais íntima, adicionar serviços adjacentes, como conselhos, e entender pessoalmente os clientes. A Target pode ser uma marca mais forte que a P&G.

MERCADOS MULTIDIMENSIONAIS

Quais são os principais desafios para os mercados de hoje (novos modelos de negócios, impactos sustentáveis e aspirações em rápida mudança dos stakeholders)?

- **Automotivo.** A indústria automotiva enfrenta sua mudança mais profunda em 100 anos, com veículos autônomos, eletrificação e outros combustíveis, novos modelos de propriedade e ecossistemas conectados. Acrescente a isso IA e infraestrutura rodoviária inteligente, conectividade e entretenimento. Questões como segurança ainda serão importantes; a Volvo, por exemplo, está instalando novos sensores que detectarão problemas de direção, intoxicação ou excesso de velocidade, e que tomarão medidas para corrigi-los.
- **Beleza.** Personalização e produtos ecologicamente corretos são a chave para o futuro dos produtos para a pele e os cabelos, com novas ciências criando funcionalidades sofisticadas. Influenciadores como Michelle Phan, em vez de publicidade, moldam as atitudes, enquanto os modelos de assinatura da Birchbox e os modelos de DTC da Beauty Pie transformaram a experiência de compra tradicional da loja à penteadeira.
- **Energia.** Descarbonização, descentralização e digitalização são os principais desafios para todos os geradores ou distribuidores de energia. À medida que o petróleo e o gás, a mineração e o fraturamento hidráulico (*fracking*) dão lugar à energia solar e eólica, há também uma mudança na gestão urbana e doméstica, da geração local para o controle automatizado. Os inovadores típicos são

a Lanzatech, transformando resíduos em energia limpa, a Fluence, um enorme negócio de baterias da Siemens, e a Watty.

- **Moda.** Novos materiais, novos modelos de negócios e novas tecnologias estão transformando a moda. Dos belos bíquinis da Agua Bendita feitos de sobras à seda de aranha sintética da Bolt Thread, dos jeans personalizados da Unspun usando o escaneamento corporal de 20 segundos com o Fit3D à plataforma de revenda da ThredUP, o impacto ambiental se tornou o maior problema em uma indústria que está entre as grandes poluidoras.

- **Finanças.** Novos participantes digitais e novas tecnologias estão transformando o setor bancário, desde o DBS se transformando para ficar "invisível" dentro de outros serviços, até o Atm e Number26 buscando velocidade e simplicidade. A Lemonade adotou a IA para transformar o modelo de negócios de seguros, enquanto a AXA explora novas aplicações de blockchain e as criptomoedas evoluem.

- **Alimentos e bebidas.** Bem-estar e sustentabilidade estão no topo das agendas de grandes empresas como Danone, Nestlé e Unilever, enquanto as categorias baseadas em animais e laticínios têm sido desafiadas por alternativas baseadas em vegetais, como a Impossible e a Beyond Meat. Novos canais e modelos de negócios têm sido impulsionados por um grande aumento nos mercados de lanches e "para viagem", além de entrega em domicílio e kits de refeição.

- **Cuidados de saúde.** De saúde positiva a produtos farmacêuticos personalizados, as pessoas buscam se envolver com a saúde de novas maneiras. Combine o perfil genético da 23andMe com os conselhos personalizados da PatientLikeMe, os diagnósticos de IA da Babylon com rastreadores embutidos nas roupas, as consultas simples da Minute Clinic com as entregas por drone da Zipline, os órgãos impressos em 3D da Organova, a edição de genes e os remédios personalizados.

- **Mídia.** Jogos, streaming, realidade virtual e mensagens instantâneas transformaram o modo como nos envolvemos com o conteúdo. Novos modelos de negócios, em particular a assinatura, permitem o acesso entre plataformas, conforme mudamos agora para um conteúdo que é ainda mais interativo e gerado pelos usuários. Plataformas como Twitch e Spotify se tornarão mais importantes na curadoria de conteúdo e na construção de comunidade.

- **Varejo.** Em um setor dominado pela Amazon, inovadores como Shopify têm ajudado a direcionar as marcas para vender e entregar com mais rapidez. A Glossier mostrou o poder da comunidade e das lojas pop-up, enquanto a Etsy permitiu que os artesãos alcançassem o mundo, o Alibaba adota os games para engajar mais profundamente os consumidores, e empresas de entrega inteligente como a Meituan Dianping conhecem os consumidores mais pessoalmente.

- **Tecnologia.** A IA e a nuvem incorporarão cada vez mais a tecnologia em nossas vidas, permitindo escolhas e comportamentos mais inteligentes e individuais. Nas telecomunicações, a mudança para 5G permitirá o envolvimento em tempo real como nunca, o conteúdo baseado em vídeo acelerará, com aplicações específicas na educação e no trabalho, enquanto nossas interfaces de usuário primárias continuarão a mudar para voz, para rastreamento ocular e, por fim, para o cérebro.

- **Viagens.** A IA fará com que o transporte se torne automatizado, inteligente e eficiente; as questões de saúde e ambientais continuarão a desafiar as companhias aéreas, o setor de hospitalidade e as férias. A mudança para combustíveis mais limpos e turismo responsável se acelerará por meio de inovações como a dos lugares nômades da Selina para morar, carros elétricos voadores da Lilium e o Ctrip no enorme mercado de viagens asiático.

EM QUE TIPO DE NEGÓCIO VOCÊ REALMENTE ESTÁ?

Na próxima década, as empresas automobilísticas não mais venderão carros e, em vez disso, facilitarão a mobilidade sob demanda, compartilhamento de caronas e serviços de logística. Também podem convergir com outros prestadores de serviços, como scooters e trens, aviões e hotéis, energia e telecomunicações. Na próxima década, faremos assinatura de casas inteligentes, que gerenciarão nossos aparelhos domésticos, organizarão nossas compras, cuidarão de nosso entretenimento.

Quem fornecerá esses serviços? A Tesla há muito se define como uma empresa de energia, em vez de uma fabricante de automóveis. Com o propósito definido de "acelerar para a energia renovável", possui negócios diversificados em baterias, sistemas de energia e transporte. De fato, a empresa combina a venda de carros com sistemas de recarga Powerwall e até suas telhas solares, criando um sistema de assinatura com tudo incluso que transforma a percepção de valor.

Também haverá mercados completamente novos. Esses são apenas alguns exemplos de áreas que devem valer pelo menos US$100 bilhões até 2025: veículos autônomos. Software e sensores de IoT (internet das coisas), engenharia de tecidos humanos, tecnologia de rede inteligente e energia renovável.

A melhor maneira de "enquadrar" seu espaço de mercado é em torno dos clientes, e o que você permite que eles façam. Assim como definimos o propósito, defina seu mercado em torno de "por que" você existe, em vez de apenas "o quê" você faz ou "como" você faz. O enquadramento "por quê" lhe dá um espaço muito mais rico para atuar, uma ampla gama de oportunidades de mercado que, por definição, são desejadas e mais valiosas para seus clientes.

O enquadramento de seu espaço de mercado também é uma fonte de vantagem competitiva. Ao enquadrá-lo de forma diferente de seus concorrentes, você define seu negócio e o valor que oferece de uma forma mais inspiradora. Um novo enquadramento o coloca junto com diferentes alternativas, com diferentes percepções de valor e modelos de mercado.

Considere outros stakeholders também. Pergunte aos seus funcionários se eles preferem trabalhar em uma empresa de telecomunicações ou de tecnologia; em uma empresa de medicamentos ou de bem-estar. Do mesmo modo, outros enquadramentos de mercado serão vistos como tendo riscos e recompensas diferentes, afetando diretamente seu valor de mercado.

> **CÓDIGO 16: PROVOQUE A DISRUPTURA DOS DISRUPTORES**
> AS STARTUPS SÃO AS EMPRESAS BACANAS, AS SCALE-UPS SÃO AS LUCRATIVAS. NO ENTANTO, SÃO AS EMPRESAS TRADICIONAIS AS QUE TÊM MUITO MAIS VANTAGENS. COMO FAZER PARA PARTICIPAR DE UM JOGO DIFERENTE?

No início da década de 1960, se você queria um relógio de qualidade, comprava um suíço. Precisão, técnica e reputação sustentaram a supremacia da relojoaria suíça por mais de três séculos. Depois vieram a Seiko e a Timex, inovadoras japonesas que usavam a tecnologia do quartzo para oferecer novos recursos por uma fração do preço. A participação da Suíça no mercado caiu de 48% em 1965 para 15% em 1980.

Os suíços poderiam ter respondido aos disruptores japoneses tentando também competir no preço, mas perceberam que a disruptura não é participar do mesmo jogo; é mudar o jogo. Em vez de baratos, optaram por estilo e moda. O relógio Swatch nasceu com cores brilhantes e design ultramoderno, com um preço baixo o suficiente para servir de acessório a cada roupa ou estado de espírito. Eles provocaram a disruptura de seus disruptores.

TODO MERCADO SOFRE DISRUPTURA

O termo "disruptura" ficou popular com a publicação do livro de Clayton Christensen, *O Dilema da Inovação: Quando as Novas Tecnologias Levam Empresas ao Fracasso*, que o definiu como o processo pelo qual um produto ou serviço mais simples e mais acessível inicialmente cria raízes na base de um mercado e, em seguida, move-se implacavelmente para o mercado superior, acabando por substituir concorrentes estabelecidos — como a Netflix fez com a Blockbuster, ou o Ford Modelo T fez com o cavalo e a carroça.

A disruptura pode assumir muitas formas e não se limita à tecnologia e ao preço. Os Beatles provocaram a disruptura da música popular, o Brexit afetou a Europa, e a pandemia de Covid-19 afetou a maior parte da vida na Terra.

Geralmente, a disruptura assume a forma de um pequeno insurgente ocupando o lugar de algo estabelecido muito maior. Davi contra Golias. O que já está estabelecido fica muito acostumado com o sucesso, começa a confiar nas glórias do passado e se esquece de modernizar-se. Enquanto isso, os consumidores se cansam do tradicional, principalmente se ficar enfadonho e desvalorizado. Um insurgente é novo e empolgante, oferecendo mudança e algo melhor. Afirma estar ao lado do povo, lutando contra o status quo e buscando um mundo melhor.

Vemos disruptores em todos os mercados, geralmente pequenas empresas iniciantes (startups) que estão tentando fazer as coisas de forma diferente e melhor. Muitas vezes, elas crescem e se tornam negócios de bilhões de dólares, ou "unicórnios", como as chamamos. Comparado com o impacto de inovações entre concorrentes estabelecidos, como a Coca e a Pepsi, por exemplo, em que as novas ideias podem gerar diferenças marginais de 1 a 2%, os disruptores podem ter um impacto de 30 a 40%:

- **Aerofarms** na agricultura — agricultura vertical, urbana, intensiva.
- **Birchbox** na beleza — assinatura mensal de caixas de amostras.
- **Grab** na entrega — entrega de qualquer coisa em domicílio, sob demanda.
- **Icon** na fabricação — pode imprimir uma casa em 3D em 24 horas.
- **Klarna** em pagamentos online... pagamentos simples e inteligentes.
- **Impossible** em alimentos vegetais — tem um gosto melhor e bom para o mundo.
- **Peloton** em fitness — o melhor passeio sem sair de casa.
- **SpaceX** em viagem espacial — satélites baratos e volta em Marte.
- **Uber** em viagens urbanas — viagem urbana compartilhada, mais barata e confiável.
- **Udacity** em educação — nanodegrees rápidos online, vinculados a empregos.
- **Xiaomi** em dispositivos inteligentes — eletrônicos de preço baixo para mercados emergentes.

Muitas vezes essas empresas obtêm sucesso ao "destrinchar" as ofertas tradicionais das companhias estabelecidas. Elas dividem as soluções convencionais em componentes e depois optam por fazer apenas algumas partes, mas muito melhor, ou uma série delas, recombinadas de uma maneira melhor. Ao mesmo tempo, trazem as tecnologias digitais para o jogo, reimaginando atividades existentes de forma mais simples, rápida, barata, pessoal, automatizada ou conveniente.

A CB Insights, fundada por Anand Sanwal, é um ótimo recurso para explorar como os setores de saúde e imobiliário estão sendo destrinchados e inovados, reimaginados e reinventados.

COMO AS EMPRESAS PODEM PROVOCAR A DISRUPTURA DOS DISRUPTORES

Em seu livro *The Phoenix and the Unicorn* (*A Fênix e o Unicórnio*, em tradução livre), o empresário belga de tecnologia Peter Hinssen adota outra perspectiva. Quando jantamos em Seattle, ele compartilhou sua ideia: "As startups unicórnio são brilhantes. No entanto, para ser honesto, poucos de nós se tornarão fundadores ou trabalharão em uma startup de 1 bilhão de dólares", disse ele. "A maioria de nós se esforça muito em grandes empresas tentando permanecer relevante para o cliente em constante mudança":

> A fênix é tão mágica quanto o unicórnio, mas talvez um pouco mais relevante. Ela representa todas essas empresas que, assim como este pássaro mítico, são capazes de se repensar em ciclos: repetidamente, elas se erguem das cinzas do passado e saem mais fortes do que nunca. São as Walmatrs, Volvos, Disneys, Apples, Microsofts e AT&Ts deste mundo.

As empresas grandes e estabelecidas têm muitas vantagens — marcas e reputações conhecidas, grande escala e base de clientes, recursos e talentos significativos, infraestrutura existente e licenças para funcionar, uma diversidade de ativos e parceiros, poder financeiro e investidores, e líderes experientes.

Se ao menos pudessem utilizar todas essas vantagens com a mesma visão, criatividade, energia e agilidade das startups, então seriam empresas estabelecidas formidáveis. Elas ficaram lentas e preguiçosas ao longo dos anos de sucesso, evoluíram com culturas conservadoras que procuram evitar mudanças e riscos, apegadas a suas soluções de serviço completo baseado no físico e com dificuldade para inovar.

As startups são as "lanchas de alta velocidade" que podem se mover com agilidade em torno de mercados em evolução, aproveitar novas oportunidades, formar facilmente parcerias com outras pessoas, se adaptar e progredir rapidamente. As corporações são os "superpetroleiros" com poder e escala, mas com dificuldade para mudar de direção.

MUDE O JOGO A SEU FAVOR

O "jogo" é seu mercado, a estrutura na qual você escolhe como competir.

Em meu livro anterior, *Gamechangers: How Brands and Business Can Change the World* (*Virando a Mesa: Como marcas e Empresas Podem Mudar o Mundo*, em tradução livre), analisei muitas estratégias diferentes pelas quais as empresas podem mudar a forma como definem essa estrutura, o enquadramento de seu mercado e a maneira como competem.

Analisamos ainda como as melhores organizações veem o futuro de maneira diferente, e isso também é uma vantagem distintiva. Elas são capazes de:

- compreender melhor o mundo em mudança e se preparar para os mercados de amanhã, em vez de apenas competir nos de hoje.
- construir um portfólio de inovações, aproveitando o hoje e explorando o amanhã, o que manterá o crescimento ao longo do tempo.
- vencer definindo o sucesso de maneiras mais inspiradas.

Em termos mais simples, você pode mudar o jogo alterando qualquer uma destas quatro dimensões estratégicas — ou qualquer combinação entre elas:

- Mude o **por quê**... seu propósito, sua visão, sua marca.
- Mude o **quem**... seu público, sua geografia, sua ocasião.
- Mude o **como**... seu modelo de negócios, sua organização, seus processo, seus parceiros.
- Mude o **quê**... sua experiência, seus produtos e serviços, seus custos e seu preço.

Os grandes exemplos atuais de empresas que provocaram a disruptura de seus disruptores incluem a Disney, na qual Bob Iger liderou a luta contra o desafio da Netflix ao criar novos tipos de conteúdo de marca baseados na aquisição da Pixar e de franquias de personagens, e novos modelos de negócios como a plataforma Disney+, para se engajar com os clientes. Da mesma forma, a Microsoft lutou sob o comando de Satya Nadella para se reinventar, assim como a AT&T e a Cemex.

O jiu-jitsu é um tipo de arte marcial japonesa que utiliza a força de um oponente contra ele, em vez da sua própria. Ao se deparar com um disruptor, você deveria procurar aprender com o novo modelo de negócios utilizado contra você e, então, criar uma versão superior para si próprio. De forma mais geral, o jiu-jítsu pode inspirar uma empresa a examinar um mercado em constante mudança, em busca de todos os novos modelos de negócios possíveis e, em seguida, decodificá-los para analisar, questionar e desenvolvê-los.

Jack Welch é famoso por ter usado as iniciais "DYB", significando *destroy your business* (destrua seu negócio), quando incentivou suas equipes na GE a reimaginarem os próprios negócios da mesma forma que um jovem empreendedor faria para destrinchar e provocar a disruptura do que a GE fazia. A empresa fazendo investimentos e trabalhando com empreendedores para desenvolver novos negócios e abordagens sob o próprio teto é uma maneira mais sofisticada de incorporar essa mentalidade disruptiva dentro de uma grande corporação.

Um ótimo exemplo de mudança no jogo vem da Nova Zelândia, onde Turners and Growers, um importante produtor de frutas e vegetais, começou a cultivar a groselha chinesa na década de 1950.

Até então, a fruta era cultivada apenas na China Central e Oriental. Turners teve a ideia inspirada de reimaginar a fruta de uma nova maneira, chamando-a de "kiwi" e posicionando-a como um superalimento, com elevados teores de vitamina C e antioxidantes. Tornou-se popular localmente e, depois, com uma nova marca, Zespri, se espalhou rapidamente pelo mundo.

> **CÓDIGO 17: CAPTURE A AGENDA DO CLIENTE**
> CONFORME O PÚBLICO DIVERGE E SE FUNDE, AS GEOGRAFIAS E OS DADOS DEMOGRÁFICOS PERDEM SENTIDO. PERCEBA E RESPONDA ÀS ASPIRAÇÕES INDIVIDUAIS E AOS COMPORTAMENTOS EM EVOLUÇÃO QUE SÃO REVELADOS.

Pat Brown, o cientista que fundou a Impossible Foods, fabricante de hambúrgueres e salsichas à base de vegetais, descreve seu produto como uma carne alternativa.

Embora reconheça que seu público imediato será de vegetarianos, que podem comparar os produtos com os de outras soluções baseadas em vegetais, como a Beyond Meat, seu público-alvo são os comedores de carne, que comparam a Impossible com o real. Ele não quer ser comparado simplesmente pelo preço e pelo sabor, mas pelos impactos mais amplos causados pela carne, desde o desmatamento de florestas tropicais às emissões de carbono das vacas.

Daniel Ek oferece streaming de música ilimitado no Spotify por uma taxa de assinatura de US$9,99 ao mês, US$4,99 se você for um estudante, US$12,99 para compartilhar em família, ou grátis se estiver disposto a ouvir apenas quando conectado por Wi-Fi e com algumas interrupções por anúncios. Compare isso com os antigos modelos transacionais, em que você poderia comprar um álbum de 12 faixas que contam uma história musical e que se mantém para sempre, pelo mesmo preço de acessar 50 milhões de faixas hoje. Mas pense ainda nos custos relativos de produção, pagamentos aos artistas e impactos no meio ambiente.

Os dois exemplos mostram a natureza mutável do "valor".

A NOVA AGENDA DO CLIENTE

Ao procurar entender a agenda de longo prazo dos clientes, precisamos combinar nossa percepção das prioridades do cliente e aspirações de hoje com os geradores mais amplos de "megatendências" do mundo externo.

Surgem oito "metaprioridades" dos clientes, que provavelmente gerarão as atitudes e os comportamentos ao longo da década até 2030:

- **Minha Identidade.** Eu defino a mim mesmo pela forma como escolho, muitas vezes rejeitando os rótulos convencionais. As mídias sociais democratizaram minha capacidade de me expressar. Como um blogueiro ou influenciador, banda de rock amadora ou um autor de autopublicação, qualquer pessoa pode construir a própria marca, geralmente com mais autenticidade e empatia do que astros brilhantes. Marcas são plataformas para ajudar as pessoas a compartilhar paixões como novas tribos e fazer mais em conjunto.

```
   Minha Identidade              Meu Valor

   Meu Bem-estar                 Meus Direitos

   Meu Acesso                    Minhas Responsabilidades

      Minha Comunidade           Meu Portfólio
```

FIGURA 3.1   A nova agenda do cliente: oito metaprioridades.

- **Meu Bem-estar.** Eu adoto o bem-estar físico e mental com uma abordagem mais pessoal e holística, que combina o que é bom para a minha saúde, meu preparo físico e meu futuro. Soluções mais autênticas, mais naturais e mais regionais se tornarão cada vez mais importantes. Marcas, principalmente nas áreas da saúde, nutrição e esportes se tornarão minhas novas parceiras de bem-estar.

- **Meu Acesso.** Os smartphones e seus derivados serão meus pontos de acesso aos mundos físico e digital, reforçados pela colaboração, inteligência e ampliação. A gamificação é realmente um atalho para formas de acesso mais intuitivas, imersivas e inspiradoras, uma vez que as experiências físicas e digitais se misturam. Procurarei marcas fáceis, relevantes e confiáveis como portas de entrada para meus mundos preferidos.

- **Minha Comunidade.** Em vez de me definir por localidade ou nacionalidade, ocupações ou características sociodemográficas, escolherei as comunidades às quais procuro pertencer e ser definido, para as quais contribuo e com as quais me preocupo. Estilo de vida digital, migração geográfica e urbanização conduzirão a isso. O status social terá menos a ver com riqueza e mais com qualidade de vida. As marcas se alinharão com essas comunidades.

- **Meu Valor.** Meu sucesso pessoal ainda é medido em termos econômicos, com alguns símbolos de materialismo e autogratificação. Embora uma renda suficiente seja importante para alcançar um estilo de vida sustentável, meu valor na sociedade é mais quantificado pela contribuição, criatividade e colaboração. Respeito outras pessoas que fazem mais pelo nosso mundo, desde os pequenos atos de bondade até formas de acelerar nosso progresso.

- **Meus Direitos.** Eu tenho o poder de expressar minhas opiniões, de ativamente defender o que é justo, responsável e legal. Busco respeito, ser protegido, mas também tenho uma voz poderosa. Dados pessoais e privacidade estão no centro disso, embora também reconheça que isso requer equilíbrio — para conseguir mais, preciso compartilhar mais. Respeitarei e apoiarei marcas e organizações que defendam a mim e a meus princípios.

- **Minhas Responsabilidades.** Preocupo-me e procuro fazer mais por "mim mesmo, minha comunidade e meu mundo". À medida que as questões sociais e ambientais se tornam mais tangíveis, reduzir o materialismo, o desperdício e o uso de recursos será fundamental para o meio ambiente. Em termos sociais, procurarei apoiar as pessoas mais vulneráveis em comunidades locais e outras, globalmente. Busco marcas e outras plataformas que possam ampliar meu desejo de contribuir mais.

- **Meu Portfólio.** Construirei um estilo de vida de portfólio, em torno de meus interesses pessoais e atividades profissionais. Conforme as carreiras ao longo da vida forem dando lugar a um trabalho mais fluido e freelance, desenvolverei um portfólio de experiências e habilidades, ao lado de mais hobbies e atividades pessoais. Minhas redes, social e profissionalmente, serão fundamentais para revelar meu portfólio por meio de trabalho colaborativo e da vida em comunidade.

A NOVA EQUAÇÃO DE VALOR DO CLIENTE

Os clientes olham para além do produto e do preço no mundo de hoje.

Os economistas costumavam definir simplesmente o "valor" para o cliente como sendo benefícios menos custos, e um preço justo normalmente surgiria de uma análise de elasticidade de preço que julgava quanto uma parcela razoável dos clientes estava disposta a pagar. No mundo de hoje, o valor do cliente é uma história mais complexa, embora para o cliente provavelmente ainda seja um julgamento intuitivo, emocional e que ocorre em fração de segundos.

Para as empresas, começa com a natureza mutável dos mercados, como as pessoas compram e consomem produtos e serviços, marcas e experiências. Três fatores são fundamentais:

- **Os clientes não são a média.** Os indivíduos são mais diferentes em suas necessidades e aspirações, e diferem para as empresas no custo para vender e atendê-los. Você certamente não quer todo mundo, e, em geral, ter menos clientes, porém melhores, é mais saudável para os negócios.

- **As alternativas não são iguais.** As fronteiras indefinidas em múltiplas dimensões significam que há mais alternativas, e as comparações são menos equivalentes. Como comparar um refrigerante e um evento ao vivo, ambos oferecendo "felicidade"?
- **Os produtos não são o centro.** A funcionalidade costumava ser o ponto de partida para buscar entender o que o cliente valoriza. Mas como as ofertas são construídas mais em torno de serviços e atributos experienciais, os produtos importam menos.

Acrescente a isso as maneiras profundas pelas quais as empresas têm inovado, em especial à medida que os modelos de negócios mudaram de transações para diferentes padrões de troca de valor.

Modelos de assinatura, leilões, modelos freemium, pague pelo uso (*pay-per-use*) moldam uma nova perspectiva de valor.

- **Valor habilitado.** Concentre-se no que você permite que as pessoas façam, não apenas nos benefícios imediatos de uma transação. O "trabalho a ser feito" reflete o objetivo maior, seja o de ter uma vida mais saudável ou um negócio que está habilitado a fazer radicalmente mais por sua causa.
- **Valor além do dinheiro.** Os clientes costumavam medir o valor como benefícios obtidos em relação ao preço pago, quantificando conceitos abstratos como qualidade e conveniência financeira. Hoje, o preço mais alto crescentemente não reflete a obtenção de mais benefícios.

- **Valor ao longo do tempo.** Como no exemplo do Spotify, o valor ao longo do tempo se torna uma dinâmica importante, de forma semelhante a comprar ou alugar um carro. No entanto, as escolhas e transações (*trade-offs*) são mais complexas, como nas vantagens e desvantagens do consumo rápido (*fast fashion*).

Para os clientes, o valor é afetado pelas novas prioridades, que geralmente incluem questões mais amplas em um mundo em mudança. A acessibilidade vai além da conveniência, a equidade (*fairness*) vai além dos produtores, o preço vai além dos custos de produção, a realização vai além de si própria:

- **O que eu dou e o que recebo.** Os clientes reconhecem as marcas como plataformas para o bem, em que a compra pode beneficiá-los e a outros. Isso pode ser explícito como o "um por um" original do Toms ou implícito como o café do comércio equitativo (*fair trade*) de Juan Valdez.

- **Como faz com que o mundo seja melhor.** Os indivíduos valorizam os benefícios sustentáveis de forma diferente, apoiando causas locais ou globais, questões sociais ou ambientais, a capacidade de gerar um impacto único ou amplificado.

- **O custo para mim e para o mundo.** O impacto total de uma compra medido, por exemplo, pela pegada de carbono requer um tipo de pensamento sistêmico, como na pecuária leiteira, com consequências globais contrabalançadas com saúde e felicidade.

Essa nova equação de valor para clientes acompanha de perto a nova equação de valor para as empresas, os funcionários e os investidores, tornando possível e desejável uma troca de valor muito mais rica e responsável.

> **CÓDIGO 18: CRIE NOVOS ESPAÇOS DE MERCADO**
> OS MERCADOS PODEM SER DEFINIDOS COMO VOCÊ QUISER, ENQUADRADOS EM SUA PRÓPRIA LINGUAGEM, REJEITANDO MODELOS ANTIGOS COMO B2C E B2B, FOCADOS EM PERMITIR QUE OS CLIENTES ALCANCEM MAIS.

O Oriente Médio é um lugar fascinante, porém desconcertante, para muitos visitantes estrangeiros.

Embora seja bastante acolhedor e seguro, ele se desenvolveu nos últimos anos como uma mistura de cultura tradicional e influência ocidental. Trabalhando recentemente na cidade do Kuwait, aventurei-me fora do meu hotel para explorar arranha-céus misturados com mercados antigos tradicionais, cafés cheios de fumantes e pequenas lojas repletas de iguarias locais.

Então me deparei com um prédio envidraçado minimalista de piso único, % Arabica. Estava cheio de jovens profissionais, enfileirados para o melhor café e lanches da cidade, um lugar de encontro que era uma alternativa aos arredores lotados.

O designer japonês Ken Shoji me contou que trouxe esse conceito de café asiático para o Golfo simplesmente porque era muito diferente. Foi uma fusão inspiradora de multiculturalismo — arquitetura asiática, torrefação de café africana e ponto de encontro árabe. Um ano após o lançamento, "%" tornou-se uma marca cult.

CRIANDO MERCADOS

Chan Kim e Renée Mauborgne são professores da bela escola de negócios INSEAD sediada em Fontainebleau, 60 km ao sul de Paris. Foi fundada em 1957 por Georges Doriot, muitas vezes chamado de pai do capitalismo de risco, o que a torna um lugar adequado para explorar novos mercados.

A Estratégia do Oceano Azul, publicado em 2004, tornou-se um texto de negócio dos nossos tempos. Conheci Mauborgne em Istambul, no mesmo ano. Ela me explicou o conceito de forma incrivelmente simples, dizendo "os oceanos vermelhos são os mercados lotados onde todos se aglomeram para competir, os oceanos azuis são os mercados inexplorados que são tranquilos e não disputados".

Nos últimos 15 anos eles contaram a história do Cirque du Soleil, como misturou as ideias da ópera e do balé com o circo tradicional, ao mesmo tempo eliminando animais e aumentando os preços. Ou a Southwest Airlines, oferecendo ônibus para aeroportos secundários com serviço limitado, a primeira companhia aérea de baixo custo. Ou o Nintendo Wii, pegando o conceito estabelecido de videogames, mas acrescentando vários jogadores e realidade aumentada para permitir a participação da família.

Kim oferece quatro maneiras de inovar a "tela de estratégias", que mapeia os atributos de um mercado, explorando o que reduzir, o que melhorar, o que eliminar e o que criar. Os resultados para Guy Laliberté do Cirque, Herb Kelleher da Southwest e Shigeru Miyamoto da Nintendo foram empresas inovadoras que dominaram novos espaços de mercado.

A criação de um novo espaço de mercado, em minha experiência, ocorre por meio de uma das seguintes três maneiras:

- **Formando mercados:** a mais radical, já que cria uma oportunidade completamente nova de mercado, respondendo a uma nova necessidade e aspiração do cliente. Dietmar Mateschitz da Red Bull voltou da Ásia, cansado após um longo voo, com a inspiração de criar uma "bebida energética", e nomes como Gatorade vieram depois.

- **Fundindo mercados:** combinando as melhores ideias de dois mercados diferentes, podendo alcançar novos públicos com novas aplicações. A Apple fez isso com o iPhone. Quando Steve Jobs lançou o aparelho, ele o descreveu como "uma combinação de telefone celular, dispositivo de entretenimento e navegador de internet".

- **Reenquadrando mercados:** redefinindo as fronteiras, o domínio e os descritores de um mercado à medida que as tendências mudam, as categorias evoluem e novas possibilidades podem ser incluídas. A Shell, a gigante do petróleo, redefiniu a si própria como empresa de energia. A Danone, a fabricante francesa de alimentos, como uma empresa de saúde.

Em três décadas de trabalho com centenas de empresas, esses dois últimos conceitos provaram ser os mais duradouros para mim. Mais do que qualquer técnica inteligente, modelo com nome comprovado ou inspiração de guru, os simples atos de "fusão" e "enquadramento" foram os mais produtivos.

PODER ÀS PESSOAS

A mudança mais significativa nos negócios ao longo dos últimos 30 anos foi a do pensamento centrado no produto para centrado no cliente. Muitas empresas ainda não chegaram lá, mas suspeito de que foi feito mais investimento na tentativa de fazer essa transformação do que em qualquer outra coisa, até mesmo nas transformações digitais dos últimos anos.

Há 30 anos, quando comecei minha carreira na área de negócios, todos os 30.000 funcionários da empresa foram convidados a participar de um programa de dois dias denominado "Ganhar para os Clientes".

Na época, liderado por um CEO que pensava nas pessoas, Colin Marshall, parecia radical e novo. Ao mesmo tempo, para uma companhia aérea, parecia óbvio. A primazia da experiência do cliente, em vez da funcionalidade de qualquer componente — estacionamento, check-in, embarque, assentos, entretenimento, alimentação, transferências —, parecia óbvia. Era fácil pensar "horizontalmente" e seguir a jornada do cliente, cruzando os silos "verticais" de funções internas e componentes de produtos e serviços.

As empresas centradas no cliente têm sucesso de três maneiras:

- **Controle do cliente:** o cliente é o ponto de partida de qualquer transação, determinando quando e como desejam fazer negócios. A tecnologia empodera suas escolhas e preferências, enquanto respostas imperfeitas são rapidamente questionadas.

- **Criatividade do cliente:** cada vez mais os clientes querem ser mais ativos no design e na modelagem do que compram, seja através da criação conjunta de soluções personalizadas ou pelo envolvimento mais estratégico por meio de parcerias.

- **Colaboração do cliente:** os clientes confiam e influenciam uns aos outros; a publicidade é, em grande parte, ruído de fundo no mundo do marketing de hoje, conforme os clientes buscam fazer mais juntos, compartilhando paixões e projetos em comunidades habilitadas por marcas.

A tecnologia finalmente tornou óbvio o pensamento centrado no cliente para todos os tipos de negócios. O poder está agora, indubitavelmente, nas mãos dos clientes. Eles têm uma escolha infinita, podem acessar sua empresa ou qualquer outra, com um simples clique, e há um excedente de oferta, ao invés de demanda.

As empresas agora lutam para envolver os clientes em um relacionamento, sobretudo para conquistar sua lealdade, pois os clientes confiam mais uns nos outros do que em qualquer marca, e são leais à sua comunidade em vez de a qualquer fornecedor.

TODO NEGÓCIO É UM NEGÓCIO DE "CONSUMIDOR"

Essa mudança de poder do produto para o cliente fundamentalmente muda a mentalidade e a estrutura das empresas.

As empresas (*businesses* — B) são organizadas por cliente (*customer* — C) ou segmento, em vez de produto ou categoria, com alinhamento interno de recursos dando lugar a um alinhamento de insight. Na realidade, uma empresa precisa atingir ambos.

À medida que as cadeias de suprimentos se tornam ecossistemas e redes em vez de fluxos lineares, as relações entre empresas e clientes mudam. As empresas podem atingir os clientes finais diretamente, desenvolvendo canais diretos, dando-lhes muito mais capacidade de eles mesmos montarem os componentes, seja organizando férias ou construindo suas próprias casas.

Como resultado, o cliente final, ou o "consumidor", torna-se o ator principal em uma peça de teatro reconfigurada. Podemos ver as mudanças aqui, evoluindo ao longo do tempo:

- **De B2C para C2B.** Empoderados pela tecnologia, transparência e escolha, os consumidores exigem que as empresas e as marcas atuem conforme seus termos — quando, onde, como, o que precisam —; eles exigem mais, e os influenciadores impulsionam as preferências.

Exemplos: personalização direta da L'Oréal; vídeo sob demanda da Netflix.

- **De B2B para B2B2C para C2B2B para C2B.** Capacitadas pela tecnologia, as empresas não precisam mais trabalhar por meio de agregadores de soluções, ou intermediários na distribuição; em vez disso, as empresas mais "industriais" se conectam diretamente com os consumidores, novamente conforme os termos deles.

Exemplos: o banco ao consumidor do Goldman Sachs; direto ao consumidor da Cemex.

- **De C2B para C2C.** Capacitados pela tecnologia, os consumidores se encontram, buscando compartilhar suas paixões e possivelmente habilitados pelas marcas. Mesmo que as marcas forneçam produtos e serviços, eles são secundários em relação ao que o consumidor busca alcançar.

Exemplos: comunidade de beleza da Glossier, Cycle Clubs da Rapha.

Todo negócio é um negócio de "consumidor".

O modelo C2B do Alibaba mostra como usar o poder da IA e do aprendizado de máquina para responder às necessidades e aspirações em rápida mudança dos clientes. Ming Zeng, diretor de estratégia, diz que em um mundo digital todas as empresas de sucesso utilizam a tecnologia mais recente, mas o Alibaba levou os princípios básicos do e-commerce o mais longe possível, com um modelo baseado em aprendizado de máquina e a abrangente "transformação em dados" da experiência do consumidor.

A tecnologia permite que a empresa coloque os consumidores no centro dos negócios, constantemente coletando dados sobre eles e suas opções de compra em tempo real e utilizando loops de feedback para gerar o aprendizado de máquina. Ao se conectarem, os consumidores veem uma página da web personalizada com um conjunto de produtos selecionados a partir de bilhões oferecidos por milhões de vendedores.

O modelo requer vários elementos conectados: uma rede que possa dinamicamente ajustar o fornecimento e a qualidade das ofertas de serviços, uma interface em que os clientes possam facilmente apresentar suas necessidades e respostas, uma estrutura modular que possa crescer a partir de uma base inicial, e plataformas de compra que possam fornecer agilidade e inovação.

Cada ação do consumidor fornece mais dados, que vão para os loops de feedback necessários para o aprendizado de máquina. Esse sistema requer que uma grande quantidade de ações e decisões sejam tomadas pelas mãos humanas. Os algoritmos fazem automaticamente ajustes incrementais que aumentam a eficiência de todo o sistema.

Para as marcas da P&G, isso significa uma nova forma de engajamento, conforme demonstrado pela L'Oréal. Para empresas industriais como mineradoras de commodities, produtores de cimento, empresas agrícolas, é uma grande oportunidade para se conectar diretamente com consumidores, para agregar valor de novas maneiras e transformar a lucratividade.

Também significa que não existe essa coisa de "commodity".

> **CÓDIGO 19: CONQUISTE A CONFIANÇA COM AUTENTICIDADE**
> OS CLIENTES SE ENVOLVEM MAIS EMOCIONALMENTE, POIS SÃO HUMANOS E EMPÁTICOS. CONFIAM UNS NOS OUTROS MAIS DO QUE EM QUALQUER EMPRESA; ELES INFLUENCIAM E SÃO LEAIS ENTRE SI.

Vinte e cinco anos atrás, Ray Davis chegou à pequena cidade de Roseburg, no Oregon, onde nada mudou muito para os lenhadores das enormes florestas circundantes. Sua tarefa era transformar o velho e sonolento Banco Estadual de South Umpqua com seus 40 funcionários, antes que o banco morresse.

Inicialmente as pessoas zombaram de sua insistência para que os funcionários, ou colegas, como ele os chamava, atendessem o telefone com um alegre "Bem-vindo ao maior banco do mundo". No entanto, com o tempo, isso se tornou verdade. O banco se transformou, primeiramente aprendendo com outras grandes empresas de prestação de serviços ao cliente, não com bancos. Os bancos tornaram-se polos comunitários, os interiores foram abertos e modernizados, os produtos e a linguagem humanizados. Eles serviam café, tocavam música e exibiam grandes empresas locais. A equipe sorria e os consumidores adoravam isso. Atualmente, o Umpqua Bank, com mais de US$25 bilhões em ativos e 350 agências em todos os Estados Unidos, é um dos melhores bancos.

No entanto, Davis agora desfrutando de sua aposentadoria, ou em modo de "cruzeiro", como o Umpqua chama isso para os clientes que queriam desacelerar e aproveitar a vida, tem um alerta sobre a mudança: "Quando chegamos a Roseburg, a mudança era estimulante, as pessoas adoravam o progresso. Hoje a mudança é diferente, tornou-se insaciável e dominada pela tecnologia. Assusta muita gente", diz ele. À medida que a mudança acelera e a tecnologia domina, muitas pessoas perdem a fé no progresso. O vínculo de confiança pode ser perdido.

A CONFIANÇA É UMA QUESTÃO DEFINIDORA

Somente um terço dos consumidores confia na maioria das marcas que compram ou usam, de acordo com um relatório especial da Edelman em 2019.

Segundo a pesquisa com 16.000 pessoas em oito países, 81% dos consumidores veem a confiança na marca como um fator decisivo ao considerar uma compra. A confiança está ficando mais importante em função das crescentes preocupações com o ritmo acelerado da inovação e automação, o uso de dados pessoais para rastreamento e direcionamento, e o impacto de produtos e produções na sociedade e no meio ambiente.

"A confiança sempre desempenhou um papel importante na compra da marca", diz Richard Edelman, CEO da Edelman. "Mas os consumidores agora têm expectativas muito maiores em relação às marcas, e sua confiança depende de quão bem uma marca passa pelos três portões da confiança: produto, experiência do cliente e impacto na sociedade".

Quando as marcas conquistam a confiança, os consumidores as recompensam. Os consumidores que confiam em uma marca têm probabilidade duas vezes maior de serem os primeiros a comprar novos produtos da marca, de permanecerem leais diante de novos concorrentes, de recomendá-la e defendê-la quando as coisas dão errado. Além disso, uma marca confiável por causa de seu papel mais amplo na sociedade tem quase duas vezes mais chance de obter tal apoio do que se a confiança viesse apenas de aspectos do produto.

Apesar de todas essas evidências, as marcas são cada vez menos confiáveis.

A maioria dos consumidores acredita que uma marca tem a responsabilidade de se envolver em pelo menos uma questão social que não afete diretamente seus negócios, mas poucos veem as marcas fazendo isso. Na verdade, a maioria das pessoas acha que as marcas usam o bem social como uma ferramenta de marketing, para "enganar a confiança", se você preferir. Isso agrava a perda de confiança.

No entanto, a confiança das pessoas nos governos e outras instituições é muito menor do que nas empresas, o que significa que, embora muitos não tenham certeza, eles efetivamente veem a empresa como uma plataforma melhor para lidar com questões sociais e ambientais do que os políticos e suas agências. Curiosamente, as pessoas acreditam ter mais influência nas empresas do que nos governos e que podem persuadi-las a levar essas questões mais a sério.

"É hora de as marcas darem o próximo passo gigante", diz Edelman. "Elas devem aceitar a responsabilidade que os consumidores lhes repassaram para efetuar a mudança e acolher uma maior responsabilização e medição de seu impacto".

SENDO REAL, AUTÊNTICO E TRANSPARENTE

Em seu livro *Who Can You Trust?* (*Em Quem Você Pode Confiar*, em tradução livre), Rachel Botsman pergunta: "Se você não pode confiar em quem está no comando, em quem você pode confiar? Do governo às empresas, dos bancos à mídia, a confiança nas instituições nunca esteve tão baixa". No entanto, ela argumenta que a tecnologia pode permitir a confiança em novas formas, e que nosso principal problema é uma incompatibilidade, ao se dizer que "a confiança institucional não foi concebida para a era digital".

Originalmente, a confiança se desenvolvia localmente entre as pessoas, em comunidades locais. Então, à medida que as cidades e as empresas cresciam, passamos às instituições como curadoras da confiança — governos e corporações —, confiando nelas para agir em nosso nome. A confiança deixou de referir-se a pessoas, para ser construída em torno de hierarquias. Hoje a confiança se constrói nas redes e flui entre as pessoas através da tecnologia. Para uma empresa, existem três camadas de confiança:

- **Confiança na organização:** a reputação da empresa e da marca, principalmente em termos de ética e responsabilidades, abertura e transparência.

- **Confiança no conceito:** a relevância para os clientes, autêntica e confiável, uma forma positiva de resolver um problema e cumprir todas as promessas.

- **Confiança nas pessoas:** o respeito pelas pessoas que conduzem a empresa e entregam o conceito, que são reais e autênticas, empáticas e atenciosas.

A autenticidade está intimamente associada à procedência, que agora é uma fonte de transparência para muitos fabricantes que utilizam o potencial dos sensores IoT (internet das coisas) e certificação blockchain. A Cult Beauty utiliza um aplicativo de transparência para ajudar os usuários de seus cosméticos a entender a origem de todos os produtos, de óleos a corantes. A Bridgehead Coffee do Canadá foi uma das primeiras a ser uma referência (*benchmark*) para outros em comércio justo (*fairtrade*) e certificação orgânica. A Fishpeople pode lhe dizer qual barco pescou seu peixe e quando. A Tiffany & Co. pode fazer o mesmo com diamantes.

Embora tudo isso seja importante, o fundamental é que pessoas confiam em pessoas. A maioria dos clientes vê duas faces da organização: o líder que geralmente aparece como porta-voz da empresa em tempos difíceis, e os funcionários da linha de frente que vendem e atendem os clientes em lojas, por telefone ou em casa.

Como diz Botsman: "A maioria dos negócios com os quais interagimos é construída em torno do dinheiro, e o dinheiro só vai até determinado ponto. O dinheiro é a moeda das transações. A confiança é a moeda das interações".

PESSOAS CONFIAM EM PESSOAS

Satya Nadella, CEO da Microsoft, forneceu um modelo para o envolvimento da empresa com a sociedade quando deu suas opiniões sobre responsabilidade corporativa, a necessidade urgente de supervisão humana dos sistemas de inteligência artificial e uma descrição sucinta de como a Microsoft obteve a licença social para operar em muitos países ao redor do mundo.

Nadella diz que toda empresa agora é uma empresa de tecnologia e que traz com isso uma série de responsabilidades, principalmente em áreas como a ética da IA, na qual ele busca assumir a liderança de forma proativa. "A tecnologia estará tão difundida em nossas vidas, e em todos os setores econômicos, que será melhor termos uma moeda central em torno dela, que é a confiança. Sem confiança, não teremos um negócio de longo prazo", disse ele em um evento recente da Envision.

De fato, a Microsoft se posicionou como a empresa mundial da "boa tecnologia", enquanto o Facebook e a Alphabet são frequentemente considerados por reguladores e políticos como "má tecnologia", dada sua relutância em lidar com questões como privacidade e fake news.

Liderança de confiança e a confiança nos líderes geram tudo o mais.

Sabemos que toda forma de mudança desperta medo na psique humana. Se não enfrentado desde logo, de forma proativa e direta, o medo da perda de emprego pela automação e pela globalização pode rapidamente tomar conta. Em tempos de crise, um líder traz urgência e compaixão, mas se não houver também direção e esperança, as pessoas perderão a confiança e a coragem nas próprias ações.

Os funcionários confiam em líderes que fazem o que esperam que eles façam.

Isso requer uma abertura dos líderes, de modo que as pessoas saibam o que esperar. Significa engajar as pessoas na direção futura, ser honesto sobre a necessidade e as implicações da mudança, pedir ideias e igualmente questionar, ser visível e acessível e ser humano.

Houve uma época em que os líderes empresariais nunca diziam nada polêmico, quando as empresas eram agnósticas aos debates da sociedade. Hoje, quando as pessoas confiam nas empresas mais do que nos políticos para mostrar o caminho a seguir, elas procuram os líderes empresariais para se posicionar, para ter um ponto de vista.

Isso pode ser controverso; um ponto de vista significa que nem todos concordarão, que alguns dos clientes podem se sentir isolados ou até mesmo rejeitá-lo. A Apple é uma forte defensora da diversidade e dos direitos humanos; o Starbucks questionou o Estado sobre suas ações contra os migrantes. Os líderes precisam agir, expressar opiniões, lutar pelo que acreditam ser o certo.

Dessa forma, as marcas desenvolvem uma personalidade mais autêntica, as empresas assumem um papel mais significativo na sociedade e você ganha o respeito — e a confiança — das pessoas.

CÓDIGO 20: DESENVOLVA MARCAS COM PROPÓSITO
COMO CONSTRUIR UMA MARCA QUE TENHA MAIS SIGNIFICADO PARA AS PESSOAS, ABRAÇANDO O PODER DE SEU PROPÓSITO, ENTREGANDO PRODUTOS E SERVIÇOS DE FORMA RELEVANTE, CONFIÁVEL E PRÁTICA?

Emmanuel Faber acredita que as pessoas querem ter direito a voto no mundo em que vivem.

"Cada vez que as pessoas escolhem uma marca elas exercem seu direito de voto. Querem que a marca seja transparente, significativa e responsável. Ainda assim, também querem que as marcas escolhidas sejam divertidas, inovadoras, amigáveis, emocionais e envolventes. Como resultado, existe um novo paradigma em jogo hoje: as marcas só existem pelo poder das pessoas", diz ele.

Faber é CEO da Danone, empresa alimentícia de US$25 bilhões, fundada em Barcelona e agora sediada em Paris, e atendendo a 120 mercados. Ela se transformou nos últimos anos para se tornar uma B Corp, com um propósito que desafia a si mesma, e ao mundo, a fazer melhor. Ou seja, "esperamos mais de nossos alimentos".

A Danone quer mudar a maneira como comemos e bebemos, a maneira como todo o sistema alimentar funciona, para "nutrir vidas e construir um mundo mais saudável". Acredita que a saúde das pessoas e a saúde do planeta estão interligadas. Lança um chamado à ação para que todos os consumidores e todos aqueles que têm interesse na alimentação se integrem à "revolução alimentar", um movimento que visa estimular a adoção de hábitos alimentares e de consumo mais saudáveis e sustentáveis.

MARCAS TÊM A VER COM PESSOAS, NÃO COM PRODUTOS

A velha ideia de marcas era que se tratava de marcas de propriedade. Os nomes e as identidades de marcas refletiam de onde provinham, assim como os fazendeiros marcavam o gado (ou seja, punham a marca). A maioria das marcas refletia inicialmente os nomes de família e as atividades dos proprietários.

Com o tempo, os consumidores ficaram menos interessados com as origens da propriedade, reagindo muito melhor às marcas que refletiam as próprias vidas e aspirações. Os nomes tornaram-se mais abstratos à medida que o conceito ficava mais importante que o nome, e o logotipo atuava como uma abreviatura para atitudes e valores diferenciados. Conceitos que refletem as pessoas, não produtos, podiam ficar acima da funcionalidade e permitir que as marcas se desvinculassem das categorias.

A mídia digital mudou ainda mais as formas pelas quais as marcas se relacionam com os consumidores, conectando-os entre si. Embora o maior acesso à informação gerasse pesquisa e demanda por autenticidade, os consumidores responderam confiando menos nas marcas. Pararam de ouvir anúncios ostensivamente comerciais e passaram a confiar e a se envolver com amigos e com outras pessoas como eles.

A história de uma marca e, em última análise, sua reputação ficaram muito menos dependentes do que a empresa dizia sobre si mesma, e muito mais do que as pessoas diziam entre si. No mundo de hoje, os donos de marcas procuram incentivar e fazer a curadoria do que pessoas reais falam entre si (tuítes e posts, boca a boca, clique a clique), abraçando essas manifestações como uma narrativa contínua que não conseguem controlar, mas que ainda buscam influenciar e permitir. A Coca-Cola chama isso de curadoria de história "líquida e vinculada".

As marcas hoje são comunidades de consumidores que compartilham uma aspiração comum. A marca não é dona da comunidade, mas pode ser um facilitador eficaz e respeitado da conexão de pessoas, não para comprar produtos em si, mas para compartilhar paixões. Os produtos e serviços vêm atrás, à medida que a marca se torna confiável e alinhada com a atividade que ela possibilita. Um propósito de marca é a motivação compartilhada da comunidade e seu facilitador.

Portanto, as marcas são definidas mais pelo que permitem que as pessoas façam, e não pelo que elas mesmas fazem. As marcas são mais estruturas de colaboração para fornecer essa capacitação e relacionamento contínuo, em vez de invólucros de produtos e transações.

ELABORE UM MANIFESTO DA MARCA

Manifestos de marcas tratam de pessoas. São definidos por aquilo que permitem que as pessoas realizem, e não pelos meios para alcançá-los. Eles são sobre:

- **Pessoas.** Conquistam a confiança porque são elaborados com base nos instintos humanos, um contrato emocional por meio do qual as promessas se tornam realidade.
- **Paixão.** Compartilham interesses e obsessões do público; querem mais e dão mais, com energia e inspiração.

- **Propósito.** Compartilham uma luz guia, uma causa comum, para tornar a vida pessoal, e as sociedades e o mundo melhores de alguma forma.

Como todas as marcas, os manifestos de marcas são códigos abreviados para ideias maiores nas quais as pessoas acreditam. São elaborados com base em um conjunto diferenciado de valores e crenças que compartilham, ideias para promover, causas que desejam apoiar. Em certo sentido, representam a interpretação do consumidor sobre o propósito da empresa.

São manifestos. Declarações de mudança, uma crença no melhor.

Algumas marcas até definem seu manifesto em detalhes. Não como uma narrativa de publicidade, mas como uma declaração de intenções compartilhada. As marcas e os produtos e serviços que reúnem funcionam como uma plataforma a partir da qual as empresas e os consumidores podem promover o bem, além de fazer o bem.

A Apple se definiu não com um logotipo, mas com uma crença:

> Isto é para os loucos. Os desajustados. Os rebeldes. Os encrenqueiros. Os pinos redondos nos buracos quadrados. Aqueles que veem as coisas de forma diferente... E enquanto alguns os veem como loucos, nós vemos gênios. Porque as pessoas que são loucas o suficiente para achar que podem mudar o mundo são as que, de fato, o fazem.

Sim, isso apareceu como um anúncio inesquecível, e narrado pelo próprio Steve Jobs. Mas despertou uma emoção em mim. Eu queria fazer parte disso. Eu queria ser isso.

A Nike colocou seu manifesto dentro de cada par de calçados, dizendo que todo mundo é um atleta, se esforçando para realizar o seu melhor, encontrar a própria grandeza. A North Face é sobre "explorar" o mundo e nós mesmos, para entender ambos melhor e nos sentirmos mais realizados. A Fiat quer que as pessoas aproveitem a vida no dia a dia, para "celebrar as menores coisas com uma emoção contagiante".

Um manifesto da marca geralmente é elaborado em torno de três componentes:

- **Manifesto da marca e narrativa:** torna o propósito relevante para o consumidor, baseado em insights e aspirações, comunicado para ou entre as pessoas.

- **Ativações e experiências da marca:** entrega o manifesto através de produtos e serviços, e de iniciativas mais amplas; por exemplo, Ekocenters rurais da Coca-Cola.

- **Embaixadores e comunidade da marca:** divulgam o manifesto entre pessoas que compartilham a causa, à medida que se tornam um movimento. Por exemplo, protestos climáticos da Patagonia.

Os manifestos das marcas da Danone são o meio pelo qual a empresa se envolve, na prática, na "revolução alimentar".

Cada uma das marcas é orientada por uma estrutura que define e ativa uma causa específica, alinhada com o propósito geral da empresa. Isso começa com o foco nas pessoas, identificando a tensão entre um insight relevante e a realidade atual, definindo uma lacuna legítima a ser fechada ou paradoxo a ser resolvido.

Como resultado, cada marca tem um forte ponto de vista, um propósito, que justifica sua existência no mundo e relevância para as pessoas, amparado por um compromisso de ajudar a melhorar a saúde das pessoas e ajudar a proteger nosso planeta.

Com mais de 40 marcas amparadas em manifestos em seu portfólio, a Danone vê isso como um modelo mais envolvente e sustentável para gerar um crescimento lucrativo, alinhado com a sociedade em geral e o meio ambiente.

ENTREGUE MELHORES PROPOSIÇÕES DE VALOR

Proposições de valor são instrumentos para apresentar seu valor aos clientes.

Já discutimos a nova equação de valor para o cliente e como ela tem se adaptado às necessidades em mudança das pessoas, mas, em essência, ela ainda se baseia nos benefícios diferenciados que você oferece e nos custos totais ou, mais simplesmente, no preço que o cliente paga.

Embora algumas pessoas vejam as proposições de valor como slogans criativos, elas podem sê-lo, contanto que ainda haja reflexão sobre as compensações (*trade-offs*) de valor que você está buscando alcançar. As proposições também não são produtos; são mais como uma promessa que uma combinação de produtos e serviços procura cumprir. Na verdade, produtos diferentes podem oferecer a mesma proposição.

Uma empresa e uma marca podem ter uma proposição de valor duradoura, ou muitas — para públicos diferentes, para ocasiões diferentes, para soluções diferentes. Elas podem perdurar ou mudar com o tempo, mantendo o propósito, a marca e a proposição atualizada e interessante.

Uma proposição também pode ter uma série de iniciativas, além de produtos e serviços, que apoiam o cumprimento de sua promessa. Para os manifestos das marcas, elas se tornam especialmente importantes, pois são geralmente os aspectos mais tangíveis das contribuições sociais e ambientais da marca, permitindo que o cliente participe ao fazer mais em conjunto com a empresa ou como comunidade.

Um ótimo exemplo de uma "melhor" proposição de valor é a Eileen Fisher, a marca norte-americana de roupas femininas, fundada em 1984 em Nova York.

Fisher diz de sua empresa: "Acreditamos em roupas éticas, atemporais e de alta qualidade concebidas para trabalhar em conjunto, vestir sem esforço e fazer parte de um ciclo de vida responsável", e definiu suas metas de expansão de negócios a fim de cumprir essa ambição e os requisitos para a certificação B Corp. Apoiando essa aspiração, há três iniciativas:

- *Renew* — iniciado em 2009, o Renew é um programa de devolução que dá às roupas Eileen Fisher uma "vida além do armário".

As pessoas trazem de volta suas peças antigas, que são revendidas como alternativas "delicadamente usadas", muitas vezes desejadas por serem diferentes das peças da temporada atual.

- *Waste No More* — faz parte de um sistema circular concebido para interromper o ciclo convencional do consumismo. A empresa recupera suas roupas velhas, por mais gastas que estejam, e "recicla" as peças danificadas e irreparáveis em designs totalmente novos.

- *Women Together* — parte workshop, parte retiro, Women Together é um dia de "inspiração, autoreflexão e conexão" que empodera as mulheres a encontrar sua força interior e mobilizá-la para uma mudança positiva. Geralmente ocorre nas lojas e com os funcionários fortalecendo o vínculo humano da marca.

> **CÓDIGO 21: PERMITA QUE AS PESSOAS CONQUISTEM MAIS**
> AS MARCAS COSTUMAVAM SER MARCAS DE PROPRIEDADE, MAS HOJE SÃO CONSTRUÍDAS EM TORNO DAS PAIXÕES DE CONSUMIDORES QUE PENSAM DE MANEIRA SEMELHANTE, PERMITINDO-LHES CONQUISTAR MAIS E MULTIPLICAR SEU IMPACTO.

O ciclismo é um esporte para apreciadores. Eles adoram suas cafeterias; na França, eles amam suas bebidas aromatizadas, e amam suas bicicletas e equipamentos.

Pedalar junto com um grupo de pessoas em uma manhã de domingo é tão social quanto físico. Assim, a Rapha foi concebida para criar equipamentos premium de ciclismo e cafeterias — ou Cycle Clubs — onde os entusiastas podem se encontrar.

Entre em um Rapha Cycle Club — em Londres, Nova York, Sydney ou Osaka — e você poderá ver, cheirar e sentir a paixão pelo ciclismo. A Rapha, fundada no Covent Garden de Londres por Simon Mottram, em 2004, cresceu rapidamente, construindo um relacionamento direto com os consumidores, por meio de eventos e comunidade online, e com as cafeterias. Há também extensões de linhas de produtos para malas, cuidados com a pele, livros e viagens, além de uma série de itens de marca conjunta com o designer e entusiasta do ciclismo Paul Smith.

A Rapha é uma marca que polariza opiniões. Para alguns, criou o que há de mais moderno em equipamentos de alto desempenho, dedicados a um esporte que gera paixão e transpiração. Para outros, é uma roupa que desperta a vaidade, cara e com design exagerado, para homens de meia-idade que se espremem em sua lycra chique para um passeio de fim de semana. Seja qual for a sua opinião, ela é objeto de comentários. Especialmente devido a itens como o par de calçados de ciclismo de couro de iaque de US$450 ou o compactador de café pro-glide de US$150 para preparar o seu café como os melhores baristas, depois do exercício.

PERMITINDO MAIS

A Microsoft busca "empoderar cada pessoa e cada organização do planeta a conquistar mais" ou, como diz Nadella, "para tornar as outras pessoas legais, não nós mesmos".

Trabalhei com a Microsoft para ajudá-los a conseguir isso com os clientes empresariais. Tradicionalmente, os especialistas em vendas e tecnologia saíam em busca de clientes para vender produtos ou, no modelo de hoje, assinaturas. Era basicamente um esforço para venda de produtos, com retornos decrescentes. Demos uma parada e perguntamos: como poderíamos ajudar os clientes a conquistar mais?

A transformação era para ajudá-los a fazer o que queriam fazer — conquistar novos mercados, inovar soluções, transformar seus próprios negócios. Em vez de um relacionamento começando com uma lista de opções de produtos, começamos ouvindo e, depois, usando juntos a experiência e as ideias combinadas do que é possível, desenvolver um novo plano de crescimento.

Se uma marca tem a ver com o que permite que as pessoas façam, em vez do que ela mesma faz, então uma grande marca permite que as pessoas realizem ainda mais do que poderiam imaginar, ou de uma maneira melhor, com maior sucesso.

A capacitação tornou-se uma palavra-chave em branding. As marcas fazem mais pelos clientes de três formas principais:

- **Educando pessoas:** ajudando os clientes a aprender como usar e aplicar seus produtos e serviços da melhor forma, para obter o melhor deles.
- **Capacitando pessoas:** colaborando com os clientes para realizar mais, usar melhor os produtos, mudar a forma como trabalham, para fazer mais.

- **Potencializando pessoas:** acrescentando às soluções dos clientes, adicionando novas ideias de outros lugares e transformando os próprios níveis de desempenho deles.

As lojas da Apple estão mais lotadas com workshops de educação — como criar uma melhor apresentação de vendas, construir um site melhor para a sua empresa, fazer a declaração de imposto de renda corretamente — do que com pessoas buscando comprar ou consertar seus aparelhos. As lojas de roupas de ioga Lululemon são transformadas em estúdios de ioga em intervalos regulares durante o dia, um lugar para fazer o que você ama, não apenas para se preparar para isso. A agência de publicidade M&C Saatchi tem salas para cada um de seus clientes, dedicadas às suas marcas e campanhas, onde podem trabalhar em conjunto como um time.

CONSTRUINDO UMA COMUNIDADE DE MARCA

Uma comunidade de marca é um grupo de consumidores que investem em uma marca para além do que está sendo vendido.

Pense em alguns dos grandes exemplos de comunidades de marca através das quais as pessoas se envolvem com marcas e empresas atualmente, influenciando o que compram, em quem confiam e como realizam mais. Lego Ideas, TED Talks, Xbox Ambassadors, Run Club da Nike, o fã-clube D23 da Disney e o clube de torcedores do Bayern de Munique.

Seguem alguns dos mais famosos:

- **Harley Owners Group:** reconhece que os proprietários amam muito mais do que a moto — a liberdade de andar nas estradas, a emoção de andar juntos, de frequentar os Ace Cafes, de compartilhar a paixão pela vida.

- **Glossier:** tornou-se o negócio de beleza de crescimento mais rápido do mundo, surgindo dos seguidores do blog de um editor da *Vogue*, para se tornar uma comunidade onde os consumidores compartilham ideias e conselhos, mas também criam em conjunto seus produtos.

- **Lego Ideas:** para além dos blocos de plástico coloridos, Lego é derivado da palavra dinamarquesa para "jogo criativo". Trata-se de desenvolvimento e expressão criativos, motivo pelo qual sua comunidade online é um espaço vibrante para concursos, fotos e novas ideias.

- **Behance:** plataforma da Adobe para exibir e descobrir grandes trabalhos criativos, agora com mais de 10 milhões de participantes, tanto designers profissionais quanto amadores, incluindo ferramentas exclusivas e espaços de colaboração de projetos.

- **Spotify Rockstars:** reunindo pessoas que amam música, incentivando discussões e recomendações, premiando e classificando os mais ativos, e também uma plataforma para a descoberta de novos talentos.

COMUNIDADES BASEADAS EM PAIXÕES

Desde a retenção significativa do consumidor a novas fontes de receita, insight não filtrado do consumidor e fluxos de caixa previsíveis, as comunidades de marca oferecem muitas oportunidades para uma empresa impulsionar o crescimento:

- Melhora as experiências do consumidor — como as pessoas conseguem mais, colaboram, recomendam e criam novos conteúdos juntas.

- Engajamento contínuo — com as pessoas se envolvem com as marcas continuamente, não apenas nos momentos de promoção ou compra.

- Conhecer melhor os consumidores — 67% das empresas usam as comunidades para obter insights mais profundos para direcionar melhor o foco e a inovação.

- Aumenta a exposição e a credibilidade da marca, tornando mais fácil a venda sem vender — geralmente 35% de aumento do reconhecimento da marca.

- Reduz os custos de suporte ao consumidor — 49% das empresas com comunidades online relatam economia de custos de aproximadamente 25% anualmente.

- Melhora a retenção e a defesa — melhora a retenção em 42%, triplicando as vendas cruzadas, e as pessoas também pagam mais.

A construção de uma grande comunidade de marca tem três fundamentos:

- **Consumidor:** começando pelo público-alvo, com um motivo cativante para os membros se juntarem à "tribo", seja por uma causa ou interesse comum, desde a música hip-hop ao amor por romances de ficção científica ou um desejo de entrar em forma.
- **Colaboração:** engajamento com outras pessoas facilitado pela marca e sua plataforma de comunidade, que pode assumir a forma de discussões, criação conjunta e recomendações.
- **Conteúdo:** a cola que faz a comunidade trabalhar para além dos produtos. Podem ser boletins informativos, eventos, vídeos, outros produtos, fóruns de discussão, fazer negócios, ofertas exclusivas e muito mais.

Na base disso tudo, está um modelo de negócio que assegure que a comunidade agregue valor real aos membros, mas que também funcione comercialmente para a organização. Para os membros, isso significa agregar valor além dos produtos e serviços convencionais da marca, geralmente permitindo que eles os usem melhor e tirem mais proveito deles. Para a empresa, isso significa ter um modelo de negócio que impulsione o crescimento incremental da receita. Pode ser na forma de retenção do consumidor, mais vendas ou produtos diferentes, mas também outros tipos de conteúdo e, potencialmente, uma assinatura de pertencimento.

As comunidades são uma das maneiras mais poderosas de uma marca crescer, muitas vezes de forma exponencial.

RESUMO: COMO VOCÊ RECODIFICARÁ SEU MERCADO?

5 perguntas para refletir:

- Enquadrando seu espaço — como você poderia redefinir seu espaço de mercado?
- Provoque a disruptura de seu próprio negócio — se você fosse uma startup, o que faria?
- Novas agendas do cliente — quais são as maiores mudanças em seus clientes?
- Manifesto de marcas — como você poderia incorporar mais propósito em suas proposições?
- Permita que as pessoas façam mais — como seria uma comunidade de seus clientes?

5 líderes para se inspirar (mais em businessrecoded.com):

- Bernard Arnault, LVMH — construindo um portfólio de 70 marcas, de Dior a Dom Perignon.
- Maria Raga, Depop — a muito humana CEO espanhola do "eBay para a geração do milênio".
- Ali Parsa, Babylon Health — o refugiado iraniano reinventando o acesso à saúde.
- Hooi Ling Tan, Grab — "o encanador" do superaplicativo do Sudeste Asiático.
- Mikkel Bjergso, Mikkeller — criando o maior negócio de cerveja artesanal do mundo.

5 livros para se aprofundar:

- *Alibaba — Estratégia de Sucesso,* de Ming Zeng.
- *The Phoenix and the Unicorn* (*A Fênix e o Unicórnio*), de Peter Hinssen.
- *A Estratégia do Oceano Azul,* de Chan Kim e Renée Mauborgne.
- *Who Can You Trust?* (*Em Quem Você Pode Confiar*), de Rachel Bortsman.
- *Darwinismo Digital,* de Tom Goodwin.

5 fontes para explorar mais:

- CB Insights.
- Edelman Trust Barometer (Barômetro de Confiança de Edelman).
- Canvas 8.
- Springwise.
- Trendhunter.

MUDANÇA 4
ENGENHOSIDADE

Recodifique sua inovação

O QUE É PRECISO PARA TER MAIS INOVAÇÕES RADICAIS?

Da obsessão pela tecnologia à engenhosidade humana.

Engenhosidade é a qualidade de ser inteligente, original e inventivo. Popular na década de 1800, e menos hoje, também tem um senso de nobreza, de imaginação. Vem do francês ingenieux *ou* ingenium *do latim, referindo-se à mente ou ao intelecto.*

Considere mais algumas inovações e seu impacto nas pessoas:

- *Pokémon Go*, o game de realidade aumentada (RA) da Nintendo, foi baixado 500 milhões de vezes no mundo todo em dois meses e gerou US$ 600 milhões em receita em três meses.
- Tobii Pro, líder mundial em rastreamento ocular, permite que os anunciantes identifiquem quais partes da publicidade e do design da embalagem atraem mais atenção.
- Nos testes iniciais, um algoritmo de aprendizado de máquina criado na Carnegie Melon foi capaz de prever ataques cardíacos com quatro horas de antecedência, com 80% de precisão.
- Necomimi é um par de orelhas em forma de gato que contém sensores de ondas cerebrais de eletroencefalograma (EEG), que se animam quando o cérebro está alerta e abaixam quando está relaxado.
- O HiMirror, um espelho inteligente que utiliza uma câmera integrada para analisar sua pele, rastreia mudanças e monitora o efeito de produtos de cuidados para a pele.
- LiSA é uma plataforma de bem-estar social ativada por voz que ajuda as pessoas mais velhas que vivem sozinhas, fornecendo e-mail, mensagens, dicas e lembretes baseados em voz.
- A Deep Space vende uma linha de soluções de propulsão ecologicamente corretas e de baixa pressão que usa água para alimentar pequenos satélites em missões privadas no espaço profundo.
- A Celestis oferece armazenamento de DNA fora do planeta, permitindo que sua genética seja guardada em uma nave espacial e, eventualmente, em um planeta diferente para análises futuras.

Como você pode ser mais engenhoso?

> **CÓDIGO 22: SEJA ENGENHOSO**
> A INOVAÇÃO NÃO VEM DA TECNOLOGIA, MAS DE COMO ELA PERMITE QUE A HUMANIDADE SEJA MELHOR. A ENGENHOSIDADE É GERADA PELA IMAGINAÇÃO E INTUIÇÃO, EMPATIA E DESIGN.

Takashi Murakami costuma ser chamado de o próximo Andy Warhol, fundindo arte de elite e das massas, combinando ideias da rica herança artística do Japão e sua vibrante cultura de consumo. Mas enquanto o ícone norte-americano criava obras de arte de milhões de dólares, Murakami está muito mais interessado em criar objetos do dia a dia para todos, de chicletes e camisetas a capas de celular e bolsas Louis Vuitton de edição limitada.

Ele começou nas tradições do Japão, depois estudou a arte "Nihonga", que é uma combinação dos estilos oriental e ocidental do século XIX, mas teve a atenção desviada pelo surgimento de anime e mangá na cultura japonesa dos anos 1980. Ele adorava os estilos modernos que se conectavam com as pessoas e com os problemas e aspirações da sociedade de hoje. Ficou fascinado pelo que tornou personagens icônicos como Hello Kitty e Mickey Mouse tão populares e duradouros.

O Japão tem uma tradição de séculos de arte "flat", alcançada com contornos ousados, cores flat e um desprezo pela perspectiva, profundidade e tridimensionalidade. "Superflat" foi um termo que Murakami começou a usar em 2001 e evoluiu para um dos movimentos de arte moderna mais ativos, combinando a arte flat da tradição com anime e mangá e pegando componentes da alta e baixa cultura para desafiar a categorização. Ele diz que usa o estilo para também refletir o que vê como a superficialidade da cultura de consumo.

Hoje Murakami é um artista celebridade, altamente consciente de sua imagem e marca, e um ávido usuário das redes sociais. Ele adora fama e comercialismo. Seus negócios têm sido ajudados por colaborações com outras celebridades, criando videoclipes com animação para Kanye West e esculturas com Pharrell Williams.

Se "engenhosidade" significa pensar e atuar de forma original e inventiva, essa é uma boa descrição de Murakami. Ele se inspira no passado e no futuro para criar a própria presença diferenciada, conectar-se e desafiar seu ambiente, abraçar percepções e opiniões pessoais para questionar convenções e levar seu público junto.

IMAGINAÇÃO, CRIATIVIDADE E INOVAÇÃO

A imaginação é muitas vezes chamada de principal dom da consciência humana.

Em um mundo de tecnologia onipresente, que desafia nossa humanidade, um mundo de escolhas infinitas, mas em grande parte derivadas, e em um mundo de ruído e incerteza, não há nada como ser humano.

A imaginação nos move para frente. Permite-nos ir além das convenções, dos limites do nosso mundo atual. Leva-nos além dos algoritmos de robôs com IA que podem criar a perfeição a partir do mundo que conhecem, mas têm dificuldade para além disso. Inspira-nos a pensar de novas maneiras, formular hipóteses para testar e projetos estéticos para desfrutar.

Sir Ken Robinson é provavelmente mais conhecido por seu senso de humor autodepreciativo com o qual transmite uma mensagem muito importante: "A imaginação é a fonte de todas as realizações humanas". *The Times* disse sobre seu relatório do governo do Reino Unido a respeito de criatividade, educação e economia que "levanta algumas das questões mais importantes que as empresas enfrentam no século XXI. Todo CEO deve bater na mesa e exigir ação".

Seu livro *Somos Todos Criativos: os Desafios para Desenvolver uma das Principais Habilidades do Futuro* argumenta que nosso mundo é o produto de ideias, crenças e valores da imaginação humana que o moldaram ao longo de séculos. Diz ele: "A mente humana é profundamente e caracteristicamente criativa, mas muitas pessoas não têm noção de seus verdadeiros talentos".

- A imaginação explora novas possibilidades e as captura como novas ideias.
- A criatividade molda e amplia o potencial das ideias existentes.
- A inovação pega as ideias existentes e as torna práticas.

A criatividade é imaginação aplicada, e a inovação é criatividade aplicada, você poderia dizer.

Lembro-me de quando minhas duas filhas eram pequenas, os quadros que desenharam e os modelos que construíram, as perguntas que fizeram e as respostas que imaginaram. O mundo delas não era limitado por experiência, preconceito ou conformidade. Suas pinceladas eram simples, suas cores, ousadas; suas perguntas eram simples, mas perturbadoramente difíceis.

Como adultos, passamos a ter uma mentalidade de produtividade, preferindo fazer coisas a explorar possibilidades. Procuramos reduzir a complexidade à sua forma mais simples e descrever ideias no contexto do que já conhecemos, extraindo qualquer resquício de novidade.

Todos nascemos criativos, mas de alguma forma perdemos essa centelha, ou pelo menos a confiança para permitir que ela apareça. Dizemos que algumas pessoas são criativas e outras não. No entanto, todos nós temos os mesmos neurônios e sinapses que geram o processo. A realidade é que todo indivíduo deixa de ser criativo assim que começa a trabalhar junto com outras pessoas. Se pudéssemos resgatar nossa criatividade, poderíamos descobrir nossa paixão, permitindo-nos sentir mais vivos e realizar muito mais.

O professor de Harvard Howard Gardner identificou oito "inteligências" ou maneiras de resolver problemas. Elas variam de linguística (limitada apenas pelas palavras que você usa), lógica (principalmente por meio da matemática), espacial (como a usada por designers), musical, física (como os atletas), natural (como os fazendeiros), intrapessoal (dentro de si próprio) e interpessoal (com os outros).

A questão é que temos muitas maneiras de ser criativos, até mesmo por meio de combinações de nossas capacidades mentais e físicas. Como Leonardo da Vinci adorava dizer, inspirado pela própria vida de polímata como artista, músico, anatomista, escultor, arquiteto e engenheiro, que a criatividade consiste, em última instância, em fazer novas conexões.

IMAGINANDO MELHOR

O objetivo de qualquer negócio e, portanto, de qualquer inovação é tornar a vida melhor. A inovação impulsiona o progresso humano e social, além de aproveitar novas oportunidades para o crescimento da empresa. Embora seja um desafio prático, técnico e baseado em processos, também é humano, filosófico, estratégico e futurístico.

A Royal Society of Arts publicou recentemente um documento, *How to Be Ingenious* (*Como Ser Engenhoso*, em tradução livre), começando com uma definição de engenhosidade como tendo três componentes:

- uma inclinação para trabalhar com os recursos facilmente disponíveis;
- um talento especial para combinar esses recursos de forma surpreendente; e
- ao fazer isso, a capacidade de resolver algum problema prático.

Outra maneira de descrevê-la é: "A capacidade de inesperadamente fazer mais com menos, diante de recursos limitados". Considerando os desafios sociais e ambientais enfrentados por qualquer empresa atualmente, essa pode ser uma adição útil.

O "Imagination Sundial", de Rob Shorter, é uma ferramenta de design para nos ajudar a imaginar o que podemos buscar no futuro e como. Ele acredita que estamos vivendo em uma época de declínio da imaginação no exato momento da história em que precisamos ser mais criativos, e descreve seu objetivo como o de "cultivar a imaginação coletiva" para imaginar um mundo melhor.

O ambientalista Rob Hopkins diz: "Acreditamos que esse declínio se deve principalmente ao aumento do trauma, estresse, ansiedade e depressão, que, os neurocientistas demonstraram, causam uma redução no hipocampo, a parte do cérebro mais implicada na imaginação". Wendy Suzuki concorda, escrevendo na *Forbes*: "O estresse de longo prazo está literalmente matando as células em seu hipocampo, o que contribui para a deterioração de sua memória. Mas também está eliminando a criatividade".

O Imagination Sundial contém quatro elementos principais:

- **Espaço** — o espaço mental e emocional que expande nossa capacidade de imaginar. Nossas vidas ocupadas e estressantes estão repletas de medo e ansiedade, o que inibe nosso potencial de imaginação. O espaço refere-se a como podemos desacelerar, sentir-nos seguros, nos abrir e nos conectar com outras pessoas e com o mundo natural para reacender essa capacidade. "Páginas matinais" é uma prática recomendada por Julia Cameron em *O Caminho do Artista* para ajudar pessoas com bloqueio artístico. Trata-se de uma prática individual de escrita livre contínua em três folhas de papel todas as manhãs; um esvaziamento não filtrado da mente e uma avaliação do que aparece escrito.

- **Lugar** — os pontos de encontro para a imaginação coletiva, pensados para conexão, criação, colaboração e encontro casual, incentivando a diversidade de pessoas e ideias. Em Portland, Oregon, a Intersection Repair convida os residentes que moram ao redor de um cruzamento compartilhado para se reunirem e imaginarem como gostariam que sua rua fosse e, em seguida, pintar coletivamente a superfície da estrada. Os resultados são realmente lindos e começam a mudar a forma como as pessoas veem o lugar. As comunidades começam a fazer festas nas ruas, montar minibibliotecas e, em geral, se reunir em lugares que antes ignoravam.

- **Práticas** — que nos conectam e mudam nosso quadro de possibilidades. Práticas são as coisas que podemos fazer juntos e que nos levam de nossas mentes racionais para algo completamente diferente, rompendo nossas restrições internas e normas sociais para abrir um sentido maior do que é possível. Uma boa prática cria pontes entre o real e o imaginado, o conhecido e o desconhecido. Por exemplo, perguntas do tipo "e se" são uma maneira simples de abrir uma gama de possibilidades. Elas são suficientemente abertas para não parecerem prescritivas, ao mesmo tempo que permitem que as pessoas moldem as próprias respostas criativas.

- **Pactos** — de colaboração, que catalisam a imaginação em prática. A ação impulsiona a crença e a crença inspira novas ações. É um acordo que reúne pessoas e organizações que, juntas, podem fazer as coisas funcionarem. Na Itália, por exemplo, o Civic Imagination Office de Bolonha trabalha com comunidades em toda a cidade por meio de seis laboratórios, usando ferramentas de visualização e atividades para gerar uma diversidade de ideias para o futuro da cidade. Quando surgem boas ideias, a municipalidade se reúne com a comunidade e cria um pacto, reunindo o apoio que a prefeitura pode oferecer com o que a comunidade pode oferecer. Nos últimos cinco anos foram criados mais de 500 pactos.

UMA ABORDAGEM MAIS INSPIRADA À INOVAÇÃO

A inovação exige engenhosidade humana. É emocionante e está ligada pessoas, ao futuro e a possibilidades ilimitadas.

É um papel essencial de todo líder empresarial, de todas as funções da empresa. Embora a inovação esteja há muito tempo centrada em torno do ícone técnico e tangível do produto, as organizações finalmente abriram suas mentes para muitas outras formas de inovação.

A inovação costumava ser associada a processos longos, disciplinados, divididos em etapas, pelos quais as ideias eram produzidas e levadas ao mercado. Os inovadores de hoje, em pequenas e grandes empresas, ficam entusiasmados com o design thinking (método para estimular ideias e criatividade) e o desenvolvimento enxuto. São ferramentas úteis para criar soluções mais perspicazes e rápidas, mas a inovação envolve muito mais.

Uma abordagem mais inspirada à inovação tem nove dimensões (ver Figura 4.1):

- **Centrada no ser humano** em vez de impulsionada por produtos.
- **Resolução de problemas** em vez de limitada pela capacidade.
- **Molda o futuro** em vez de se alinhar com o hoje.
- **O negócio como um todo** em vez de isolada por função.
- **Rápida e experimental** em vez de lenta e perfeita.
- **Impacto sustentável** em vez de obcecada pelo lucro.
- **Gera crescimento** em vez de não se alinhar comercialmente.
- **Construção de portfólio** em vez de inovações isoladas.
- **Adaptação ativa** em vez de lançada e esquecida.

A inovação não é como a maioria das outras funções e atividades de negócios. Não existe departamento ou vice-presidência de inovação na maior parte das empresas. Raramente existe até mesmo uma estratégia ou orçamento de inovação. Há alguns modelos, regras, processos padronizados ou medidas consistentes de sucesso. De certa forma, cada ato de inovação é um feito único, um salto de imaginação que não pode ser previsto nem replicado. Certamente não se trata de uma atividade habitual de negócio.

Essa também é a beleza. A inovação é abrangente, um desafio para todas as funções e pessoas na empresa. Pode ter processo, mas também pode quebrar todas as regras e, às vezes, precisa. Por estar enraizada em todas as partes da empresa e extraindo recursos do orçamento de cada uma delas, pode ser uma abordagem mais colaborativa, integrada e formidável.

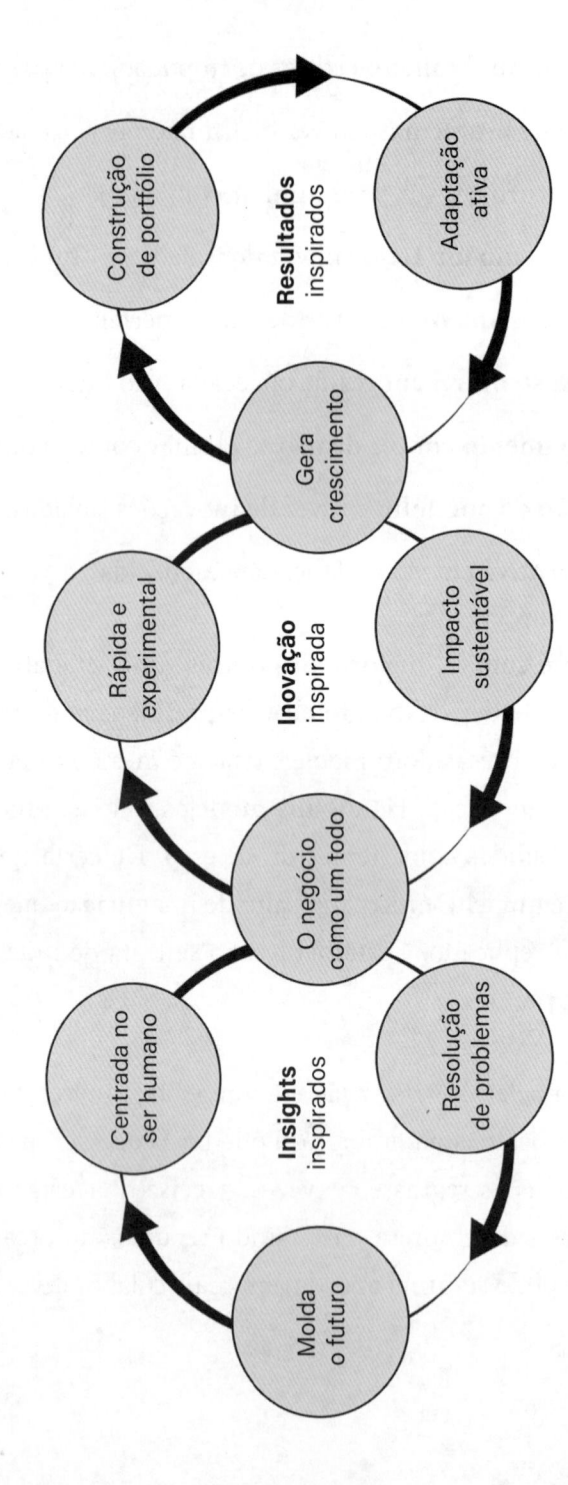

FIGURA 4.1 As nove dimensões da inovação inspirada.

Os líderes são os principais inovadores nas empresas, não necessariamente empreendedores, como os fundadores de startups, mas estabelecendo a agenda, assegurando que ela tenha os recursos e o espaço para prosperar, e que a empresa entregue o hoje, mas também crie um amanhã melhor.

> **CÓDIGO 23: BUSQUE MELHORES IDEIAS**
> A INOVAÇÃO COMEÇA ENCONTRANDO A PERGUNTA CERTA. ENVOLVA O PESSOAL EM UMA CONVERSA MAIS AMPLA E, EM SEGUIDA, TENTE CHEGAR A ELA DE UMA FORMA MAIS ESCLARECIDA.

Ao visitar o Camboja, o canadense formado em ciências Christopher Charles descobriu que a anemia era um grande problema de saúde pública.

Nas aldeias da província de Kandai, em vez de crianças felizes, Charles descobriu que muitas eram pequenas e fracas, com desenvolvimento mental lento. As mulheres sofriam de cansaço e dores de cabeça, e não conseguiam trabalhar. As gestantes enfrentavam complicações graves antes e depois do parto. Ele percebeu que a anemia era um grande problema, com quase 50% das mulheres e crianças sofrendo devido à deficiência de ferro em suas dietas. Soluções normais, como suplementos de ferro, não eram acessíveis nem disponíveis, e muitas pessoas desconfiavam disso.

Charles teve uma nova ideia. Inspirado em pesquisas anteriores que mostravam que cozinhar em panelas de ferro fundido aumentava o teor de ferro dos alimentos, decidiu colocar um pedaço de ferro na panela, feito de metal derretido. Porém, as pessoas também rejeitaram isso, não gostando de um pedaço grosso de metal misturado à comida.

Ele pesquisou mais profundamente a antropologia local e, então, deparou-se com o símbolo da sorte na cultura cambojana, o peixe. Moldou o ferro na forma de um peixe e chamou-o de "Peixe de Ferro da Sorte", e o projetou para liberar ferro na concentração certa para fornecer os nutrientes que faltavam a tantas mulheres e crianças no país.

A análise científica mostrou que o uso diário do peixe de ferro forneceu 75% da ingestão de ferro recomendada para um adulto. Na prática, ele descobriu que, em 12 meses, cerca de metade das pessoas que o usavam não estava mais anêmica e que, após três anos, a doença estava praticamente eliminada.

DE ONDE VÊM AS BOAS IDEIAS?

O romance do momento "eureca", quando indivíduos incrivelmente inteligentes têm repentinas epifanias criativas e saltam de seus banhos transbordantes como Arquimedes, é irreal.

Em *De Onde Vêm as Boas Ideias*, Stephen Johnson diz que a maioria das novas ideias surge de fragmentos de outras, produto de novos ambientes que permitem novas possibilidades. Na verdade, a maioria das boas ideias pode ter vindo dos restos úteis do fracasso de outras.

Bill Gates conta onde estão as origens da Microsoft: não em um lampejo de gênio, mas evoluindo de muitas horas com seu amigo, Paul Allen, mexendo com os computadores mainframe da escola, uma cultura de mudança soprando na sociedade e um palpite de que os computadores poderiam ser muito menores e mais conectados.

Crises, recessões e guerras são muitas vezes o berço de novas ideias, pois os mercados são abalados, os consumidores pensam de forma diferente e há uma urgência em criar algo diferente, mais barato, mais rápido, melhor. O ambiente de fundação da Microsoft em 1975 vinha de uma recessão econômica que pôs fim a anos de crescimento do pós-guerra. Da mesma forma, a Disney em 1929, o McDonald's em 1995, a CNN em 1980 e o Airbnb em 2008, surgiram de tempos difíceis.

Inspirando-se em Johnson, seguem nove fontes de melhores ideias:

- **Ideias adjacentes.** A maioria das inovações deriva de fragmentos do que existe hoje, reunindo outras ideias, novas capacidades ou aspirações.
- **Ideias em evolução.** A maioria dos novos conceitos tende a surgir lentamente, ganhando aceitação conforme amadurecem e seus fundadores ganham confiança no trabalho em evolução.
- **Construção de ideias.** As ideias costumam se basear umas nas outras como plataformas; a visão da Apple sobre a computação levou ao iPod, iTunes, iPhones, AppStore.
- **Redes de ideias.** Expor ideias para as pessoas permite que se espalhem mais rapidamente e que se multipliquem em riqueza e cresçam em multidões.

- **Ideias em colaboração.** A abertura às novas ideias permite que elas cresçam mais e rapidamente, em vez da competição que as restringe e das patentes que as escondem.
- **Ideias aleatórias.** Às vezes, novas possibilidades surgem por acaso, do caos ou de ações não intencionais que levam a combinações afortunadas ou novos insights.
- **Ideias fortuitas.** As ideias convergem em um espaço físico ou intelectual compartilhado, aproximando uma diversidade de pessoas e possibilitando colisões criativas.
- **Ideias não convencionais.** Os erros podem ser momentos surpreendentemente criativos, porque questionam o que pensamos e mostram possibilidades além da convenção.
- **Ideias recicladas.** A digressão é quando algo desenvolvido para um propósito específico acaba sendo usado de uma maneira completamente diferente.

As ideias são a moeda do mundo de hoje. Onde as máquinas podem nos superar em qualquer coisa que já conhecemos, precisamos de ideias para avançar. No mundo dos negócios, codificamos ideias em propriedades intelectuais — patentes, designs, marcas registradas e marcas.

As ideias são pacotes de consciência, criatividade e inspiração. Como resultado, não são apenas os alicerces do futuro, das inovações e do progresso; também nos cativam, nos dão esperança, alimentam nossos sonhos e desejos. Nós as queremos.

ENCRENQUEIROS E VIOLADORES DE REGRAS

"Os rebeldes têm má reputação", diz Francesca Gino, uma cientista comportamental. "Os rebeldes são pessoas que quebram as regras que deveriam ser quebradas. Quebram as regras que restringem a eles próprios e aos outros, e sua maneira de quebrar as regras é construtiva, não destrutiva. Cria mudanças positivas".

Gino conta a história de quando estava percorrendo as prateleiras de uma livraria e se deparou com um livro de aparência incomum na seção de culinária: *Never Trust a Skinny Italian Chef* (*Nunca Confie em um Chef Italiano Magro*, em tradução livre), de Massimo Bottura. As receitas ali contidas eram divertidas, peculiares e improváveis. Caracóis eram combinados com molhos de café, língua de vitela com pó de carvão. Francesca, que é italiana, diz que recombinar receitas clássicas como essas é uma espécie de heresia na culinária italiana. "Realmente valorizamos o jeito antigo", diz. Mas este chef, um dos mais influentes do mundo, não resistiu em voltar a uma grande questão: por que temos de seguir essas regras?

> Pensamos neles como criadores de problemas, párias, do contra: aqueles colegas, amigos e parentes que complicam decisões aparentemente simples, criam o caos e discordam quando todos estão de acordo. Mas, na verdade, os rebeldes são aqueles entre nós que mudam o mundo para melhor com suas visões não convencionais. Em vez de se apegar ao que é seguro e conhecido, e voltar às rotinas e tradições, os rebeldes questionam o status quo. São mestres da inovação e da reinvenção e têm muito a nos ensinar.

Gino argumenta que o futuro pertence ao rebelde. A curiosidade e a insistência em questionar o status quo estão entre as qualidades que ela acredita separar os bons líderes dos grandes líderes e as pessoas que mal podem esperar para começar a trabalhar daquelas que contam os minutos para sair. Essas qualidades fazem parte de um instinto de se rebelar contra o que é confortável. Adotá-las, diz ela, é a chave para "criatividade, produtividade e fazer com que o trabalho seja menos chato".

COMECE FAZENDO PERGUNTAS MELHORES

Comece perguntando "Por quê"... depois, "Por quê", "Por quê", "Por quê", "Por quê", "Por quê", "Por quê".

Os "sete por quês" são uma técnica incrivelmente simples ao falar com alguém e buscar entender seu verdadeiro problema.

À medida que você aprende mais, continue perguntando "Por quê?", cada vez investigando mais profundamente os verdadeiros motivos de um problema. Se conseguir chegar ao fundo do problema, é claro que terá uma oportunidade melhor de resolvê-lo.

"O trabalho importante e difícil nunca é encontrar as respostas certas, é encontrar a pergunta certa. Pois existem poucas coisas tão inúteis, senão perigosas, como a resposta certa para a pergunta errada", diz o guru dos negócios, Peter Drucker.

As ideias de Drucker têm sido uma inspiração para Hal Gregersen, que trabalha na MIT Sloan School of Management. Ele acredita que o melhor ponto de partida para a inovação é fazer perguntas poderosas e provocativas. Os líderes mais inovadores questionam constantemente o mundo, fazendo com que os outros pensem de forma aberta e diferente.

O segredo para isso é fazer as perguntas certas, ou "perguntas catalíticas", como ele as chama — "E se?", "Por que não' —; perguntas que rompem os limites do pensamento atual das pessoas, permitindo que elas questionem mais as convenções, vejam as coisas de diferentes perspectivas e acelerem uma melhor reflexão.

Gregersen utiliza sua metodologia, que ele chama de "Explosão de Perguntas", como alternativa às abordagens mais convencionais do tipo brainstorming. Sua metodologia procura explorar a pergunta por meio de uma rápida colaboração, em vez de pular para a resposta. Isso permite que as pessoas se concentrem no problema, em vez de partir muito rapidamente para as possíveis respostas que possam estar respondendo à pergunta errada.

Ele usa três etapas no processo:

- **Explore o desafio:** selecione um desafio com o qual você se preocupa profundamente. Convide algumas pessoas para ajudá-lo a pensar nesse desafio por ângulos novos. Em termos ideais, escolha pessoas que não tenham experiência direta com o problema e cuja visão de mundo seja totalmente diferente da sua. Em dois minutos, descreva o desafio.
- **Expanda a pergunta:** passe os quatro minutos seguintes gerando coletivamente o máximo de perguntas possível sobre o desafio.

Não responda a nenhuma delas e não explique por que você está fazendo as perguntas. Faça pelo menos 15 a 20 perguntas rápidas em quatro minutos. Escreva-as palavra por palavra.

- **Comprometa-se com a busca:** analise as perguntas e selecione algumas "catalíticas" da lista, aquelas que apresentam o maior potencial para causar a disruptura do status quo. Comprometa-se a seguir pelo menos um novo caminho que você vislumbrou e use-o como a base do problema a ser resolvido.

Conforme progredimos nas organizações para nos tornarmos líderes de negócios, mudamos de especialistas funcionais, dos quais se espera que tenhamos todas as respostas, para uma perspectiva mais ampla, em que nossas contribuições mais úteis são fazer perguntas melhores. Ao mesmo tempo, com anos de experiência, sentimos que sabemos muito mais do que muitos outros e podemos ficar fechados e defensivos, em vez de bons ouvintes. O ex-CEO da Uber, Travis Kalanik, foi filmado em um carro sendo questionado sobre a empresa por seu motorista, que desconhecia a identidade do passageiro. O ataque verbal defensivo de Kalanik contra o motorista se tornou viral e resultou em sua demissão.

> **CÓDIGO 24: ADOTE UMA MENTALIDADE DE DESIGNER**
> O DESIGN TEM A VER COM A RESOLUÇÃO DE PROBLEMAS, CRIANDO UM ARTEFATO, UMA EXPERIÊNCIA OU MESMO UMA TRANSFORMAÇÃO MELHOR. REQUER INSIGHT E PERSPECTIVA, ENGENHARIA E HABILIDADE.

David Kelley é como um cientista louco, brilhante e agitado, uma das pessoas mais criativas que já conheci. Ele é o designer por trás de muitos ícones da era digital, desde o primeiro mouse da Apple até o botão de polegar para cima/polegar para baixo do controle remoto TiVo.

Após uma carreira inicial de engenheiro na Boeing e na NCR, que considerou estagnante e frustrante, começou a aprender sobre o poder multifuncional do design. Em 1978, foi um dos fundadores da empresa de design que, no final, se tornou a IDEO, agora reconhecida mundialmente pela abordagem inovadora ao design, ou, mais precisamente, uma abordagem da inovação voltada ao design.

Kelley também criou a metodologia de "design centrado no ser humano", que mais recentemente ficou conhecida como "design thinking". Fundou a "d.school" em Stanford, o Instituto de Design Hasso Plattner, onde estudantes de negócios, engenharia, medicina, direito e outras disciplinas diversas aprendem a resolver problemas complexos de forma colaborativa e criativa.

Kelley argumenta que uma "mentalidade de design" busca novas maneiras de resolver problemas e criar um futuro melhor, combinando análise e imaginação. Busca construir ideias, ao contrário do pensamento crítico, que as destrói.

DESIGN COMO SOLUÇÃO CRIATIVA DE PROBLEMAS

Kelley chama de "fase inicial complicada" de qualquer projeto de inovação encontrar o problema certo para resolver. Isso pode exigir muitas voltas em círculos, enquanto a equipe explora os problemas, reflete no desafio, faz mais perguntas, adota perspectivas diferentes e leva um tempo pensando. Isso é importante.

Aqui estão alguns princípios que Kelley vê como o segredo para um ótimo design:

- **Navegue pela ambiguidade:** chegar a um lugar novo significa que você precisa se sentir confortável para trabalhar com a ambiguidade, paradoxos que ainda não foram resolvidos e direções que permanecem obscuras.

- **Aprenda com os outros:** as equipes sempre superam o gênio solitário. Trabalho árduo e grandes cérebros não são páreo para a diversidade criativa. Isso requer abertura para aprender, se conectar e melhorar.

- **Experimente rapidamente:** as ideias prosperam com o ímpeto, um processo rápido de experimentar e testar várias ideias, incentivando o aprender e também o desaprender, movendo-se continuamente para ampliar e moldar ideias, e manter um sentimento de progresso.

- **Construa e crie coisas intencionalmente:** a melhor maneira de engajar alguém é mostrar algo. Pode ser uma imagem, diagrama, protótipo. Isso dá algo para as pessoas analisarem, questionarem e melhorarem.

- **Comunique-se deliberadamente:** concentre-se nos usuários, não nos tomadores de decisão. Mostre-lhes como será o futuro e use histórias, casos de pessoas reais, para tornar mais humano e real.

Fazer a pergunta certa — definir o problema certo — fará toda a diferença mais tarde. Embora possamos adotar todo tipo de abordagem rápida, experimental e iterativa para a inovação, se começamos com o problema errado é improvável que criemos a melhor solução. Kelley chama isso de estado de desconhecimento: "Chafurdar naquele estado de desconhecimento não é fácil, mas é necessário", diz ele.

PENSAMENTO CENTRADO NO HUMANO

O "design thinking" é uma metodologia de solução de problemas. Normalmente começa passando um tempo com os usuários, pessoas cujos problemas você está resolvendo, para descobrir quais são suas experiências cotidianas atuais e usá-las para descobrir insights sobre quais são os verdadeiros desafios subjacentes e como podem ser enfrentados.

É importante ressaltar que não se trata apenas dos "estágios de design" do desenvolvimento do produto (esboços iniciais, design gráfico, prototipagem etc.), mas de uma abordagem mais holística que se baseia em uma visão profunda e na qual a criatividade está tanto na interpretação do problema quanto em encontrar soluções.

As principais fases são:

- **Entender:** dê sentido ao problema e explore-o mais profundamente.
- **Ter empatia:** obtenha uma compreensão mais profunda das necessidades e aspirações do usuário.

- **Definir:** reúna a análise para concordar com a necessidade do usuário a ser tratada.

- **Criar ideias:** crie uma ampla gama de ideias que possam evoluir para soluções.

- **Prototipar:** desenvolva algumas das ideias, torne-as mais tangíveis.

- **Testar:** avalie os conceitos, obtendo feedback do usuário, e analise como melhorar.

É importante ressaltar que este não é um processo linear, mas pode exigir várias iterações, principalmente do teste de volta à fase de criação de ideias, para melhorá-las, mas também de volta à definição, para delinear melhor as questões. Simultaneamente, é importante usar a pressão do tempo para estimular a criatividade e a busca pelo melhor resultado.

Christoph Meinel e Larry Leifer do programa de Design Thinking HPI-Stanford, estabeleceram quatro princípios para a implementação bem-sucedida do design thinking:

- **A regra humana,** que afirma que toda a atividade de design é, em última análise, social por natureza, e qualquer inovação social nos levará de volta ao "ponto de vista centrado no ser humano".

- **A regra da ambiguidade,** na qual os pensadores do design devem preservar a ambiguidade, experimentando nos limites de seu conhecimento e habilidade, com a liberdade de ver as coisas de forma diferente.

- **A regra do redesign,** em que todo design é redesenhado; isso ocorre como resultado da mudança da tecnologia e das circunstâncias sociais, mas de necessidades humanas inalteradas, previamente resolvidas.

- **A regra da tangibilidade,** o conceito de que tornar as ideias tangíveis sempre facilita a comunicação e permite que os designers tratem os protótipos como "meios de comunicação".

Embora o processo geralmente seja considerado iterativo até o ponto de desenvolvimento, é igualmente útil considerar a iteração das ideias e soluções, uma vez que estejam no mercado, de forma prática e comercial. Isso é ainda mais importante quando o "design" não é simplesmente um produto, mas toda uma experiência, um sistema ou modelo de negócios.

DESIGN É FUNÇÃO E FORMA

Um princípio básico do bom design é que a forma segue a função.

Em 1896, o arquiteto Louis Sullivan, de Boston, usou a frase ao descrever sua visão para o funcionamento de uma cidade moderna. Ele disse que a cidade precisava de uma nova forma de construção, que se tornaria o "arranha-céu moderno de aço estrutural". Ele argumentava que o design exterior (forma) de um edifício alto deveria refletir as atividades (funções) que ocorrem dentro de suas paredes.

Anos depois, seu protegido Frank Lloyd Wright foi mais longe, argumentando que em um grande design "função e forma tornam-se uma coisa só".

No mundo empresarial de hoje, tudo pode ser objeto de design — uma experiência do cliente, um modelo de negócios, um site, um sistema de fidelidade, uma estrutura organizacional ou declaração de propósito —, sempre seguindo o princípio de função e forma.

Alex Osterwalder e Yves Pigneur até se autodenominam designers de informação, buscando estruturas padronizadas que possam ajudar os empresários a pensar e expressar suas ideias de forma clara e rigorosa.

Uma das melhores maneiras de traduzir a função em forma é buscar a simplicidade. A simplicidade, quando alcançada, pode parecer fácil, clara e até bonita. John Maeda, ex-presidente da Rhode Island School of Design, escreveu um ótimo livro chamado *As Leis da Simplicidade*. Ele diz que a simplicidade é alcançada de dez maneiras:

- **Reduzir.** A maneira mais simples de alcançar a simplicidade é por meio de uma criteriosa redução.
- **Organizar.** A organização faz com que um sistema de muitos pareça de poucos.
- **Tempo.** A economia de tempo é sinônimo de simplicidade.
- **Aprender.** O conhecimento torna tudo mais simples.
- **Diferenças.** A simplicidade e a complexidade precisam uma da outra.
- **Contexto.** O que fica na periferia da simplicidade definitivamente não é periférico.
- **Emoção.** Mais emoções são melhores do que menos.

- **Confiar.** Confiamos na simplicidade.
- **Fracasso.** Algumas coisas nunca podem ser simplificadas.
- **Único.** A simplicidade consiste em subtrair o óbvio e adicionar o significativo.

O designer de móveis Charles Eames disse: "O design é a expressão de um propósito e pode ser mais tarde julgado como arte". O design depende muito das restrições, do problema a ser resolvido — e, nos negócios, resolvido de maneira prática e lucrativa. Ele então considerou a diferença entre arte e design: "A arte pode não ter outra razão para existir além de ser vista ou experimentada. O design requer uma função. Se o design for visualmente marcante, então também pode ser considerado arte", acrescentou.

Maeda diz: "Todos os melhores designers do mundo apertam os olhos quando olham para algo. Apertam os olhos para ver a floresta como um todo, e não apenas as árvores — para encontrar o equilíbrio certo. Aperte os olhos para o mundo. Você verá mais, vendo menos".

> **CÓDIGO 25: CRIE CONEXÕES INCOMUNS**
> FUSÕES DE CONCEITOS PEGAM VÁRIAS IDEIAS — GERALMENTE NATUREZA OU CIÊNCIA, OUTROS SETORES OU MERCADOS, MODULARES OU DISSOCIADOS — E AS CONECTAM DE NOVAS MANEIRAS.

Tinker Hatfield ingressou na Nike em 1981, tendo começado como atleta de salto com vara. Depois de se formar como arquiteto, rapidamente se tornou o principal designer de calçados da Nike. Percebeu que suas habilidades como arquiteto podiam ser aplicadas aos calçados e recebeu o crédito por projetar o "cross-trainer" como um calçado poliesportivo quando percebeu que as pessoas em sua academia no Oregon traziam vários calçados para diferentes atividades.

Ele ficou conhecido ao trabalhar ao lado da lenda do basquete Michael Jordan para criar o tênis Air Jordan, que colocou a Nike no caminho do sucesso global. Em 1987, Hatfield projetou o tênis de corrida Nike Air Max. Inspirado pela visita que fez ao Centro Georges Pompidou, ele incluiu uma janela na sola intermediária do tênis para mostrar a almofada de ar.

Aos 67 anos de idade, agora é vice-presidente de design e projetos especiais da Nike e supervisiona a Cozinha de Inovação da Nike. Um perfil de Hatfield na revista *1 Granary*, disse que "para causar um impacto, seja na ciência, poesia ou design, você precisa pensar fora da caixa. Ideias inesperadas. O tipo de epifania que vai além do confinamento tradicional de seu campo de atividade. Pessoas que podem produzi-las são raras, mas, quando encontram sua veia criativa, a verdadeira mágica acontece".

FUSÕES CRIATIVAS

De todas as técnicas criativas que você encontrará, a que considero mais poderosa é a capacidade de conectar duas ideias desconexas. Como os Medicis de anos passados, trata-se de reunir ideias, situações, talentos, desafios e soluções incomuns. Também aprecio a antiga sabedoria chinesa do yin e yang, as forças opostas que sempre buscam uma à outra e, quando se unem, formam algo belo e harmônico.

Em *A Escalada do Homem*, Jacob Bronowski afirma que "o gênio é uma pessoa que tem duas grandes ideias" e a capacidade de fazer com que elas se encaixem. Considere Ravi Shankar reunindo a música da Índia e da Europa, Paul Klee combinando as influências do cubismo e da arte primitiva, ou Salvador Dali combinando a perspectiva científica com a visualização aleatória.

Uma das maneiras mais fáceis de pensar mais criativamente nos negócios é aplicar as ideias existentes de fora do mercado. Veja o que está acontecendo em outros setores, em outros países, em outras empresas e explore criativamente como você pode aplicar isso em seu negócio. O bom dessas ideias é que elas já foram testadas, podem ser produzidas e as pessoas as compram, embora em um contexto diferente. O desafio, portanto, é encontrar os "paralelos" pertinentes e aplicar as lições de maneiras novas e relevantes.

As perguntas mais simples, mas mais provocativas, são aquelas do tipo "Como poderíamos criar o iPhone de nosso setor?", que incentiva as pessoas a pensarem em todo o modelo de negócios pelo qual dispositivos, conteúdo, distribuidores e clientes trabalham juntos e geram dinheiro. Na realidade, pode-se chegar à ideia de digitalizar os produtos básicos em componentes, renegociar relacionamentos com fornecedores por conteúdo exclusivo e permitir que os clientes os selecionem e combinem, como faz o iTunes, ou ainda criar o que for mais agradável esteticamente.

A fusão também pode se referir a cruzamentos mais radicais. Embora já tenham passado muitos anos desde que estudei física de partículas, ainda uso algumas das ideias mais simples em meus projetos de inovação com clientes. Compreender as estruturas atômicas é um modelo para pensar de forma diferente no modo como os produtos e serviços funcionam juntos. Aplicar as características da astrofísica me dá uma ferramenta de categorização para gerenciar portfólios. Ou posso aplicar meu amor por correr. Imagine aplicar a disciplina do atletismo à indústria do entretenimento, para criar mais drama em jogos e shows, tentar replicar a descoberta da sola Air da Nike em novos tipos de garrafas para cerveja gelada.

As pessoas mais criativas na empresa não têm esse talento desde que nasceram, mas o obtiveram mediante diferentes experiências. Às vezes as chamamos de pessoas ecléticas, que trazem consigo visões e experiências de áreas completamente diferentes. O músico que trabalha na equipe de design pode parecer esquisito, mas pode ser a fonte de maior criatividade. O astrofísico em sua oficina de criatividade pode parecer que está com a cabeça nas nuvens, mas provavelmente é capaz de alguns dos melhores pensamentos cruzados e das ideias mais diferentes.

INSPIRADO PELA NATUREZA

O Mercedes-Benz Vision AVTR foi lançado no 2020 Consumer Electronics Show como um conceito futurista de mobilidade. Sua aparência radical, como um líquido translúcido borrando o ambiente, foi descrita como "uma nova interação entre o ser humano, a máquina e a natureza" ao fundir o exterior, o interior e a experiência do usuário. Sua tração nas quatro rodas, permitindo que cada uma funcione independentemente, permite um movimento semelhante ao de um caranguejo, inclusive lateralmente, movido por células de combustível orgânico à base de grafeno, eliminando todos os metais e impactos de carbono.

James Cameron, o diretor de *Avatar*, o filme que explora como os humanos coexistiriam ao lado de outras formas de vida naturais e mistas, disse: "Quando olho para este belo carro, vejo a manifestação física da velocidade de uma ideia emocional, espiritual".

A biomimética é a imitação de animais e plantas, os modelos e os sistemas da natureza, para inspirar novas formas de resolver problemas humanos complexos.

Um dos primeiros exemplos foi o estudo dos pássaros para permitir o voo humano. Embora nunca tenha conseguido criar uma "máquina voadora", Leonardo da Vinci, que estudou anatomia, era fascinado pelo voo dos pássaros, inspirando seus projetos para o voo mecânico. Séculos depois, os irmãos Wright tiveram sucesso no voo humano, aparentemente inspirados por pombos-correios.

Otto Schmitt desenvolveu o conceito de "biomimética" na década de 1950, estudando os nervos das lulas para criar um dispositivo que reproduzisse o sistema biológico de propagação nervosa. Uma década depois, Jack Steele cunhou o termo "biônica" como "a ciência dos sistemas que têm algumas funções copiadas da natureza".

Seguem alguns exemplos de inovações no mundo de hoje inspiradas pela natureza:

- **Trem-bala** inspirado pelo martim-pescador: o trem mais rápido do mundo com um cone no nariz que imita o bico longo do pássaro, reduzindo o ruído e aumentando a velocidade.

- **Sapatos de escalada Gecko** inspirados na lagartixa: imitam os minúsculos pelos nos pés de uma lagartixa, que permitem que ela suba na superfície vertical, criando uma força adesiva.

- **Mochilas Cylus** inspiradas nos tatus: a estrutura rígida, porém flexível, inspira-se no mamífero escamado usando uma série de tubos internos de borracha reciclada.

- **Sapatos Mariek Ratsma** inspirados em crânios de pássaros: copiam a estrutura óssea oca e excepcionalmente leve para criar sapatos fortes e leves.

- **Prótese Kau** inspirada em tentáculos: um braço substituto altamente flexível e controlável utilizando um movimento ondulante na ponta para agarrar objetos.

"Quando olhamos para o que é verdadeiramente sustentável, o único modelo real que funcionou por longos períodos de tempo é o mundo natural", diz James Cameron.

INSPIRADO POR MERCADOS PARALELOS

O carro de Fórmula 1 da Mercedes de Lewis Hamilton tem um volante mais parecido com um console de videogame.

Pode parecer um controle do Xbox com esteroides, mas é projetado assim por um motivo: todos os controles críticos precisam estar ao alcance dos polegares de Hamilton para que ele não precise mover as mãos das alças personalizadas enquanto faz uma curva. Aqueles na parte inferior do volante são para quando ele está em uma reta. Porém, não é apenas o layout; os materiais são feitos o mais leves e finos possível, ajudando a reduzir o peso geral do carro.

Fabricar o volante custa cerca de US$ 50.000.

Em um tema semelhante, o Mc Donald's reformulou seu conceito de drive-thru com a ajuda de equipes de automobilismo de F1 que projetam os ambientes e processos de pit stop para velocidade total. Cada centésimo de segundo durante a troca de pneus e reabastecimento pode fazer a diferença entre ganhar e perder uma corrida. O Mc Donald's até leva sua equipe de serviço de drive-thru para assistir a eventos da F1 ao vivo para que possam testemunhar o espetáculo da equipe de pit stop.

Aprender diretamente com outros mercados — varejo com transporte, finanças com saúde, moda com entretenimento — tem a vantagem de que muitas ideias já mostraram que funcionam em outros ambientes e são conhecidas pelos consumidores. Embora possam ser uma inovação radical em seu próprio setor de atividade, você pode adotá-las com mais confiança e velocidade.

Aqui estão alguns exemplos de inovações inspiradas em outros setores:

- **Restaurantes Yo! Sushi** inspirados em sistemas de bagagem: os sinuosos sistemas do aeroporto foram a inspiração para a entrega de refeições em um carrossel sobre a mesa.

- **Aspiradores de pó Dyson** inspirados em serrarias: Dyson se inspirou em uma serraria para seu sistema de ciclone de coleta de poeira sem a necessidade de um saco.

- **Carrinhos de bebê McLaren** inspirados em rodas de aviões: o trem de pouso hidráulico de uma aeronave foi a inspiração para o mecanismo dobrável.

- **Lâmpadas Philips** inspiradas em telefones celulares: os modelos de pagamento "pague conforme o uso" inspiraram a Philips a oferecer lâmpadas LED cobrando apenas quando usadas.

- **Ferramentas elétricas Hilti** inspiradas no leasing de automóveis: o fabricante se inspirou no modelo de leasing de automóveis para oferecer ferramentas, serviços e reparos por uma mensalidade.

Os mercados "paralelos" são geralmente contextos que têm alguma semelhança com o seu — talvez lidando com longas filas ou precisando personalizar o serviço — em que você precisa de uma solução nova. Pode até ser de seu próprio setor, mas com uma solução encontrada em diferentes geografias ou diferentes partes do mercado. Não há nada de errado em "copiar" uma ideia, desde que não o faça de maneira ilegal, embora isso possa exigir algumas adaptações antes de aplicá-la.

> **CÓDIGO 26: DESENVOLVA NOVOS MODELOS DE NEGÓCIOS**
> ENQUANTO OS PRODUTOS E SERVIÇOS SÃO RAPIDAMENTE COPIADOS, OS MODELOS DE NEGÓCIOS SÃO MUITO MAIS DIFÍCEIS DE IMITAR, DESDE PLATAFORMAS E INTERCÂMBIOS ATÉ ASSINATURAS E DISTRIBUIÇÃO GRATUITA.

A inovação no modelo de negócios é o segredo arquitetônico por trás de muitas das startups mais inovadoras da última década.

Em 1959, a Xerox criou máquinas copiadoras inovadoras, mas eram muito caras para muitas empresas comprarem. Seu avanço não foi a máquina, mas a forma como as pessoas pagavam por ela — alugando o produto e depois pagando por cópia pelo uso, com o preço caindo com o tempo.

A Gilette inovou de forma semelhante seu modelo de negócios, vendendo barbeadores de baixo custo para regularmente encaixar lâminas de barbear de alto custo. Passados 50 anos, a Nespresso adotou o mesmo modelo.

Como você pode atingir novos públicos mudando o modelo de pagamento, acrescentando novos serviços, usando seus recursos de maneiras diferentes, talvez licenciando a fabricação para parceiros ou as vendas para franquias?

A inovação do modelo de negócios pode reconfigurar a arquitetura de seu negócio, transformar sua proposição e aumentar enormemente o seu desempenho. As empresas de tecnologia, em especial, do Airbnb à Boeing, da Coursera à Deliveroo, têm prosperado pensando para além do produto e fundamentalmente reinventando a forma como fazem negócios.

INOVANDO O NEGÓCIO COMO UM TODO

Em *Dez Tipos de Inovação*, Larry Keeley define os tipos mais importantes de inovação encontrados em qualquer empresa. Muitas organizações não inovam apenas em uma área, mas combinam muitos dos tipos.

- **Modelo de lucro:** como você ganha dinheiro (por exemplo, Fortnite).
- **Rede de contato:** como você se conecta com outras pessoas para gerar valor (por exemplo, Huawei).
- **Estrutura:** como organizar e alinhar seus talentos e recursos (por exemplo, Netflix).
- **Processo:** como utilizar assinaturas ou métodos superiores para fazer seu trabalho (por exemplo, Inditex).
- **Produto:** como desenvolver características e funcionalidades diferenciadas (por exemplo, Corning).
- **Sistema de produto:** como criar produtos e serviços complementares (por exemplo, Apple).
- **Serviço:** como apoiar e amplificar o valor de suas ofertas (por exemplo, Zappos).
- **Canal:** como entregar suas ofertas para clientes e usuários (por exemplo, 3DHubs).

- **Marca:** como representar suas ofertas e negócios (por exemplo, Burberry).
- **Experiência do cliente:** como promover interações atraentes (por exemplo, Peloton).

Quais são as mais importantes? Keeley analisou as atividades de inovação de mais de 1.000 grandes empresas durante um período de dez anos. Ele constatou, talvez sem surpreender, que quase 90% de todo o tempo e recursos foram dedicados à inovação de produtos. Entretanto, quando avaliou o impacto nos negócios, medido pelo valor econômico, descobriu que as inovações que mais fizeram a diferença foram a rede, depois o modelo de lucro e, por fim, o engajamento do cliente.

Perdemos muito tempo e recursos focados em inovações de produtos que oferecem soluções que são amplamente incrementais, rapidamente copiadas e com pouco retorno financeiro. Gastamos muito pouco no que faz a diferença, inovando a forma como o negócio funciona.

DEFININDO O MODELO DE NEGÓCIOS

Os modelos de negócios explicam como as organizações funcionam — como geram valor aos clientes e, ao fazê-lo, como geram valor para todos os outros stakeholders. Eles podem mapear o negócio atual ou explorar opções para o futuro.

A abordagem se origina do mapeamento de "redes de valor" na década de 1990, compreendendo os sistemas, em toda a empresa e parceiros, por meio dos quais o valor (financeiro e não financeiro) é criado e trocado — por quem, como e para quem. Lembro-me de ter trabalhado com Pugh Roberts para criar um modelo dinâmico de vários milhões de dólares para a Mastercard, que mostrava que a variação de qualquer um dos fatores — como taxas de juros ou marca — afetava todo o resto. E, assim, ser capaz de testar novas ideias e otimizar o modelo.

Os modelos de negócios representam o sistema dinâmico pelo qual uma empresa gera e captura valor, e determinam como isso pode ser alterado ou otimizado. Eles são uma configuração dos blocos de construção dos negócios e sua reconfiguração criativa pode ser uma inovação importante.

Os modelos de negócios tornaram-se fundamentais para a estratégia dos negócios, sendo movida por eles, mas também direcionando o conteúdo. O modelo diamante (Strategy Diamond) de Hambrick e Fredrickson tem tudo a ver com o alinhamento da organização, alcançando uma lógica econômica entre as escolhas estratégicas. Ajuda a alinhar o negócio, ajustando as estratégias interna e externamente, usando a proposição como ponto de apoio e a lucratividade como medida de sucesso.

Os modelos de negócios podem, com frequência, parecer muito mecânicos, sem emoção e fáceis de imitar. Em 2001, Patrick Staehler, buscando explicar a nova geração de empresas digitais, criou um "mapa" do modelo de negócios movido pela proposição de valor, possibilitado pela arquitetura de valor, gerando valor econômico e mantido por valores culturais. O último ponto aqui é mais interessante, pois captura a personalidade distintiva da empresa, seus estilos de liderança e formas de fazer negócios. Isso é muito mais difícil de copiar, além de sustentar os outros aspectos.

INOVANDO O MODELO DE NEGÓCIOS

Novos modelos de negócios são a forma mais eficaz de transformar as organizações, de inovar o processo inteiro pelo qual a empresa funciona. Inspirados por uma nova geração de empresas — Airbnb, Uber, Dollar Shave Club e Netflix —, vemos modelos de negócios radicalmente novos em todos os mercados, especialmente impulsionados por ecossistemas colaborativos, mecanismos de dados, efeitos de rede e novos modelos de pagamento.

O Airbnb ganha dinheiro ajudando você a ganhar dinheiro com o seu quarto vago, conectando o anfitrião e o hóspede e, em seguida, cobrando uma pequena taxa de cada um. A Nespresso faz um excelente café, vendendo máquinas com desconto e, depois, fazendo com que você se inscreva em um fluxo de receita direta duradouro e incrivelmente lucrativo de cápsulas de café.

E se sua empresa começasse a fazer leasing em vez de vender, fazendo parte da economia compartilhada? E se você facilitasse um intercâmbio entre compradores e vendedores e recebesse uma parte? Que tal mudar para um modelo de assinatura, ou um modelo freemium, ou um modelo de intermediação, ou um modelo de publicidade?

Costumávamos pensar que uma empresa simplesmente fabricava coisas e as vendia. Agora é muito mais complicado. Ou melhor, existem muitas outras maneiras inovadoras de alcançar o sucesso. Algumas existem desde sempre, como franquia e licenciamento, luxo ou desconto, modelos familiares ou sem fins lucrativos, permuta ou pagamento pelo uso, enquanto outras foram possibilitadas por meio de plataformas digitais.

Há uma quantidade infinita de possíveis modelos de negócios que você pode desenvolver de forma criativa; no entanto, alguns dos formatos mais comuns, aplicáveis a quase todos os tipos de negócios, são os seguintes:

- **Modelos baseados em publicidade.** Os serviços são gratuitos para os usuários, enquanto os anunciantes pagam para se envolver com o público atraído; por exemplo, Google, Facebook.
- **Modelos barbeador e lâminas de barbear.** O item facilitador, como um barbeador, é vendido mais barato, enquanto os acessórios, como as lâminas, são mais caros; por exemplo, HP, Nespresso.
- **Modelos de valor agregado.** O item facilitador, como um iPad, é vendido com um preço premium, enquanto os acessórios, como os aplicativos, são vendidos a baixo custo; por exemplo, Apple.
- **Modelos um por um.** A empresa doa um produto para uma instituição de caridade, ou pessoa necessitada, para cada produto vendido; por exemplo, Toms, Warby Parker.
- **Modelos de fluxo de caixa.** Volumes elevados são gerados com margens baixas, pagamentos recebidos rapidamente dos clientes, pagamentos mais lentos aos fornecedores; por exemplo, Amazon, Dell.

- **Modelos baseados em plataforma.** Estes reúnem compradores e fornecedores, normalmente cobrando de ambos para se conectar e transacionar; por exemplo, Airbnb, Uber.

- **Modelos baseados em assinatura.** Estes cobram uma taxa mensal, por exemplo, para o uso ilimitado de um produto ou serviço; por exemplo, Netflix, Zipcar.

- **Modelos freemium.** Estes incentivam o teste ou um nível básico de uso gratuito, mas cobram por opções adicionais ou premium; por exemplo, Spotify, Fortnite.

- **Modelos de venda direta ao consumidor.** Produtos que no passado seriam vendidos por meio de intermediários, hoje, são vendidos diretamente; por exemplo, Allbirds, Casper.

O "Modelo de Negócios Canvas", de Alex Osterwalder, surgiu como o modelo mais comum para mapear um modelo de negócios. Ele popularizou tanto a abordagem que sua grande tela (canvas) agora aparece em workshops em todo o mundo, sempre com uma série de notas adesivas multicoloridas enquanto as equipes discutem a melhor combinação de soluções para cada bloco. Embora o canvas não tenha a sofisticação da análise de geração de valor e da modelagem dinâmica, ele testa as hipóteses em cada aspecto e como trabalhariam juntas e, nesse sentido, funciona como um modelo de pensamento.

Os modelos de negócios se tornaram uma ferramenta prática para repensar toda a empresa, ver as conexões e, então, inovar o negócio. Na verdade, oferecem uma excelente plataforma para facilitar o pensamento de novas estratégias e inovações.

CÓDIGO 27: EXPERIMENTE COM VELOCIDADE E AGILIDADE
INSIGHT E IMAGINAÇÃO; EXPERIMENTE E EVOLUA; GANHOS MARGINAIS; GRANDES APOSTAS; VELOCIDADE E ESCALA. ESSES MANTRAS EMPREENDEDORES SUBSTITUEM OS ANTIGOS PROCESSOS LINEARES.

Halo Top foi fundada pelo ex-advogado Justin Woolverton em 2011 e em cinco anos se tornou o sorvete mais vendido da América do Norte, gerando receitas de US$ 350 milhões.

As origens da marca estão nos experimentos noturnos de Woolverton na cozinha, em busca de indulgência sem culpa na manhã seguinte. Seus experimentos geralmente envolviam juntar alimentos saudáveis aleatoriamente. Laticínios, frutas, sucos e até vegetais. Ele tentou muitas misturas diferentes, e acabou optando por uma receita tão boa que acreditou que poderia vender. Procurou uma cozinha local com batedeira industrial e desenvolveu ainda mais as receitas, testando-as com amigos. Mais mudanças. Mais testes. No final, ele estava pronto.

O Halo Top se destaca por seus potes estampados com a contagem de calorias, normalmente algo que os concorrentes tentam esconder: 280 calorias por meio litro de sorvete de sabor fabuloso provaram ser irresistíveis para muitos. Em seis meses, sua marca estava chegando às lojas de Los Angeles, inteiramente financiada por dívidas de seu próprio cartão de crédito. Logo, varejistas como a Whole Foods se juntaram à festa e, em três anos, tinha mais de 20 sabores, vendendo 30 milhões de potes em 34.000 lojas. Woolverton, não mais trabalhando na área do direito, continuou os experimentos na cozinha, evoluindo a receita à medida que aprendia o que funcionava, triplicando sua receita nos dois anos seguintes e, em seguida, vendendo o negócio, supostamente por mais de US$ 2 bilhões em 2019.

EXPERIMENTOS RÁPIDOS

Como físico, aprendi a ser criativo. Embora a mecânica quântica e a física de partículas possam parecer atividades lógicas e matemáticas, o cerne do progresso científico é a capacidade de imaginar, de criar uma hipótese, que então você pode testar e validar. Einstein era um péssimo matemático, passando os dias caminhando nas montanhas suíças imaginando novas conexões em sua mente — tempo e distância, energia e massa —, mas depois contou com a esposa, formada em matemática, para desenvolver as ideias em números e fórmulas.

A imaginação nos permite dar um salto à frente. Do mesmo modo, toda inovação começa com uma hipótese — geralmente na forma de um insight e, em seguida, uma ideia — talvez moldada pela compreensão mais profunda dos clientes e aplicando o design thinking.

O conceito de "desenvolvimento enxuto" começou com os empreendedores do Vale do Silício Steve Blank e Eric Ries em 2000, e foi apresentado no livro de Ries, *A Startup Enxuta*, que transformou amplamente a inovação não apenas para empreendedores, mas também para grandes empresas. A GE, por exemplo, pegou esse processo e criou uma estrutura organizacional chamada Fast Works, para inovação rápida e ágil.

Blank escreveu um artigo, "Why the Lean Start-up Changes Everything" ("Por que a Startup Enxuta Muda Tudo", em tradução livre), dizendo que "está virando de cabeça para baixo a sabedoria convencional sobre o empreendedorismo. Novos empreendimentos de todos os tipos estão tentando melhorar suas chances de sucesso seguindo esses princípios de fracassar rápido e aprender continuamente. E apesar do nome da metodologia, em longo prazo alguns de seus maiores retornos podem ser obtidos pelas **grandes** empresas que adotam o conceito".

A ideia é iterar soluções rapidamente, com a crença de que é melhor começar com uma solução imperfeita e depois melhorá-la do que gastar muito tempo aperfeiçoando a solução errada. Isso é alcançado ao se obter uma ideia inicial rapidamente, um protótipo se você preferir, conhecido como "produto mínimo viável" (MVP), e depois aprender com os clientes como melhorá-lo. Isso cria um ciclo "construir, medir, aprender" que itera ao longo do tempo.

Em tecnologia, muitas vezes isso é conhecido como uma abordagem "ágil". Muitos desenvolvedores se reuniram para definir como a abordagem é diferente em seu *Manifesto para o Desenvolvimento Ágil de Software*, que diz que a abordagem ágil alcança:

- Indivíduos e interações mais do que processos e ferramentas.
- Software funcional mais do que documentação abrangente.
- Colaboração com o cliente mais do que negociação contratual.
- Responder à mudança mais do que seguir um plano.

Muitos inovadores consideram o plano de negócios como seu "inimigo", no sentido de que assume rigidamente uma solução e seu provável impacto, antes mesmo de qualquer experimentação ter começado. Do mesmo modo, técnicas como Kaizen e Seis Sigma muitas vezes estão em desacordo com a abordagem rápida e fluida de hoje, no sentido de que buscam a eficiência por meio de documentação, padronização e otimização. Um eco da "mentalidade fixa" em um mundo de "mentalidade de crescimento".

AUMENTE A ESCALA E MULTIPLIQUE

"Começar é fácil, aumentar a escala é mais difícil", é um refrão comum, visto que as pequenas empresas têm dificuldade em ir além dos públicos, recursos e aplicações iniciais. O mesmo se aplica a produtos lançados por grandes empresas que querem passar de um nicho para o mercado principal.

"Blitzcaling" ("Expansão Relâmpago", em tradução livre) é uma técnica para desencadear e gerenciar "crescimento vertiginoso", conforme defendido pelo fundador do LinkedIn, Reid Hoffman. Ele prioriza a velocidade à eficiência em um ambiente de incerteza e permite que uma empresa mude de "startup" para "empresa de alto crescimento" a um ritmo furioso, que procura capturar a imaginação do mercado, com base no boca a boca e no comportamento de grupo.

Eu ouvi o termo pela primeira vez ao discutir estratégias de crescimento inovadoras com Richard Branson. Em mercados baseados no consumidor, argumentava ele, principalmente os de tecnologia, em que novas ideias podem se espalhar rapidamente, é melhor expandir com rapidez, mesmo se inicialmente de forma não lucrativa, para se tornar o padrão de fato ou, pelo menos, a marca definitiva do setor.

Algumas empresas crescem com uma rapidez incrível. No auge, o PayPal crescia 10% ao dia. Isso significa que, por um tempo, a cada semana o

PayPal dobrava a sua base de usuários. Após um mês desse crescimento, sua base de clientes aumentou por um fator de 16.

Hoffman define quatro fatores que permitem que as empresas cresçam na velocidade da luz:

- **Efeitos de rede.** As melhores redes ficam mais atraentes para outras a cada participante adicional, por causa das conexões multiplicadas.
- **Mercado disponível.** As startups crescem em um nicho, mas depois precisam alcançar públicos adicionais à medida que "cruzam o abismo" para encontrar um mercado maior.
- **Canais rápidos.** Seus parceiros de distribuição ou plataforma precisam conseguir lidar com a rápida expansão, mais facilmente online.
- **Boas margens.** Isso permite que você invista em incentivos de vendas, incluindo descontos, mas que ainda tenha lucro suficiente para manter o investimento no crescimento.

Os efeitos exponenciais tornam-se especialmente importantes neste momento, não apenas para crescer por meio de redes de consumidores, possibilitadas pelas mídias sociais, redes de parceiros e boca a boca, mas também na capacidade de ampliar a escala de seu modelo de negócios. *Organizações Exponenciais*, de Salim Ismail, é um guia particularmente útil para isso. Seguem alguns exemplos de maneiras de ampliar a escala de seu negócio:

- **Equipe ágil:** ter uma base flexível de funcionários, tratada com responsabilidade, permite que você acrescente pessoas rapidamente sob demanda, para tarefas específicas, em apoio a vendas e entrega.

- **Cultura rápida:** construir uma cultura autônoma que permita a distribuição rápida de trabalho, em que as pessoas tenham autonomia para tomar decisões localmente.

- **Parceiros rápidos:** concentrar-se em um pequeno número de recursos e atividades essenciais e depois trabalhar com parceiros terceirizados para fornecer ou realizar todo o resto.

- **Insights rápidos:** usar dados e algoritmos para identificar padrões nos novos comportamentos e aprender rapidamente em quê se concentrar e como adaptar proposições de valor e preço.

A mudança de startup para empresa de alto crescimento é quando uma pequena empresa começa a precisar de mais estrutura e abordagens culturais, estratégicas, operacionais, financeiras e de liderança diferentes. Steve Jobs comparava o trabalho em uma startup com o de "ser um pirata" e o trabalho em uma empresa de alto crescimento com o de "ingressar na Marinha". Hoffman descreve as fases da seguinte forma:

- **Estágio familiar;** por exemplo, de um a nove funcionários: o CEO é geralmente um especialista em produtos, conduz pessoalmente o crescimento e está envolvido em quase todas as decisões.

- **Estágio de tribo;** por exemplo, dezenas de funcionários: o CEO começa a delegar, contratar funcionários importantes e gerenciar as pessoas que promovem o crescimento.

- **Estágio de aldeia;** por exemplo, centenas de funcionários: o CEO se concentra na criação de uma cultura voltada para o crescimento e desenvolver as habilidades de liderança da equipe executiva.
- **Estágio de cidade;** milhares de funcionários: o CEO passa para uma posição de alto nível que se concentra na direção e coordenação da organização através de equipes.

Os desafios envolvidos em começar um negócio, encontrar uma proposição ao cliente e um modelo de negócios bem-sucedido, e depois ampliá-lo, pode levar tempo, mas também muita energia e perseverança. Poucos líderes têm a aptidão ou resiliência para tais jornadas. Jeff Bezos, da Amazon, tem um antídoto: chama-se "Dia 1".

"É SEMPRE DIA 1"

A Amazon é uma inovadora incansável, ajudada em parte por ser de capital fechado, que a protege dos desvios das demandas de curto prazo de relatórios públicos e investidores ativistas. A inovação também é impulsionada pelo desejo inabalável de Jeff Bezos e sua equipe de fazer mais e melhor pelos clientes.

Bezos diz que normalmente são necessárias 50 grandes ideias para lançar cada novo negócio de sucesso. Portanto, é importante eliminar ativamente as ideias menos prováveis para concentrar os recursos nas melhores.

A abordagem "rápida e ágil" da Amazon usa muitos dos princípios que analisamos, mas também algumas técnicas inovadoras; por exemplo:

- **Equipes pizza:** mantenha as equipes pequenas para que sejam íntimas, rápidas e eficientes; nunca tenha equipes que pelo tamanho exijam o pedido de duas pizzas.
- **Aceite o fracasso:** nem tudo funciona e a Amazon tem o mantra de "pense grande, teste pequeno, fracasse rápido e aprenda sempre", mesmo para projetos como o Amazon Fire.
- **Relações públicas e perguntas frequentes:** no início de qualquer projeto, as equipes imaginam possíveis comunicados à imprensa e perguntas frequentes para um novo conceito, para testar sua lógica e foco no cliente.

Todos os anos, Bezos escreve uma carta para seus acionistas. Ele fala sobre as últimas aventuras, inovações e desempenho da Amazon, e ainda oferece insights e ideias para que todas as empresas possam aprender com suas experiências. Porém, um tema ao qual ele volta todos os anos é a ideia de "Dia 1".

Caso vá à sede da Amazon em Seattle, você encontrará um prédio chamado "Dia 1", onde está localizado o escritório de Bezos. Quando muda de edifício, ele leva consigo o nome. Do lado de fora há uma placa que diz: "Há tantas coisas que ainda não foram inventadas. Há tantas coisas novas que vão acontecer".

"Dia 1" é quando tudo parece possível. Os sonhos não têm limites. A confiança e a energia estão altas, assim como a expectativa e o otimismo. Nenhum obstáculo pode entrar em seu caminho. Mas então a complexidade começa a se infiltrar. Sua caixa de entrada fica cheia, sua agenda fica entupida de reuniões, mais pessoas trazem mais complexidade e a organização fica mais lenta, mais rígida, mais avessa ao risco.

Recentemente, em uma reunião de equipe, Bezos foi questionado como seria o Dia 2. Sua resposta foi instantânea: "O Dia 2 é a estagnação. Seguido de irrelevância. Seguido por declínio doloroso e excruciante. Seguido de morte. Por isso que é sempre Dia 1".

CÓDIGO 28: SONHE LOUCURAS
EM UM MUNDO TECNOLÓGICO, É NOSSA CRIATIVIDADE — IDEIAS AUDACIOSAS, CONTRAINTUITIVAS, BELOS DESIGNS E NOVAS FUSÕES — QUE INSPIRA AMOR, DESEJO E PROGRESSO.

As ideias não são inovações em si mesmas, mas as inovações precisam de grandes ideias — grandes estruturas para pensar, explorar novas possibilidades e desenvolver mais ideias.

O propósito dá às organizações uma estrutura maior para a inovação, para inovar conforme o "porquê" de elas existirem, em vez de serem limitadas por "o quê" fazem. Os limites também são úteis. As restrições servem de motivação à intensidade criativa, sejam limites de tempo, como a semana de design thinking da IDEO, ou limites como a necessidade de atender a demandas específicas do cliente ou reduzir impactos ambientais específicos.

Talvez a mais útil e uma das técnicas mais simples com que já me deparei para ampliar as possibilidades venha da Alphabet. Em um mundo em que a maioria das empresas ficaria muito feliz com um crescimento de 5 a 10%, a Alphabet pergunta — como vimos no Código 2 — "Por que 10% melhor quando você poderia ser 10 vezes melhor?".

A FÁBRICA DE PROJETOS IMPOSSÍVEIS

Dez anos atrás, Astro Teller foi convidado pelos fundadores do Google, Larry Page e Sergey Brin, para construir uma "fábrica de projetos impossíveis". Eles a chamaram de "Google X" e, no fim, simplesmente "X", como parte da Alphabet.

Astro (seu nome verdadeiro é Eric, mas seus amigos achavam que seu cabelo espetado lembrava o gramado artificial astroturf) nasceu em Cambridge, Inglaterra, e cresceu nos arredores de Chicago, Illinois. Ele tinha um ótimo pedigree: dentre seus avós, o economista e matemático francês Gérard Debreu e o físico teórico americano nascido na Hungria, Edward Teller.

Teller seguiu um caminho semelhante, estudando ciência da computação em Stanford e depois obtendo um PhD em IA. Ele escreveu um romance, *Exegesis*, quando tinha 27 anos, sobre um programa de IA que desenvolve a consciência e começa a se corresponder com seu criador. No início da carreira, fundou a BodyMedia, fabricante de dispositivos portáteis que medem o sono, a transpiração e as calorias queimadas.

Na X ficou conhecido como "Capitão dos Projetos Impossíveis", líder das ideias malucas.

Em 2010 pediram para ele criar "algo muito além de um laboratório de inovação". As ideias eram inicialmente confusas, mas X sabia que queria criar uma organização que pudesse inventar e lançar tecnologias inovadoras que tornariam o mundo um lugar radicalmente melhor.

Também perceberam que X poderia desempenhar um papel importante no desenvolvimento futuro do Google, indo além de seu negócio principal e vencendo o que muitos chamam de dilema do inovador, o de criar o negócio futuro enquanto ainda está focado no atual.

10x MELHOR, NÃO APENAS 10%

Teller começou a criar uma organização de pessoas diversificadas e criativas e incentivava o pensamento estranho e radical. Ele diz que "a humanidade está optando por manter muito de seu potencial fora da agenda, subempregado e subutilizado. Muitas pessoas vão trabalhar em empregos que não são concebidos para serem gratificantes, e muitos mais não têm nem a chance de contribuir de alguma forma".

O mantra "10x, não 10%" surgiu como um símbolo de ambição, para ampliar o pensamento das pessoas. Questionado por mim como funciona, Teller me pediu para imaginar duas equipes de pessoas buscando melhorar o consumo de combustível de um carro. Se assumirmos que atualmente seja de 21 km/litro, uma equipe buscaria melhorar em 10% para 23 km/litro, o que representaria um progresso razoavelmente normal. A outra equipe teria um objetivo de 10x, buscando uma solução que chegasse a 210 km/litro. Essa equipe teria que pensar de forma mais radical, mudar a perspectiva, resolver o problema de uma nova maneira. E mesmo se falhasse (aparentemente) alcançando, digamos, 84 km/litro, seria um verdadeiro progresso.

"A maioria das organizações é forçada a focar a própria lucratividade e os objetivos de curto prazo em detrimento de todo o resto, deixando o status quo intacto ou, na melhor das hipóteses, apenas tornando o mundo incrementalmente melhor. No entanto, os grandes problemas que enfrentamos neste século exigem a mais ampla gama de mentes, a imaginação mais ousada e compromissos enormes de tempo, recursos e atenção".

Teller espera que a X prove que o "bom para o mundo" pode ser financeiramente compensador, de modo que mais organizações se inspirem a funcionar de forma semelhante. Diz ele: "Percebi que nossa principal batalha cultural é contra o medo e a forte atração gravitacional em direção a formas convencionais de pensar e se comportar. Todos fomos condicionados por anos a não fracassar, a não ser vulneráveis e a minimizar o risco".

CRIANDO O FUTURO EM X

Quando começaram, Teller diz que a X queria se concentrar nos grandes problemas, geralmente desafios sociais e ambientais mais significativos, usando tecnologias inovadoras para resolver esses problemas de maneiras radicalmente novas.

Os projetos vão desde o carro autônomo do Google, que agora evoluiu para uma empresa em separado; a Waymo, que desenvolve software para carros sem motorista; a Glass, que são vidros baseados em RA para uso em ambientes industriais; a Loon, que traz acesso universal à internet por meio de balões voadores e que agora é uma empresa em separado; e a Dandelion, que vende energia geotérmica diretamente aos consumidores. E muitos mais sucessos e alguns fracassos.

Teller descreve sete grandes lições da X:

- **Não pense que você pode prever o futuro.** Poucas pessoas são melhores do que o acaso em saber quais ideias terão sucesso no longo prazo. Em vez disso, tente coisas audaciosas e decida rapidamente quando estiver errado. A maioria das ideias exige muitas iterações.

- **Adote uma visão de longo prazo.** Trabalhe em problemas difíceis com um horizonte de cinco a dez anos. Isso dá espaço para explorar, experimentar e aprender mais profundamente. Ter uma visão de longo prazo também permite que você pense nas implicações, não apenas nas aplicações.

- **Encontre espaço para os malucos.** Willy Wonka teve que construir uma fábrica de chocolate para abrigar os Oompa-Loompas porque tinham dificuldade para sobreviver no mundo real. A maioria dos inovadores e sonhadores é muito perturbadora para a maioria das organizações.

- **Sonhe como uma criança, teste como um adulto.** Seja otimista. As pessoas gostam de problemas ridiculamente difíceis e a possibilidade de soluções mágicas. Na verdade, uma meta de 10x às vezes pode ser mais fácil do que uma meta de 10%, porque você tem mais liberdade mental para explorar soluções.

- **Busque resultados extraordinários.** A maioria dos projetos X não tem metas quantificadas, mas a maioria das pessoas gosta de algum tipo de plano e medida. As equipes são solicitadas a conduzir muitos experimentos e voltar quando encontrarem algo que faça com que todos digam "caramba!".

- **Seja apaixonadamente imparcial.** Inventar o futuro requer a capacidade de abrir mão sem dó de ideias que não são boas o suficiente e avançar para projetos melhores. Algumas ideias poderiam mudar o mundo, mas se não forem comercialmente possíveis, siga em frente.

- **Crie equipes destemidas.** O inventor solitário tendo um momento eureca é um mito; a inovação vem de grandes equipes. Isso não significa inovação por comitê ou consenso. A X tem equipes incrivelmente diversificadas — cientistas e pianistas de concertos, físicos e artistas.

RESUMO: COMO VOCÊ RECODIFICARÁ SUA INOVAÇÃO?

5 perguntas para refletir:

- Encontre sua engenhosidade — o que tornaria suas inovações mais engenhosas?

- Mentalidade de designer — como você pode obter um insight mais profundo sobre a função e a forma?

- Agendas do cliente — quais são as mudanças significativas nas mentes de seus consumidores?

- Experimentos mais rápidos — como você poderia resolver problemas melhor e mais rápido juntos?
- Pensamento radicalmente inovador — quais são as metas "10x, não 10%" para o seu negócio?

5 líderes para se inspirar (mais em businessrecoded.com):

- James Watt, Brewdog — o cervejeiro punk da Escócia, financiando coletivamente (*crowdfunding*) suas inovações.
- Rene Renzepi, Noma — o melhor chef do mundo, em busca de ingredientes locais.
- Devi Shetty, Natayana Health — médico de Madre Teresa, cuidando dos pobres da Índia.
- Katrina Lake, Stitch Fix — reinventando as compras com um "conserto" mensal inteligente.
- Jensen Huang, Nvidea — o CEO mais bem-sucedido do mundo e o poder da IA.

5 livros para se aprofundar:

- *Libertando o Poder Criativo,* de Ken Robinson.
- *Criatividade S.A.,* de Ed Catmull.
- *Questions Are the Answer* (*As Perguntas São a Resposta*), de Hal Gregersen.
- *Change by Design* (*Mudança pelo Design*), de Tim Brown.
- *Dez Tipos de Inovação,* de Larry Keeley.

5 fontes para explorar mais:

- Strategyzer.
- Board of Innovation (Conselho de Inovação).
- Idea to Value (Ideias para Valorizar).
- Disruptor League (Liga dos Disruptores).
- The Lean Startup (A Startup Enxuta).

MUDANÇA 5
UBUNTU

Recodifique sua organização

COMO AS MELHORES EQUIPES PODEM REALIZAR MAIS EM CONJUNTO?

De hierarquias passivas a ecossistemas dinâmicos.

Ubuntu *vem das línguas xhosa e zulu, referindo-se às virtudes humanas essenciais, compaixão e humanidade. Era uma das palavras favoritas de Nelson Mandela, da África do Sul, que lembrava as pessoas do poder da união, como, juntas, elas podiam fazer mais.*

Considere a natureza mutável do trabalho e das organizações:

- As organizações nas quais os funcionários percebem um significado no trabalho são 21% mais lucrativas. No entanto, apenas 13% dos funcionários em todo o mundo se sentem engajados.

- O tamanho ideal das equipes é entre quatro e nove, com um número ótimo de 4,6 pessoas. Essas equipes trazem diversidade, mas também podem tomar decisões rápidas e fazem as coisas acontecerem.

- Aproximadamente 30% das colaborações úteis geralmente vêm de apenas 4% dos funcionários. As mulheres apresentam uma probabilidade 66% maior de iniciar a colaboração.

- As empresas nas quais as mulheres representam pelo menos 15% dos gerentes seniores têm uma lucratividade 50% maior do que aquelas com menos de 10%.

- As empresas no quartil superior em diversidade racial e étnica têm uma probabilidade 35% maior de apresentar retornos financeiros acima da média da indústria nacional.

- Os migrantes representam apenas 3,4% da população mundial, mas contribuem com cerca de 10% do PIB global; 51% dos CEOS de unicórnios de bilhões de dólares são migrantes.

- Dentre as pessoas da geração do milênio, 75% desejam trabalhar em casa ou em outro local onde se sintam mais produtivas.

- Das crianças ingressando na escola primária hoje, 65% acabarão trabalhando em carreiras que ainda não existem.

Como você trabalhará melhor?

> **CÓDIGO 29: FAÇA TRABALHO HUMANO E INSPIRADOR**
> HABILIDADES HUMANAS CRESCERÃO EM VALOR — RESOLUÇÃO DE PROBLEMAS COMPLEXOS E CRIATIVIDADE, INTELIGÊNCIA EMOCIONAL E CONSTRUÇÃO DE PARCERIAS. DEIXE AS MÁQUINAS FAZEREM AS TAREFAS SIMPLES E REPETITIVAS.

Quando se trata de supermercados, não há nada como o Trader Joe's, que acumulou um culto de seguidores em toda a América do Norte. Toda vez que entro em uma loja, meus olhos se iluminam com os interiores coloridos, avisos escritos à mão, histórias peculiares por trás dos alimentos, interesse genuíno da equipe, a maioria vestida em estilos estranhos e sua vontade de ajudar. Eu sempre saio com um sorriso.

Joe Coulombe era o Trader Joe original, e tendo começado nas lojas de conveniência Pronto Market em 1958, criou as próprias lojas. Joe fazia as coisas de maneira diferente e as lojas refletiam seu amor pela cultura de praia havaiana, com paredes decoradas com pranchas de cedro e funcionários vestidos com camisas havaianas legais. Mais importante ainda, ele começou a colocar alimentos inovadores, difíceis de encontrar e saborosos no nome "Trader Joe's".

O valor importava para Joe. E as especialidades premium e exóticas que ele reunia eram complementadas por suas variedades de marca própria e baixo preço, que combinavam qualidade e excentricidade. Em 1979, Joe vendeu sua marca para Theo Albrecht, mais conhecido por suas lojas de alimentos Aldi, de baixo preço, na Europa. Aldi e Joe acreditavam em manter as coisas simples. Sem descontos, cartões com pontos ou clube de associados. Com um alcance limitado, as lojas realizam um melhor negócio de suprimentos em troca de volumes maiores e respondem melhor às tendências de mercado.

A narração de histórias está por toda parte no Trader Joe's, desde avisos escritos à mão e sinalização rústica, até café e degustação grátis, anúncios de rádio e caixas tagarelas na saída. Enquanto a maioria dos concorrentes se concentra na automação e velocidade, essa loja é real e humana, valendo a pena vir só para relaxar. Mesmo que nunca visite uma loja, assine o Fearless Flyer online. Com histórias inusitadas e humor de desenho animado, receitas incomuns e produtos apresentados, é uma leitura intrigante.

ASCENSÃO DOS SUPER-HUMANOS

O mundo muitas vezes parece estar trabalhando contra a humanidade. Construímos muros na fronteira dos EUA, cercamos pessoas que tentam migrar para a Europa em busca de uma vida melhor, aplicamos políticas de vigilância profunda na China, preferimos ser uma ilha isolada a um continente conectado no Reino Unido, automatizamos nossas fábricas e locais de trabalho em busca de velocidade e eficiência, preferimos namorar online em vez de na realidade e conversar com amigos de mídia social em vez de em comunidades locais.

No trabalho, somos informados que as máquinas, de IA a robôs, afetarão pelo menos 30% das atividades atuais de pelo menos 70% das funções de trabalho. São as tarefas mais repetitivas que provavelmente serão automatizadas, robôs em linhas de produção, chatbox em vez de call centers. Empregos baseados no conhecimento, de contadores a advogados, controladores de tráfego aéreo a analistas de investimento serão alguns dos mais prejudicados.

Quando Elon Musk declarou que "no futuro os robôs serão capazes de fazer tudo melhor do que nós, todos nós", poucos especialistas discordaram. No entanto, mais recentemente, ele compartilhou uma visão mais ponderada, dizendo que "a automação não é o futuro, o aumento da capacidade humana (*human augmentation*), sim".

O aumento da capacidade humana pode ser um impulsionador-chave do trabalho futuro, melhorando o que podemos fazer:

- **Humanidade atendida:** a interface entre pessoas e máquinas está evoluindo rapidamente do teclado para a voz, olhos e cérebros. Assistentes digitais como Alexa e Siri já são comuns em nossos telefones e em nossas casas, e cada vez mais nos acompanharão por lojas autônomas. Todos no trabalho terão seu próprio assistente.

- **Humanidade inteligente:** conforme as interfaces mudam, as máquinas aprendem mais sobre nossos processos de pensamento e comportamentos, usando algoritmos para prever o que precisamos e aprimorar nosso conhecimento. Elas nos ajudarão a resolver problemas complexos, considerar mais opções e riscos e tomar decisões mais inteligentes.

- **Humanidade conectada:** o trabalho colaborativo fica mais fácil e contínuo, quer estejamos juntos ou separados; distribuindo o trabalho em casa ou ao redor do mundo; não há mais impedimento para trabalhar em conjunto, pois o conhecimento flui perfeitamente e as tarefas individuais são integradas de forma inteligente.

Ferramentas de realidade virtual como o Google Glass aumentam a forma como trabalhamos; por exemplo, engenheiros sendo capazes de ler guias de instruções através das lentes de seus óculos, enquanto trabalham simultaneamente em máquinas, ou cirurgiões que podem operar enquanto recebem dados de diagnóstico em tempo real sobre os órgãos do paciente e estatísticas vitais.

Ao mesmo tempo, esse aumento da capacidade também pode ser físico. Em Odense, o Exploratorium de Atletismo da SDU, conheci engenheiros simulando o uso de exoesqueletos para ajudar os trabalhadores do estaleiro a transportar cargas que antes exigiriam guindastes; artesãos com ferramentas conectadas a seus corpos.

A tecnologia não nos substituirá, mas pode nos tornar "super-humanos".

O FUTURO DO TRABALHO

Em 2025, a maioria dos trabalhadores será de indivíduos freelance trabalhando em todo o mundo, independentemente de distância ou experiência. Eles aplicarão suas habilidades humanas, emocionais e criativas para resolver problemas cada vez mais complexos. Eles têm a fome de aprender ao longo da vida, a agilidade para continuar se adaptando e atualizando suas habilidades e a mente aberta para ver as coisas de forma diferente.

Ambientes de trabalho modernos e de alta tecnologia são aprimorados por um sentimento de comunidade com instalações e recursos compartilhados. Muitos dos trabalhadores nem mesmo são empregados pelas empresas; em vez disso, ficam mais felizes em permanecer como autônomos trabalhando em projetos que requerem contribuições especializadas. Novas ideias, novas habilidades, inovações e novas oportunidades giram em torno de atmosfera criativa, e novas parcerias frequentemente surgem da fusão. Este é o novo mundo do trabalho. Sem empregos para a vida toda. Poucas funções permanentes. Descrições de trabalho fluidas. Vários trabalhos ao mesmo tempo. E empresas trabalhando juntas.

Alguns dos empregos do futuro serão altamente técnicos, enquanto outros serão muito mais humanos. Ao explorar os empregos do futuro, Ben Pring da Cognizant analisa os 4 Es para considerar as habilidades necessárias:

- **Habilidades eternas:** algumas habilidades humanas existem desde o início. Não importa o quanto nossas tecnologias se tornem brilhantes, essas habilidades humanas, juntamente com muitas outras, terão valor por toda a eternidade.
- **Habilidades existentes:** a capacidade de vender sempre foi importante. Outras habilidades duradouras — ser empático, confiar, ajudar, imaginar, criar, se esforçar — sempre serão necessárias. Essas habilidades serão fundamentais para os empregos do futuro.
- **Habilidades emergentes:** novas habilidades para o futuro estão relacionadas com a complexidade, densidade e velocidade do trabalho. A habilidade de usar uma planilha Excel de 315 mb, ou de pilotar em um cockpit virtual de um drone. Isso aumentará nossa capacidade de utilizar novas máquinas.
- **Habilidades em erosão:** muitas habilidades que costumavam ser especiais agora são normais — gerenciar uma plataforma de mí-

dia social, preparar uma apresentação fantástica — enquanto outras são redundantes, como fotocópias, ou substituídas, como a entrada de dados.

No entanto, o Fórum Econômico Mundial sugere que mais empregos serão criados do que perdidos (133 milhões criados e 75 milhões perdidos) ao longo de cinco anos até 2025, pois vemos uma enorme evolução no ambiente de trabalho do que as pessoas fazem, e de como elas fazem. Os principais empregos emergentes incluirão:

- Analistas de dados e cientistas.
- Especialistas em IA e aprendizado de máquina.
- Desenvolvedores de software e aplicativos.
- Profissionais de vendas e marketing.
- Especialistas em transformações digitais.

Além de tecnologia, dados e IA, muitas outras funções também surgirão nos aspectos mais amplos da engenharia e do desenvolvimento sustentável. O número crescente de idosos gerará um boom no trabalho de cuidados — e muitas funções mais criativas surgirão pela contínua inovação — e atividades mais humanas, como esportes e entretenimento.

Surgirão empregos completamente novos em setores específicos, como:

- Desenvolvedores de carros voadores.
- Defensores de identidade virtual.

- Arquitetos do estilo tidewater.
- Designers de casas inteligentes.
- Assistentes de felicidade.

Análise feita pelo BCG em 2020 mostra que 95% dos trabalhadores com maior risco de perder o emprego poderiam encontrar trabalhos de boa qualidade e mais bem-remunerados se estiverem preparados para fazer a transição. Essa mudança também oferece a oportunidade de fechar a distância salarial, com 74% das mulheres e 53% dos homens provavelmente encontrando cargos com salários mais altos. Isso sugere que cerca de 70% dos afetados precisarão fazer uma mudança significativa de emprego, exigindo uma enorme revolução nas habilidades.

Ao mesmo tempo, não se trata apenas de readaptar as pessoas para novos empregos. O "princípio dandelion", adotado por organizações como a SAP, começa contratando ótimas pessoas com diversidade de experiências e habilidades para criar uma base mais rica de talentos. Em seguida, procura construir empregos em torno de pessoas, em vez de pessoas em torno de empregos, de uma forma mais simbiótica.

MAIS HUMANO, MAIS CRIATIVO, MAIS FEMININO

À medida que as máquinas adquirem nossas habilidades mais físicas, surge a oportunidade para as pessoas se libertarem do fardo das tarefas repetitivas e agregarem mais valor humano, criativo e emocional. A imaginação impulsionará o progresso, enquanto as máquinas mantêm a eficiência.

As habilidades humanas são importantes não apenas dentro do ambiente de trabalho, mas também no envolvimento com os consumidores. Em um mundo de interfaces automatizadas, as marcas se diferenciarão em sua capacidade de ser mais intuitivas, empáticas e atenciosas. As funções das pessoas — assistentes em lojas, enfermeiras em hospitais, professores em salas de aula — serão as de agregar valor com níveis de serviço premium.

As habilidades criativas não são necessárias apenas nas áreas de comunicação, marketing e inovação, mas também em repensar como as organizações podem funcionar melhor, como os modelos de negócios podem ser transformados e como as próprias máquinas podem ser mais bem utilizadas.

Geralmente, essas habilidades "mais suaves" são o que poderíamos chamar de atributos mais "femininos". Claro que isso é estereotipar os gêneros, mas certamente requer mais empatia do que apatia, intuição do que evidências, influência do que instrução, cuidado do que controle. Ao mesmo tempo, requer que os homens também adotem esses comportamentos e, em geral, abracem as desigualdades e a diversidade.

A pesquisa do BCG em 2020 sugere que as habilidades de pensamento analítico e crítico serão fundamentais para o futuro do trabalho, juntamente com mais inteligência emocional e influência social. As capacidades criativas e de aprendizagem serão as áreas de crescimento mais significativas para o desenvolvimento nos próximos anos. Eles identificaram essas prioridades como:

- Pensamento analítico e inovação.
- Aprendizagem ativa e estratégias de aprendizado.
- Criatividade, originalidade e iniciativa.
- Projeto e programação de tecnologia.
- Pensamento crítico e análise.
- Resolução de problemas complexos.
- Liderança e influência social.
- Inteligência emocional.
- Raciocínio, resolução de problemas e ideação.
- Análise e avaliação de sistemas.

As meta-habilidades, em vez das habilidades técnicas ou especializadas para as quais possamos ter treinado ou focado no passado, se tornarão mais importantes. Essas são as habilidades mais duradouras que nos permitem evoluir e nos adaptar a contínuas mudanças — entender o sentido, aprender a aprender, a lidar com a incerteza e com a mudança.

Às vezes, isso exigirá que desaprendamos primeiro, que abandonemos velhos pressupostos e preconceitos, e que abramos nossas mentes para novas possibilidades e perspectivas.

Em *The 100 Year Life* (*Os 100 Anos de Vida*, em tradução livre), Lynda Gratton reconhece que, conforme a expectativa de vida passa dos 100 anos, a maioria das pessoas trabalhará por mais tempo e fará a transição com mais frequência, com cerca de sete fases diferentes em nossas jornadas de carreira — não apenas novos empregos, mas vocações inteiramente novas.

> **CÓDIGO 30: FUNCIONE COMO UMA ORGANIZAÇÃO VIVA**
> NA NATUREZA, POUCOS SISTEMAS COMPLEXOS SÃO ORGANIZADOS POR MEIO DE HIERARQUIAS. PRECISAMOS DESENVOLVER EMPRESAS COMO ORGANIZAÇÕES VIVAS, ADAPTÁVEIS E "CONSCIENTES COLETIVAMENTE".

Qingdao é onde fica a sede da Haier, empresa líder mundial em eletrodomésticos. Ao longo dos anos, o CEO da empresa, Zhang Ruimin, tornou-se um inovador, não apenas em máquinas de lavar e geladeiras, mas também em organizações e empreendedorismo.

Outrora devoto da abordagem Seis Sigma, Zhang desenvolveu a própria ideologia de gestão: *rendanheyi*. Ao dividir uma empresa em microempresas em uma plataforma aberta e desmontar o sistema de gestão tradicional do "império", o *rendanheyi* cria uma "distância zero" entre o funcionário e as necessidades do cliente.

No cerne do *rendanheyi* está o cultivo do empreendedorismo — removendo o nível oneroso da gerência intermediária (Zhang notoriamente eliminou as funções de 10.000 funcionários), você incentiva a inovação, a flexibilidade e a assunção de riscos.

A MECÂNICA QUÂNTICA DOS NEGÓCIOS

Ao nos reunirmos, rapidamente encontramos um passado em comum, pois ambos estudamos física, especificamente mecânica quântica. Fiquei curioso para saber como ele adotava as ideias da física em sua visão de como a Haier deveria funcionar como organização. Rapidamente entramos em uma discussão apaixonada e um tanto técnica sobre a estrutura atômica e a teoria das ondas. Embora eu não tenha certeza de que a física atômica seja o tema ideal para muitos empresários, fiquei intrigado. Zhang disse:

> Quando estudei física, fiquei impressionado com o movimento perpétuo das partículas subatômicas. Elétrons e prótons coexistem em um equilíbrio dinâmico, criado pelas suas cargas iguais e opostas. Isso mantém uma existência contínua e permite que os átomos se combinem, em muitos formatos diferentes, como moléculas, cada uma com características próprias, e dentro dessas estruturas atômicas, enormes quantidades de energia.

A aplicação para os negócios fica clara, bem como muitas das ideias básicas por trás de "por quê" e "como" ele desenvolveu seu modelo *rendanheyi* de empresas empreendedoras.

"Aplicando essa ideia da física nos negócios", diz ele, "pequenas equipes de pessoas com diferentes experiências, habilidades e ideias podem coexistir com incrível eficácia. É a capacidade de criar pequenas equipes diversificadas, em que as ideias e as ações são igualmente dinâmicas, que permite que uma empresa se mantenha ao logo do tempo. Elas se auto-organizam e se capacitam mutuamente. Ideias, inovação e implementação são contínuas. E podem facilmente se conectar com outras equipes, como átomos se combinando em moléculas, para projetos colaborativos e para criar soluções".

Como resultado, ele questiona a antiga supremacia dos acionistas na equação de valor, valorizando os funcionários e o valor criado por eles e para eles. No entanto, ao mesmo tempo, reconhece a necessidade de empoderar os funcionários para serem mais íntimos do cliente. Consequentemente, a taxa de crescimento aumentou de 8% para 30% nos últimos anos.

"As pessoas não são meios para um fim, mas um fim em si mesmas. Eliminamos toda a nossa gestão intermediária. Agora as coisas funcionam muito melhor. Zero assinaturas, zero aprovação. Agora temos apenas um supervisor, que é o cliente".

A evolução da Haier foi rápida e contínua, pois Zhang conduziu a empresa de uma velha fábrica de refrigeradores — em que a indisciplina e a baixa qualidade eram tão comuns que ele passou a usar táticas de choque, dando marretadas em alguns dos produtos para demonstrar que essa mediocridade não seria mais aceita — para uma pioneira da tecnologia digital.

Na década de 1990, a Haier concentrou-se no mercado chinês, construindo um portfólio de produtos padronizados de alta qualidade. Os anos 2000 foram de internacionalização, alcançando todo o mundo e, em seguida, adicionando mais localização e customização. A década de 2010 foi toda de digitalização, adotando o poder da automação e dos dados, a ponto de a Haier ser agora um dos maiores fabricantes mundiais de produtos "inteligentes", incorporados com IoT (internet das coisas) e conectados de maneira inteligente.

No entanto, as implicações são profundas. Hoje, a Haier não tem como motivação procurar criar o melhor produto. Com um propósito de marca que busca tornar a vida das pessoas melhor, a empresa vai além dos produtos e serviços para ver como pode fazer mais para ajudá-las a viver no dia a dia, com foco na casa inteligente. Zhang descreve como ele vê o futuro:

> Em um mundo digital de globalização, conectividade e personalização, não existe isso de produto perfeito. As pessoas compram cenários, ou conceitos, nos quais os produtos podem ser gratuitos e atuar como facilitadores para serviços. Os produtos Haier adotam a IoT para garantir que se conectem com outros dispositivos, com outros parceiros em nossos ecossistemas e com as pessoas e suas casas. No futuro, talvez o produto seja gratuito e as pessoas paguem pelos serviços — de entrega de refeições a entretenimento doméstico, segurança ou manutenção.

ORGANIZAÇÕES COMO ORGANISMOS VIVOS

A maneira como gerenciamos as organizações parece cada vez mais desatualizada.

A maioria dos funcionários não se envolve. Com muita frequência, o trabalho está associado ao receio e à fadiga, em vez de à paixão ou ao propósito.

Os líderes reclamam que suas organizações são muito lentas, isoladas e burocráticas para o mundo de hoje. Por trás da fachada e da bravata, muitos líderes empresariais estão profundamente frustrados com os intermináveis jogos de poder e com a política da vida corporativa.

Frédéric Laloux oferece uma alternativa. Em seu livro *Reinventando as Organizações*, ele usa a metáfora de uma organização como um sistema vivo, com estruturas radicalmente simplificadas que facilitam o envolvimento ativo e a autogestão.

Ele vislumbra um novo modelo organizacional, autogerido, construído em torno de uma abordagem de "totalidade" da vida e do trabalho e guiado por um "propósito evolucionário".

Totalidade significa que as pessoas se esforçam para ser elas mesmas, em vez de colocar uma máscara quando vão trabalhar. Isso, argumenta ele, só pode ser alcançado quando elas abandonam a ideia de "equilíbrio entre vida e trabalho" que incentiva um compromisso. Ao alinhar o propósito e as paixões pessoais e organizacionais, você tem menos estresse e contribui mais.

Propósito evolucionário significa que o sentido e a direção do negócio não são definidos de cima, mas extraídos do que parece certo entre as pessoas. Pode ser escrito em um manifesto que defina as ações mais admiradas, os novos projetos que recebem mais interesse. E está em constante evolução, à medida que a cultura interna e o mundo externo também evoluem.

RECODIFIQUE SUA ORGANIZAÇÃO

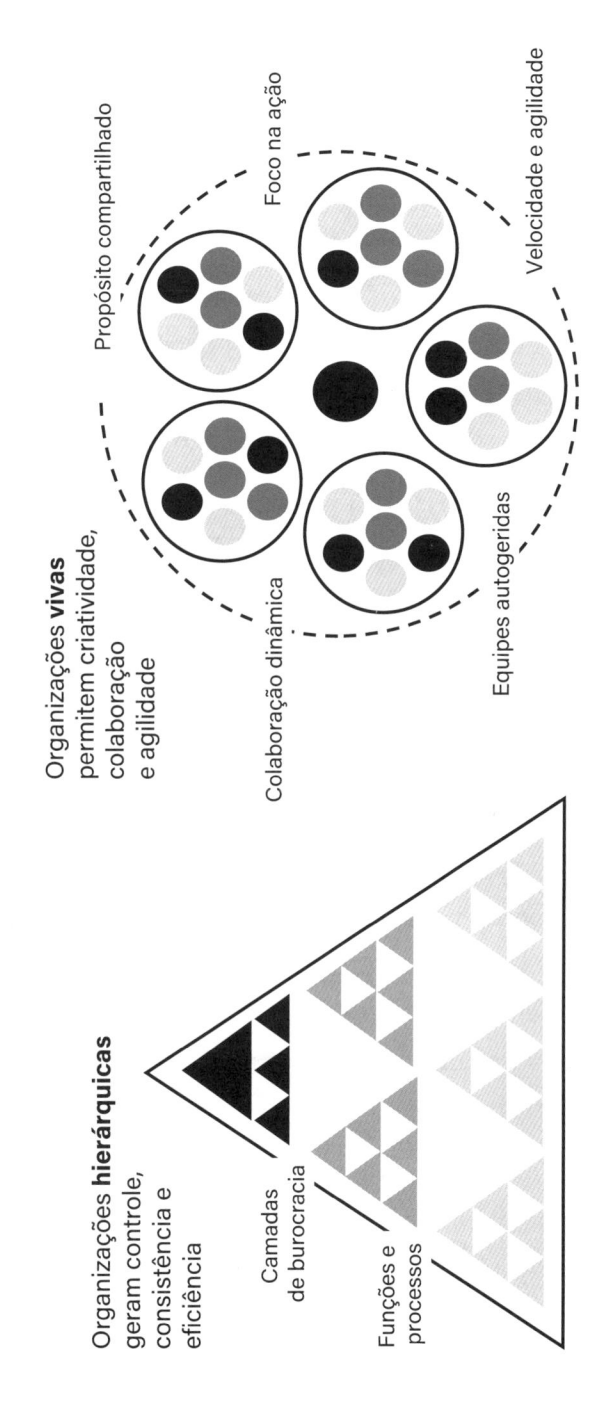

Organizações **vivas** permitem criatividade, colaboração e agilidade

- Propósito compartilhado
- Foco na ação
- Velocidade e agilidade
- Equipes autogeridas
- Colaboração dinâmica

Organizações **hierárquicas** geram controle, consistência e eficiência

- Camadas de burocracia
- Funções e processos

FIGURA 5.1 A organização viva.

Laloux descreve a humanidade como evoluindo em estágios. Inspirado pelo filósofo Ken Wilber, ele descreve cinco estágios da consciência humana, com cores associadas, e propõe que as organizações evoluam de acordo com esses mesmos estágios. São eles:

- **Impulsivo (vermelho).** Caracterizado pelo estabelecimento e aplicação da autoridade por meio do poder; por exemplo, máfia, gangues de rua. Para as empresas, isso se reflete nos limites funcionais e na autoridade de cima para baixo.

- **Conformista (âmbar).** O grupo molda as próprias crenças e valores. A autodisciplina, a vergonha e a culpa são usadas para impor; por exemplo, militares, religião. Para as empresas, isso significa processos replicáveis e organizações definidas.

- **Realização (laranja).** O mundo é visto como uma máquina, buscando cientificamente prever, controlar e entregar; por exemplo, bancos, programas de MBA. Para as empresas, isso significa inovação, análise e indicadores, e responsabilização.

- **Pluralista (verde).** Caracterizado por um senso de inclusão, para tratar todas as pessoas como iguais, mais como uma família; por exemplo, organizações sem fins lucrativos. Para as empresas, isso significa uma cultura orientada por valores, empoderamento e valor compartilhado.

- **Evolucionário (azul-petróleo).** O mundo não é visto nem como fixo nem como máquina, mas como um lugar em que todos são chamados, por um propósito interno, para contribuir; por exemplo, holocracia. Para as empresas, isso significa autogestão e integridade.

A maioria das organizações hoje é "laranja": ainda gerenciadas por análises e indicadores, gerando lucros e crescimento. Exemplos de organizações "verdes" incluem: Apple, Ben & Jerry's e Starbucks. Exemplos de organizações "azul-petróleo" poderiam ser a Patagonia, Buurtzorg e Morning Star.

O FIM DA HIERARQUIA

O que substitui as antigas hierarquias das organizações?

Henry Ford construiu sua organização visando estabilidade, eficiência e padronização. Processos e controles claramente definidos asseguravam que a empresa funcionasse como uma máquina, sem espaço para desvios ou mudanças. Algumas décadas depois, Kaori Ishikawa foi além para sistematizar a abordagem com gestão de qualidade total, considerado o segredo do sucesso industrial do Japão no final do século XX. A eficiência era o objetivo, não a criatividade.

No entanto, o mundo de hoje requer uma abordagem diferente. As empresas precisam ser rápidas e adaptáveis a um mundo de mudanças. A tecnologia tem transformado os papéis das pessoas dentro das organizações, automatizando processos, acrescentando sistemas inteligentes e interfaces digitais. O valor das organizações está nas ideias, na reputação e no alcance. As organizações adotam a conectividade do mundo externo; a tecnologia que permite o compartilhamento de conhecimento, a rápida tomada de decisões e o trabalho colaborativo.

As organizações planas, ou horizontais, tornaram-se rápidas e ágeis, colocando os clientes em primeiro lugar. No entanto, isso tudo é estrutural e por si só não gerou diferença. Em um mundo em que as empresas podiam essencialmente fazer qualquer coisa, elas se tornaram mais propositadas, além de mais diferenciadas em seu caráter e crenças.

Equipes especializadas não precisam dos controles antigos. Empoderadas e capacitadas, tornam-se mais autogerenciadas, e as equipes coletivamente trabalham juntas visando um propósito superior e uma estrutura estratégica que orienta, mas não prescreve. Como resultado, a empresa desenvolve uma consciência semelhante à humana. Assemelha-se a um sistema adaptativo complexo, em que existe uma totalidade construída em múltiplas conexões não lineares, combinando progresso com agilidade.

A Buurtzorg, assim como a Haier, é um ótimo exemplo de equipes autogerenciadas. A empresa de saúde holandesa oferece apoio domiciliar a pessoas mais velhas. Ela percebeu que as equipes locais, que agiam amplamente de forma autônoma, tinham um compromisso muito maior com seu trabalho do que se fossem gerenciadas centralmente usando indicadores de eficiência padrão.

O Haufe Group é uma empresa inovadora de mídia e software em Freiburg, no coração da Floresta Negra da Alemanha. Como organização, há muito tempo colocam as pessoas em primeiro lugar, compartilhando o desenvolvimento da estratégia e as recompensas do sucesso. Quando se tratou de nomear um novo CEO, a empresa percebeu que isso não poderia ser imposto nessa estrutura democrática e agora realiza eleições para descobrir quem entre os pares será o líder.

Se, como disse Peter Drucker, "o propósito de uma organização é permitir que seres humanos comuns façam coisas extraordinárias", então as organizações devem evoluir para tornar isso possível.

> **CÓDIGO 31: COLABORE EM PROJETOS RÁPIDOS**
> OS PROJETOS DOMINARÃO O TRABALHO DA ORGANIZAÇÃO, SUBSTITUINDO AS ANTIGAS ESTRUTURAS E CARGOS. ELES INCLUEM LABORATÓRIOS E INCUBADORAS, TRAZENDO FOCO, COLABORAÇÃO, MUDANÇA E VELOCIDADE.

Estamos iniciando um novo projeto. É tão secreto que não posso contar o que é ou com quem você trabalhará. Mas posso lhe dizer que, caso decida aceitar essa função, você trabalhará muito mais arduamente do que já trabalhou a vida inteira. Você terá que desistir de noites e fins de semana provavelmente por alguns anos enquanto fazemos este produto.

Scott Forstall enviou esse e-mail quando iniciou na função de chefe da divisão de software do iPhone da Apple. Desde sua estreia em 2007, o iPhone se tornou um fenômeno cultural e econômico, substituindo o Blackberry e a Nokia como o smartphone mais onipresente do mundo e transformando todo o mercado.

Logo depois que o primeiro iPod foi lançado em 2002, Steve Jobs começou a pensar em um telefone da Apple e, em 2005, iniciou uma série de projetos relacionados com o telefone, incluindo a condenada parceria com a Motorola. A fase de ideação do iPhone foi mantida de forma discreta, com investimento limitado e equipes pequenas. Muitas empresas lançam um projeto em grande escala para cada ideia que geram, quase sempre acabando em recursos desperdiçados.

Enquanto muitos na Apple estavam entusiasmados com o telefone, Jobs estava cético. Como patrocinador do projeto, ele era uma fonte poderosa de inspiração, um curador feroz de boas ideias, mas sem medo de rejeitar as que não eram tão boas. Quando efetivamente deu luz verde para o "Projeto Purple" em novembro de 2004, ele estava totalmente engajado, dedicando cerca de 40% do seu tempo pessoal para supervisionar e liderar as equipes.

A equipe Purple era uma das mais talentosas da história da tecnologia. Embora nunca tivessem feito um telefone antes, eram os melhores engenheiros, os melhores programadores e os melhores designers do mercado. E juraram segredo por dois anos e meio. Embora o produto final possa parecer maravilhosamente simples, foi um trabalho excruciante. Jobs queria ver um demo de tudo. Os designers geralmente criavam maquetes de um único elemento de design, como um botão, 50 vezes antes que atendesse aos padrões de exigência.

Jobs lançou o telefone revolucionário em 29 de junho de 2007 na Macworld. Os últimos meses foram frenéticos, com todos 100% focados enquanto a equipe corria para cumprir a data de lançamento fixada.

A Apple gastou US$ 150 milhões desenvolvendo o iPhone, segundo algumas estimativas, um investimento inteligente, dado o impacto subsequente no mercado. O telefone transformou o negócio da Apple.

Em 2007, foram vendidos 1,4 milhão de iPhones, aumentando para 201 milhões em 2016 e mais de 1 bilhão em 2020. Os iPhones representam 69% da receita total da Apple, com uma margem estimada de mais de 50%, gerando mais de US$ 54 bilhões em lucros.

EQUIPES VENCEM INDIVÍDUOS

Na empresa de design IDEO existe um pôster que domina seu ambiente de trabalho: "A tentativa e erro sábia tem mais sucesso que o planejamento de um gênio solitário".

São duas mensagens. A primeira é que equipes experimentam mais, e a diversidade delas resulta em mais ideias e opções para explorar. A segunda é que, por mais inteligente que um indivíduo acredite ser, é improvável que ele vá tão longe ou tão rápido quanto a equipe.

Em minha experiência, geralmente é o líder quem pensa que sabe mais e procura dominar a equipe. Mas também pode ser um tecnólogo convencido de que sabe o que os clientes desejam melhor do que os próprios clientes, ou outra pessoa motivada pela própria perspectiva e paixão.

As equipes de projeto precisam da originalidade e especialização trazidas pelos indivíduos, mas combinadas com o poder do trabalho em equipe. A mesma tensão existe no âmbito empresarial. Muitas organizações acham que podem ou devem fazer tudo sozinhas, em vez de trabalhar em colaboração com organizações parceiras.

A empresa deve ter clareza para saber no que ela é melhor e, então, reunir mais empresas para fazer outras tarefas. Veja, por exemplo, o modelo de negócios da Nespresso. Eles sabem que sua autoridade e experiência estão no café, na marca e no marketing. Todo o resto, desde a fabricação das máquinas de café até o gerenciamento dos call centers, eles deixam para os outros.

DAS FUNÇÕES AOS PROJETOS

"Os projetos, e não as funções, definem a organização de hoje", diz Antonio Nieto-Rodriguez da GSK. "No passado, 90% dos nossos empregos eram cargos funcionais, regulares e gerenciais, enquanto 10% eram trabalhar em projetos. Hoje, 90% dos empregos se baseia em projetos, mudança e inovação, e muito pouco disso para manter o status quo.

Há algum tempo, na maioria das organizações, os escritórios fixos com grandes mesas para dar guarida a egos de executivos. Ficaram para trás também os cubículos de trabalho, mais abertos, em que as pessoas gostavam de reivindicar seus domínios, com uma sensação de casa na empresa. Em um mundo sem papéis, de nuvens e laptops, as mesas realmente não são necessárias. Também se foram as descrições de cargos que tantos funcionários usavam para ter clareza de suas tarefas e se recusar a ir além delas.

Hoje todos fazem parte de um pool de talentos e precisam ter flexibilidade para trabalhar em equipes com diferentes líderes, diferentes colegas, diferentes projetos, conforme necessário.

As empresas de consultoria há muito trabalham dessa maneira e oferecem um modelo útil com o qual aprender. Passei quase dez anos em tal ambiente e ao longo desse tempo trabalhei em aproximadamente 100 projetos diferentes, muitos em equipes diferentes, para clientes diferentes, com líderes diferentes. A estabilidade veio na forma de pertencer a um determinado grupo de habilidades, com um líder de função, amplamente preocupado com recrutamento e liderança inovadora. Meu desempenho baseava-se em uma fórmula de como eu gastava o tempo e contribuía para vendas e entregas, além de minha contribuição mais ampla para a organização. Era uma estrutura incrivelmente fluida, voltada aos clientes, mas também flexível pessoalmente, em termos de escolha de onde morar e de como alocar o tempo.

PROJETOS RÁPIDOS E COLABORATIVOS

As equipes de projeto têm mais probabilidade de reunir uma diversidade de talentos, de diferentes funções e organizações, funcionários e talentos externos. Isso é mais óbvio em áreas como marketing, em que as agências de criação trabalham com os clientes em equipes conjuntas, mas também vale para desenvolvimentos tecnológicos em que a expertise também é externa.

Os projetos oferecem mais agilidade à organização, com tamanho flexível de acordo com a demanda de trabalho, habilidades usadas conforme necessário e progresso acelerado. Eles podem incluir tanto princípios ágeis e quanto enxutos, aplicados especificamente à inovação — começando com um "projeto mínimo viável", depois testando e aprendendo, expandindo as ideias, mas também eliminando rapidamente as ruins, trabalhando em paralelo quando possível, testando e aprendendo a evoluir, uma vez que estejam implementados.

Os projetos geralmente necessitam de espaços dedicados à equipe, pessoas para liderar, processos para funcionar, indicadores para avaliar e incentivos para recompensar. Muitas organizações já possuem espaços de inovação, que variam de cozinhas de criação, laboratórios de ideias, incubadoras que aceleram novos negócios até locais para hospedar startups independentes.

Lab1886 da Daimler, ID8 Studios da Disney, laboratório HENRi da Nestlé, incubadora Future Home da IKEA, Explore Team da Nike, Laboratórios TechWork da Shell — qualquer que seja a forma desses ambientes diferentes, todos buscam criar espaços protegidos e dedicados onde as ideias podem surgir, e novos projetos e negócios podem florescer.

> **CÓDIGO 32: ALINHE INDIVÍDUOS E ORGANIZAÇÕES**
> PRECISAMOS ALINHAR MUITO MELHOR NÓS MESMOS E NOSSO TRABALHO, RECONHECENDO O PODER DOS INDIVÍDUOS E DAS EQUIPES E COMO A DIVERSIDADE VEM DE MUITAS FORMAS DIFERENTES.

Kendra Scott desenhou sua primeira coleção de joias em um quarto vago na sua casa em 2002, com um orçamento de US$ 500, nunca sequer sonhando que este se tornaria um negócio de US$ 1 bilhão. Hoje seu negócio é próspero, fazendo joias modernas a preços acessíveis com pedras naturais, com participação de Warren Buffett no controle acionário e mais de 100 lojas.

Dentre seus 2.000 funcionários, 90% são mulheres, muitas das quais são mães. Creches e berçários são comuns nos escritórios e no centro de distribuição em Austin, Texas. Kendra Scott Kids oferece uma sala de recreação infantil enquanto as mães fazem compras na loja ou fazem as próprias joias no Color Bar, e uma vez por ano o Camp Kendra é um dia de folga para todos os filhos dos funcionários.

"Se pudermos apoiar nossa equipe, essas mulheres, neste momento muito especial de suas vidas, teremos funcionários incrivelmente leais à nossa marca", diz Scott. "Acreditamos no futuro delas". Ela também criou um Programa de Liderança Empresarial para Mulheres em parceria com a Universidade do Texas, que oferece workshops sobre como iniciar e liderar um negócio, e até de defesa da igualdade de remuneração. "Queremos que as mulheres prosperem em nosso negócio e em todos os negócios", diz ela.

INDIVÍDUOS E ORGANIZAÇÕES

Encontrar o ajuste certo entre as pessoas e a empresa não é fácil. Costumava ser feito pela empresa dizendo às pessoas para se encaixarem em funções específicas e trabalharem duro. Hoje é diferente.

O "propósito" começa com o indivíduo, não com a empresa, e cada vez mais as pessoas vão buscar empresas com valores e comportamentos compatíveis, um alinhamento do "por quê" pessoal e profissional. As organizações aceitam que as pessoas mudem de empresa ao longo do tempo, até mesmo incentivando isso em algumas empresas, como sinal de progresso, à medida que avançam em suas carreiras, guiadas pelo seu "por quê" mais do que pelo seu "o quê".

Kathleen Hogan, diretora de recursos humanos da Microsoft, desenvolveu um sistema 5Ps para ver um melhor alinhamento entre os indivíduos e a organização. Ela queria criar "uma experiência para cada dia, para todos os funcionários". Para que as pessoas pensem de uma nova maneira, fiquem mais inclusivas, de mente aberta e se conectem entre si e com o cliente de forma mais empática, "deve haver condições de trabalho e experiências que facilitem o foco e o desejo de crescimento e mudança todos os dias", diz ela.

Os 5Ps da Microsoft são semelhantes à hierarquia de necessidades de Maslow. Ao satisfazer primeiro as necessidades básicas de um funcionário, começando com o pagamento, você pode explorar as necessidades de "autorrealização" em níveis superiores:

- **Pagamento.** "Quando se trata de trabalho, o comportamento humano é multifacetado, mas o pagamento é uma necessidade básica". A Microsoft procura assegurar que os salários sejam justos, reflitam a contribuição ao mercado e incentivem o progresso.
- **Privilégios (benefícios).** Os benefícios vão desde proteções, como saúde e pensões, até aspectos mais amplos para os novos pais e a vida familiar. A empresa considera esses benefícios mais importantes do que o pagamento para motivar e reter o pessoal.
- **Pessoas.** A Microsoft procura desenvolver uma cultura centrada nas pessoas e incentiva os funcionários a "crescer e serem autênti-

cos, vivenciarem alegria e inspiração, com um sentimento de inclusão e pertencimento (e diversão!)".

- **Pompa (orgulho).** Fazer mais por quem é diferente, assumir responsabilidade pelo impacto social dos produtos e cuidar das comunidades locais, "construindo um sentimento de pertencimento e orgulho profundo em relação à nossa empresa".

- **Propósito.** Compreender como o trabalho diário do pessoal promove uma diferença real para os clientes e a sociedade, no caso da Microsoft, "capacitando cada pessoa e organização no planeta".

Hogan diz que é na combinação desses 5Ps, entregues e considerados em conjunto, "que a mágica acontece". Diz ela: "se você puder juntar essas camadas, com o sentimento de que a cultura permite que você seja autêntico e que ame as pessoas com quem trabalha, tendo orgulho de contar onde trabalha porque a empresa se posiciona em questões importantes e, em última análise, sentindo um propósito, você tem uma experiência universal".

A nova cultura da Microsoft tem como objetivo criar um forte foco no cliente, na diversidade e na inclusão, de maneira genuína, e "uma" Microsoft. Esse propósito aplicado intencionalmente procura manter todos focados em ser melhores. Por exemplo, as reuniões semanais de liderança começam com um líder diferente compartilhando sua "Pesquisa do Incrível", uma história sobre um indivíduo, equipe ou grupo de uma organização que fez diferença real em função da "mentalidade de crescimento".

Testemunhei recentemente essa cultura em um evento da Microsoft em Los Angeles. O CEO, Nadella deu o pontapé inicial com seu apelo por progresso, seguido por alguns insights dos clientes e pela apresentação de novos produtos. Então, vários funcionários subiram ao palco e simplesmente contaram suas histórias pessoais, alguns triunfando sobre a adversidade, outros muito normais — mas reais. Diz Hogan: "voltar a esse propósito e entender por que esse trabalho é importante é a chave para impulsioná-lo em sua jornada".

A INCLUSÃO LEVA À DIVERSIDADE COGNITIVA

A diversidade vem em muitas formas diferentes, tanto as óbvias — gênero, raça, idade, deficiência, nacionalidade, orientação sexual, educação ou religião — quanto as diferenças mais ocultas — como pensamos, nos comportamos e nos conectamos.

A diversidade traz novas perspectivas, novas habilidades e novas ideias. Os jovens aprendem com os mais velhos, e os velhos, com os jovens. Os atributos femininos estão mais sintonizados com o desenvolvimento de empatia, criatividade e relacionamentos. A diversidade traz tolerância, compreensão cultural, habilidades linguísticas, conhecimento tecnológico e muito mais. Enquanto a diversidade significa abertura, a inclusão significa conectar esses talentos.

As organizações com um equilíbrio de gêneros saudável têm probabilidade de superar as outras em 15%, enquanto uma boa mistura étnica pode fornecer resultados 35% melhores, diz pesquisa da McKinsey.

O poder das conexões está na qualidade, não na quantidade. Como diz Erica Dhawan: "Medimos com muita facilidade o sucesso no mundo digital por meio do número de conexões que temos no LinkedIn, ou likes no Facebook, ou seguidores no Twitter. A inteligência conectiva (*connectional intelligence*) trata de fazer as conexões de qualidade que se traduzem em resultados".

Há um "excedente de talentos" na maioria das organizações, um conjunto de conhecimentos e capacidades disponível, mas raramente explorado completamente. Os líderes precisam aproveitar os 5Cs da inteligência conectiva: curiosidade, combinação, comunidade, coragem e combustão.

> **CÓDIGO 33: CRIE ENERGIA E RITMO**
> AS ORGANIZAÇÕES PROSPERAM COM O PROGRESSO. A APRENDIZAGEM CONTÍNUA, SEJA NA FORMA DE NOVOS INSIGHTS OU DE NOVA EDUCAÇÃO, PERMITE QUE AS PESSOAS E AS EMPRESAS SE ADAPTEM E CRESÇAM, E DESENVOLVAM RITMO E ENERGIA.

Sebastian Coe sempre será mais do que um grande atleta. Lembro-me do verão de 1979, quando, com impressionantes 12 anos de idade, eu o vi quebrar três recordes mundiais em 41 dias. Um deles, seu tempo nos 800 metros, permaneceria duas décadas sem ser batido. Ele se tornou o único bicampeão olímpico nos 1.500 metros e continuou a quebrar recordes.

Ao se aposentar, começou uma segunda carreira como político, tornando-se deputado e depois chefe de gabinete do líder do partido. Ele também teve sucesso nos negócios, construindo uma agência de gerenciamento de esportes que vendeu para a Chime. Depois, assumiu a enorme tarefa de organizar os Jogos Olímpicos de Londres 2012, talvez os jogos de maior sucesso na história. Agora é presidente da World Athletics, em busca de novidades para levar seu esporte à frente.

Perguntei-lhe como conseguia manter uma sequência de tantos sucessos, em campos e funções tão diferentes. Ele disse que o segredo estava no ímpeto. A capacidade de manter as coisas em movimento, de usar experiências e sucessos em um campo para avançar no próximo.

O ímpeto, disse ele, era particularmente importante como atleta. Construir o condicionamento físico ao longo de muitos anos de treinamento, aprimorá-lo por meio de períodos contínuos de intensa qualidade e, em seguida, aperfeiçoar mentalmente por meio de uma série de performances é o que mais prepara um atleta para dar o seu melhor em um determinado dia. Ele tem usado essa mesma abordagem ao longo da vida, às vezes de maneiras mais intelectuais ou organizacionais, para garantir que possa ter o seu melhor desempenho, e que suas equipes e organizações façam o mesmo.

Ele também diz que continua sendo um estudante de esporte, trabalho e vida. Constantemente aberto a novas ideias e abordagens, constantemente buscando aprender com os outros. Suspeito que um dos grandes benefícios de sua jornada seja a rica diversidade de experiências que teve. Seu falecido pai, que também se tornou seu treinador, frequentemente falava sobre o valor de um polímata, um homem renascentista, um conceito que Coe tem demonstrado.

O APRENDIZADO COMO SUA VANTAGEM

No mundo de hoje de permanente mudança, o aprendizado contínuo se torna vantagem.

Ser capaz de compreender a mudança, de aprender com os outros, de abraçar novas ideias e teorias, de aprender com os fracassos, de decodificar os segredos do sucesso em qualquer campo específico e, então, ser capaz de evoluir e aprimorar constantemente o que você sabe. Essa passa a ser uma maneira de se manter um passo à frente dos outros. A aprendizagem gera energia e mantém o progresso.

Onde os mercados evoluem rapidamente, as aspirações do consumidor continuam a evoluir, e os produtos ficam redundantes antes mesmo de serem lançados. Não é fácil acompanhar o ritmo. Aprenda com seu próprio negócio, mas também com o mundo ao seu redor — clientes, concorrentes, colegas, acadêmicos e consultores; e também com os que são diferentes.

Os algoritmos podem aprender em milissegundos; o aprendizado de máquina é capaz de interpretar padrões e responder instantaneamente. Os humanos levam anos, muitas vezes décadas, para ver as tendências mais amplas que estão se revelando. No entanto, mercados em rápida evolução, sistemas conectados e tecnologias disruptivas significam que precisamos aprender mais rápido, para antecipar e responder às mudanças.

Em sintonia com esse ambiente hiperativo, as organizações devem combinar o aprendizado de máquina e do ser humano, combinar insight e previsão, novos conhecimentos e capacidades.

O livro de Peter Senge de 1990, *A Quinta Disciplina*, popularizou o conceito de organizações que aprendem. Ele as descreveu como "organizações onde as pessoas continuamente expandem sua capacidade de gerar os resultados que verdadeiramente desejam, onde padrões novos e abrangentes de pensamento são desenvolvidos, onde a aspiração coletiva é liberada e onde as pessoas estão continuamente aprendendo a ver o todo integrado".

Senge acreditava que somente aqueles que são flexíveis, adaptáveis e produtivos irão se destacar e que isso requer aprendizado em todos os níveis. Ele disse que o verdadeiro aprendizado atinge o cerne do que é ser humano, a capacidade de nos reinventar, tanto individual quanto organizacionalmente. Isso só pode ser alcançado, disse ele, quando sobrevivemos, ou nos adaptamos, mas também aumentamos nossa capacidade de fazer mais.

Uma "vantagem do aprendizado" pode ser adotada de várias maneiras, em ritmo crescente:

- **Melhoria contínua:** tradicionalmente busca gerar mudança gradual, melhorando a qualidade e a eficiência, usando Kaizen e Seis Sigma.

- **Ciclos de aprendizagem:** um método de "testar e aprender" que captura insight, como no desenvolvimento "enxuto", e então busca responder ou se adaptar apropriadamente.

- **Perceber e responder:** aprendizagem mais digital, ágil e iterativa; por exemplo, criando soluções novas rapidamente em conjunto com os clientes.

- **Autoajuste:** sensores e IA, reunindo grandes quantidades de dados em tempo real, permitindo aprendizado e adaptação contínuos.

Como as interfaces digitais permitiram que o aprendizado fosse mais rápido e inteligente, a organização aprende a responder quase que instantaneamente às mudanças do mercado, adaptando-se a ele. A abordagem baseada em dados torna-se bastante lógica; portanto, é importante aprimorar o aprendizado com abordagens mais intuitivas e imaginativas. Insights significativos, como megatendências, fornecem aprendizado, por meio do qual a organização pode avançar de maneiras mais profundas.

ESTIMULANDO AS PESSOAS

Você se sente estimulado perto de algumas pessoas e desanimado ao redor de outras? Os psicólogos mostraram que a "energia relacional" pode afetar atitudes, motivações e a saúde física.

Interagir com algumas pessoas pode aumentar seu entusiasmo, vigor e eficácia, mas passar um tempo com outras pode ter o efeito oposto.

Pesquisa da Universidade de Michigan constatou que os "doadores de energia" são autênticos, otimistas e solidários. Eles se relacionam com os outros com empatia, são sérios, confiáveis e otimistas. Eles buscam soluções em vez de afundar nos problemas. Trabalham em equipe e são os primeiros a reconhecer os outros e ajudá-los a florescer.

Em comparação, os "absorvedores de energia" são autocentrados e diminuem os outros. Não têm empatia, e suas interações são superficiais. Passam o tempo falando sobre si próprios e tencionam fazer o que querem. Eles se concentram no negativo, constantemente exigindo mais, reclamando dos problemas e sendo rápidos para criticar os outros quando as coisas dão errado.

Aqui estão sete maneiras que descobri para as pessoas ficarem com mais energia:

- **Alinhe as pessoas.** Recrute e retenha pessoas que tenham paixão pelo propósito da organização, ao mesmo tempo em que conectam as tarefas do dia a dia a essa causa coletiva.

- **Envolva as pessoas.** Entenda o que inspira as pessoas, compartilhe uma visão positiva, faça com que se sintam envolvidas e vejam relevância, compartilhe o progresso e as conquistas.

- **Capacite as pessoas.** Concentre-se nos outros, e não em si mesmo; você pode apoiar as pessoas a terem o melhor desempenho, orientando, delegando e tornando todos mais inteligentes.

- **Enriqueça as pessoas.** Aloque as pessoas em áreas que sejam seu ponto forte, para desbloquear seu potencial, de modo que possam fazer o trabalho que amam e desenvolver o que têm de melhor.

- **Liberte as pessoas.** Remova os bloqueadores e dissipadores de energia, sejam eles pessoais, como a autoconfiança, ou ambientais, como os processos.
- **Proteja as pessoas.** As pessoas precisam de pressão, mas também se abatem com a busca incessante por mais. Ajude-as a aprender com os fracassos e proteja-as das distrações.
- **Amplifique as pessoas.** Conecte as pessoas para gerar energia coletiva, usando influenciadores positivos para motivar os outros e amplificar a força das equipes.

É incrível como pequenos atos de liderança podem fazer tanta diferença. Lembro-me de ter trabalhado até tarde da noite, muitos anos atrás, para terminar uma tarefa. O escritório estava vazio, e a maioria das luzes, apagada. O CEO percorreu o corredor a caminho de casa. Ao me ver, entrou e ficou dois minutos perguntando o que eu estava fazendo. No final explicou como meu trabalho poderia ser realmente útil nas semanas seguintes. Ele me agradeceu e foi embora. Senti-me estimulado. Nunca mais o encontrei, mas ainda me lembro daquele momento.

O RITMO DO PROGRESSO

O ritmo da organização impulsiona o andamento dos trabalhos, estimula o alinhamento e mantém o desempenho. Cria uma pulsação cultural na organização que mantém a pressão e as coisas em movimento. É útil distinguir os conceitos:

- **Andamento** é a velocidade de avanço.
- **Ritmo** é a regularidade dos padrões repetidos.
- **Ímpeto** é a capacidade de manter o progresso.

O ritmo estratégico é gerado pelos mercados, planejamento e orçamentos. O ritmo operacional é mantido pelos indicadores, relatórios e incentivos. O ritmo da equipe é gerado por projetos, reuniões e estilo de trabalho. O ritmo pessoal é gerado pelas prioridades, interações e estilo de vida.

Na maioria das organizações, o ritmo é mais influenciado pela programação de orçamentos e relatórios. Planos anuais e revisões trimestrais geram análise e discussão, bem como pressão pelo desempenho. Essas datas de revisão são programadas com anos e meses de antecedência e, assim, tornam-se os pilares do progresso e da tomada de decisão. Nem mais rápido, nem mais lento.

O problema é que o ciclo voltado para o desempenho não é particularmente estimulante. Suas necessidades consomem muito tempo e são vistas como um fardo pela maioria dos líderes e seu pessoal. Além disso, o ritmo é em grande parte artificial, tendo pouca relevância para os ritmos do mundo exterior, para os mercados e clientes. E geralmente é igual ao dos concorrentes.

Como resultado, novos produtos são lançados na mesma época do ano, nova moda de vestuário a cada "estação", feiras de tecnologia como a CES a cada primavera — para se enquadrar ao ciclo de relatórios ao investidor, às feiras industriais e às análises da mídia. Imagine, então, se você criar um ritmo diferente. Mais rápido ou mais dinâmico. Algumas empresas inovadoras trabalham em um ciclo de nove meses e, assim, internamente, parece que continuam ganhando dos concorrentes. Outras desenvolvem micro e macrociclos de atividades e revisões.

O andamento do trabalho e as pressões se tornam motivadores psicológicos, criando urgência para concluir as tarefas, focando a mente e impulsionando a criatividade. Períodos mais relaxados de recuperação também são úteis.

> ## CÓDIGO 34: SEJA UMA EQUIPE RADICAL
> OS ALL BLACKS SÃO UM TIME VENCEDOR DE RUGBY DE UMA PEQUENA ILHA, QUE SE UNEM EM SEU HAKA MAORI ANTES DE IREM PARA O TRABALHO. O QUE PODEMOS APRENDER COM ESSES TIMES?

Richie McCaw, ex-capitão dos "All Blacks" da Nova Zelândia, é considerado por muitos como um dos maiores jogadores de rugby de todos os tempos.

Seus times ganharam incríveis 89% das 110 partidas em que ele era o líder, incluindo duas Copas do Mundo. Chegou a disputar uma final de taça com um pé quebrado, sabendo que era um elemento fundamental do time. Embora reconheça que o time é sempre mais do que qualquer indivíduo, ele também acredita que um líder define um time, reunindo e criando ótimas pessoas.

Depois de levantar a Copa do Mundo em 2015, McCaw disse: "Viemos de uma pequena ilha do Pacífico, uma nação com apenas 4,5 milhões de habitantes, mas com uma mentalidade vencedora. No início de cada jogo, quando nos juntamos em nosso tradicional haka maori, sabemos que somos invencíveis".

CRIE O SEU "KAPA O PANGO"

Os All Blacks têm uma ambição ousada e inabalável de vencer, trabalhando em um ciclo de quatro anos com a mesma equipe e estabelecendo metas intermediárias ao longo do caminho para manter a acuidade e avaliar o progresso. Procuram os melhores jogadores que tragam especialidades técnicas, mas que igualmente possam trabalhar melhor em conjunto, ao mesmo tempo em que mantêm a procura de novos talentos e de habilidades.

Fazer parte do time é tudo, com uma iniciação sagrada e um compromisso com um propósito maior.

Como time, eles constantemente avaliam, desafiam e forçam os limites de si mesmos. Pesquisam no mundo dos esportes e além, em busca de novas ideias, formas de melhorar a preparação física, a agilidade mental ou as habilidades técnicas. Como na maioria dos esportes, embora tenham um treinador para orientá-los e um capitão para liderá-los, sua abordagem, uma vez no jogo, é que cada um deles é líder, todos são iguais, todos são responsáveis e todos são heróis quando vencem.

Em seu livro *Legado*, James Kerr descreve algumas das crenças do time do All Blacks:

- "Um grupo de indivíduos talentosos sem disciplina pessoal acabará inevitavelmente fracassando".
- "Um sentimento de inclusão significa que os indivíduos estão mais dispostos a se dedicar a uma causa comum".
- "A primeira fase da aprendizagem é o silêncio, a segunda fase é ouvir".
- "Times de alto desempenho promovem uma cultura de honestidade, autenticidade e conflito seguro".
- "Se vamos levar uma vida, se vamos levar alguma coisa, certamente devemos saber para onde estamos indo e por quê".
- "Preocupe-se mais com seu caráter do que com sua reputação ou talento, pois seu caráter é o que você realmente é, enquanto sua reputação é apenas o que os outros pensam que você é".

Richie McCaw fala sobre algumas das crenças distintivas que o time adotou. Estas incluem muitos conceitos da cultura maori, como o "Kapa o Pango", que é o nome do haka, a dança tradicional executada pelo time antes de cada partida, que reflete a diversidade das origens polinésias do país. Esses rituais tornam-se importantes para unir o time, mas também para criar sua identidade perante os outros.

Outro conceito maori é o *whanau*, que significa "siga a ponta de lança", inspirado no bando de pássaros voando em formação — normalmente 70% mais eficiente do que voar sozinho. E, finalmente, o *whakapapa*, que significa "deixe um grande legado" ou, traduzido mais diretamente, "plante árvores que você nunca verá, por ser um bom ancestral".

A EQUIPE SEMPRE VENCE

A Netflix construiu uma cultura de "liberdade e responsabilidade", que a ajudou a ousar inovar de forma mais radical e transformar um setor. As equipes da Pixar trabalham juntas em cabanas de madeira como um espaço de trabalho individual, mas coletivo, adotando uma abertura de discussão para transformar ideias inicialmente medíocres em sucessos de bilhões de dólares.

É nas equipes que as ideias inovadoras são mais frequentemente concebidas; os futuros, moldados; os projetos, implementados; e os funcionários vivenciam a maior parte do trabalho. Mas é também nelas que podem surgir os maiores problemas limitando a eficácia das organizações.

A Alphabet começou recentemente a investigar o que constitui uma grande equipe, no que eles chamaram de Projeto Aristóteles, uma homenagem à afirmação do filósofo: "o todo é maior do que a soma de suas partes".

Eles concluíram que as equipes eficazes têm um grau elevado de interdependência, mais do que apenas um grupo trabalhando em um projeto, ou funcionalmente alinhado. Eles têm uma identidade característica e lealdade entre si. Planejam o trabalho, resolvem problemas, tomam decisões e revisam juntos, e sabem o que precisam uns dos outros para alcançar o sucesso.

A Alphabet constatou que importa menos quem está na equipe, e mais como a equipe trabalha em conjunto. Por ordem de importância, descobriram que as equipes eficazes são:

- **Seguras.** Isso se relaciona com as percepções das pessoas sobre os riscos elevados de participar ou os riscos reduzidos de agir em conjunto, determinados pela confiança mútua.
- **Confiáveis.** Os participantes confiam uns nos outros para assumir responsabilidades individuais e entregar um trabalho de qualidade e no prazo.
- **Estruturadas.** Existem objetivos claros, com responsabilidades claras de cada participante e uma forma acordada de trabalhar juntos.
- **Significativas.** A equipe tem o próprio senso de propósito, que é relevante para a organização, mas também para os valores e ambições da equipe.
- **Impactantes.** A contribuição de cada participante é considerada importante, embora a medida real do impacto é o que a equipe pode alcançar em conjunto.

Cada gerente de loja da Whole Foods pode atuar de forma bastante autônoma, alinhado por indicadores claros, mas respondendo às comunidades locais e às paixões de sua equipe local. A Zappos, varejista de moda online, agora também fazendo parte da Amazon, adota "estranheza e diversão" como os ingredientes para manter o sucesso da equipe.

DESTEMIDO E MEDROSO

O livro de Amy Edmondson, *A Organização sem Medo*, foca a prioridade da Alphabet, de que as equipes precisam ter segurança psicológica, e como as equipes criam espaços seguros nas organizações para que as pessoas sejam abertas, criativas e cresçam.

As organizações podem facilmente ficar paralisadas pelo medo, o que reduz as pessoas ao conformismo, aos compromissos fáceis, a desenvolvimentos incrementais e ao desempenho medíocre. Os líderes são responsáveis por criar essas culturas de medo e são igualmente responsáveis por criar um ambiente em que as pessoas possam ser destemidas ou, mesmo juntas, medrosas.

A segurança psicológica é criada por três fatores:

- **Tensão positiva.** Não se trata de sempre concordar, de ser legal pela harmonia, ou de elogiar constantemente. Criar um ambiente onde as tensões são construtivas, não destrutivas, requer confiança, permitindo e respeitando as pessoas para falarem abertamente, com pontos de vista diferentes e opiniões conflitantes.
- **Estilos complementares.** Os membros da equipe terão diferentes estilos de comportamento, alguns extrovertidos e outros introvertidos, alguns visionários e outros pragmáticos, alguns que começam as coisas e não terminam e outros que concluem tudo. A equipe valoriza esses estilos como complementares e igualmente importantes.

- **Atitude coletiva.** Embora a confiança seja importante entre os participantes. O aspecto fundamental da segurança é que ela seja valorizada por cada pessoa como importante para a capacidade do grupo de funcionar bem. Embora os membros da equipe sejam individualmente diferentes, eles reconhecem que são muito menos sem o todo.

Times radicais, como os All Blacks, levam essas características ao limite. Eles buscam grandes pessoas, preparadas para trabalhar coletivamente, com comprometimento e coragem. Buscam mais diversidade, reunindo diferenças de capacidade e opinião. Prosperam em conversas dinâmicas que podem abraçar ideias radicais. E têm uma profunda convicção de que juntos podem alcançar resultados incríveis.

> **CÓDIGO 35: CONSTRUA UMA EMPRESA BORBOLETA**
> AS BORBOLETAS SÃO CRIATURAS INCRÍVEIS — CORPOS PEQUENOS COM ENVERGADURA ENORME, RÁPIDAS E ÁGEIS, E COM IMPACTOS DISTANTES. UMA ÓTIMA METÁFORA PARA OS ECOSSISTEMAS EMPRESARIAIS DE HOJE.

A ARM Holdings começou como uma joint venture entre a Apple, uma pequena empresa britânica chamada Acorn Computers e a VLSI Technology, buscando construir semicondutores mais acessíveis.

Cento e sessenta bilhões de chips depois, a ARM pertence agora à Softbank e seu Vision Fund, e emprega 6.000 pessoas em 45 países. Fornece a tecnologia para a ampla maioria dos smartphones e tablets do mundo, e uma infinidade de outros dispositivos conectados.

Embora costumasse ser a líder indiscutível do mercado, a Intel enfrentou problemas uma década atrás, pois seus produtos sofisticados, mas padronizados, não conseguiam atender às necessidades de um mercado em rápida mudança. Cada fabricante de dispositivo queria algo diferente e rápido. A ARM percebeu que os fabricantes de dispositivos queriam muito mais disponibilidade de soluções personalizadas, em resposta a um mercado que crescia exponencialmente.

A ARM escolheu um modelo de negócio radical: não fabricar nenhum produto. Em vez disso, concentrou-se no design. E então construiu um ecossistema de mais de 1.000 parceiros de negócios em todo o mundo, que pudessem fabricar seus projetos licenciados com rapidez e capacidade de resposta para atender às diversas necessidades dos clientes e seus produtos em constante mudança. A estratégia de ecossistema da ARM a diferenciava fundamentalmente da Intel, com receitas e lucratividade significativamente maiores.

Masayoshi Son, da Softbank, adquiriu a ARM por US$ 32 bilhões em 2016, acreditando que se a demanda por tecnologias conectadas continuar a se multiplicar, o ecossistema da ARM permitirá que ela "um dia fique maior e mais valiosa que o Google".

ECOSSISTEMAS VENCEM EGOSSISTEMAS

No passado, o valor era gerado dentro da empresa; hoje é gerado fora.

Alibaba e Tencent são ótimos exemplos de empresas construindo uma rede complexa de empresas parceiras, fornecedores e terceirizados, complementadores e conectores, distribuidores e comunidades. Juntos, eles criam um ecossistema.

Para qualquer empresa principal, a pergunta inicial é o que devemos fazer e o que os outros podem fazer melhor ou mais barato para nós. Embora costumasse ser uma questão de competências essenciais, elas foram os pontos fortes que tornaram uma empresa grande no passado, e não necessariamente os que lhe darão a maior alavancagem e valor no futuro. Em vez disso, as organizações precisam pensar no que será essencial para o futuro, quais recursos serão mais valiosos e o que pode ser deixado para os parceiros fazerem melhor.

Os ecossistemas têm a ver com coexistência e o quanto vários parceiros conseguem viver juntos no ambiente natural ou no mundo dos negócios, e realizar mais juntos.

Na natureza, estamos familiarizados com os sistemas complexos pelos quais plantas e animais, paisagens e clima, se conectam entre si em uma bolha de vida. Os ecossistemas, como qualquer rede, têm a ver com conexão, com contribuir para uma melhor inovação e desenvolvimentos compartilhados, como uma troca de valor com benefícios mútuos. De todos os fatores, os ecossistemas trazem agilidade para entregar hoje e criar amanhã.

Embora as organizações costumassem se orgulhar de sua independência, tamanho e poder, hoje elas percebem que podem realizar mais juntas, que o tamanho é irrelevante e o sucesso tem muito mais a ver com encontrar os parceiros certos, que possam contribuir para soluções mais ricas, estruturas mais ágeis e maior alcance.

Do mesmo modo, elas percebem que as hierarquias que asseguravam o controle e a consistência dentro das grandes organizações, que agradavam os egos de líderes e proprietários, não são necessárias em um mundo em rede.

As características essenciais dos ecossistemas de negócios são:

- **Combinação:** construída em torno de grupos de organizações múltiplas e diversas, sem propriedade comum, com interesses mútuos e ambições.

- **Mutualidade:** compromisso compartilhado com o sucesso, geralmente alinhado por propósito e estratégia, e pode usar uma marca comum a todos os parceiros.

- **Colaboração:** rede dinâmica de relacionamentos mutáveis e semipermanentes, ligados por fluxos de dados, serviços e finanças.

- **Diversidade:** combinar aspectos de competição e colaboração, principalmente quando são complementares no que fazem ou oferecem.

- **Evolução:** parceiros no ecossistema evoluindo à medida que redefinem suas capacidades e relações com os outros ao longo do tempo.

Jack Ma iniciou em 1995 criando China Pages, um diretório online para clientes no exterior, mas encontrou pouca tração. Ele então percebeu que seria muito mais poderoso criar uma rede dessas empresas para que pudessem negociar entre si e além.

O Alibaba inicialmente surgiu como um ecossistema de pequenas empresas chinesas, que mais tarde as conectou com os consumidores. Ele desenvolveu um modelo de ecossistema. O imperativo estratégico era garantir que a plataforma fornecesse todos os recursos, ou acesso aos recursos, de que qualquer empresa precisaria. A nova tecnologia de algoritmos e aprendizado de máquina, junto com o custo decrescente do poder de computação, tornou isso possível. O ex-diretor de estratégia Ming Zeng diz que eles desenvolveram uma fórmula:

Coordenação de rede + Inteligência de dados = Negócio inteligente

Alibaba: Estratégia de Sucesso se tornou o título do livro de Zeng, no qual ele apresenta quatro etapas como base para a criação de um negócio inteligente: criar processos de extração e tabulação de dados (datafiação) para enriquecer o conjunto de dados que a empresa utiliza para ficar mais inteligente; usar software para automatizar os fluxos de trabalho; desenvolver padrões e interfaces para permitir o fluxo e coordenação de dados em tempo real; e aplicar algoritmos de aprendizado de máquina para gerar decisões de negócios.

PLATAFORMAS TRANSFORMAM MERCADOS

Ecossistemas baseados em plataformas dominam os mercados mundiais. Oito das dez empresas mais valiosas do mundo são plataformas, incluindo Amazon, Apple, Facebook e Google.

As "plataformas" reúnem compradores e vendedores, utilizando um ponto de encontro comum. São locais de trocas de valor, ou casamenteiras, que fornecem as condições para as pessoas fazerem novas conexões. Embora a maioria das interações seja virtual, explorando efeitos de rede, muitos dos produtos e serviços podem ser físicos.

Você poderia argumentar que as plataformas não são nenhuma novidade. Bolsas de grãos na Grécia Antiga, feiras medievais, bolsas de valores. No entanto, a tecnologia tornou as plataformas de hoje muito mais dinâmicas, poderosas e valiosas. Alex Moazed, em *Modern Monopolies* (*Monopólios Modernos*, em tradução livre), diz que "as plataformas não possuem os meios de produção, elas criam os meios de conexão".

As plataformas redefiniram os mercados ao criar novos modelos de negócios e novas categorias, do compartilhamento de carona ao coworking. Elas permitem que um número enorme de pequenos participantes tenha acesso a mercados aos quais normalmente nunca teriam os recursos para acessar. Imagine um artista de rua capaz de vender sua arte peculiar no mundo todo usando o Etsy. Ou um proprietário de imóvel podendo ganhar dinheiro com um quarto extra usando o Airbnb. Ou um empreendedor sendo capaz de encontrar um investimento em startup, por meio de crowdsourcing da Indigogo. Ao mesmo tempo, as plataformas permitem que os consumidores acessem um mundo mais eclético e interessante.

A "economia de plataforma" tornou-se sinônimo de:

- economia digital, permitindo que qualquer pessoa acesse qualquer coisa;
- economia on-demand, para acessar qualquer coisa a qualquer momento;
- economia de compartilhamento, para usar ativos e recursos de forma mais colaborativa;
- economia gig (freelance), para trabalhar por conta própria em muitos projetos de curto prazo.

Em *Plataforma — A Revolução da Estratégia*, Marshall van Alstyne diz que "não importa quem você seja ou o que faça para viver, é altamente provável que as plataformas já tenham mudado sua vida como funcionário, líder de negócios, profissional, consumidor ou cidadão — e estão prontas para produzir mudanças ainda maiores em sua vida diária nos próximos anos".

Ping An é um ótimo exemplo de como levar o modelo de ecossistema mais além. Começando como uma seguradora, fundada em 1990, agora é de capital aberto e usou esse suporte financeiro para crescer em muitos outros setores. Um pouco como a Berkshire Hathaway de Warren Buffett, ela se transformou em uma potência financeira, mas nesse caso usando o novo pensamento de plataforma de tecnologia. Com um valor de mercado superior a US$ 200 bilhões, já é uma das dez maiores empresas do mundo.

Good Doctor é o negócio de saúde digital da Ping An, fundado em 2015, e agora a maior plataforma de saúde do mundo, com 300 milhões de usuários. A empresa descreve seu modelo de serviço como "internet + IA + médicos" na forma de um aplicativo online, pelo qual um paciente inicialmente avalia sua saúde ou doença específica usando um diagnóstico baseado em IA. Se necessário, ele será conectado por chamada de vídeo, geralmente dentro de uma hora, a um médico de verdade, provavelmente um dos 10.000 funcionários da Ping An em seus hubs de serviço.

O médico pode então encaminhar o paciente para mais diagnóstico, tratamento ou medicação. É quando o ecossistema de parceiros se torna inestimável, com uma rede nacional de médicos, hospitais e farmácias, e até mesmo um serviço de entrega em domicílio de prescrições. A plataforma também oferece conselhos de saúde e bem-estar; por exemplo, orientando mães de recém-nascidos e pessoas idosas. Uma assinatura mensal abrange uma taxa de seguro para cobrir alguns custos, enquanto um serviço premium chamado Private Doctor oferece serviços adicionais e taxas com tudo incluso.

A EMPRESA "BORBOLETA"

Uma empresa borboleta é uma empresa relativamente pequena com uma grande imaginação, que tem sucesso instrumentalizando o ecossistema, reunindo uma rede diferenciada de parceiros, muitas vezes reforçada por uma reputação de marca poderosa e envolvente.

A borboleta pode realizar sonhos enquanto permanece pequena e altamente ágil, usando seus parceiros com habilidades complementares, risco e recompensa compartilhados, para agregar alcance e riqueza, e ter mais influência e impacto. Na verdade, você poderia acrescentar muitos outros exemplos, de Airbnb a Uber, de empresas de ativos leves obtendo sucesso por meio de ecossistemas.

O que torna as empresas borboleta especiais é quando vão além do pensamento convencional dos ecossistemas.

A empresa borboleta, que pode ser uma startup ou um negócio estabelecido, se reúne com os parceiros não apenas na busca de ganhos financeiros, mas com um propósito comum. Uma ambição coletiva inspiradora pela qual todos os parceiros juntos podem contribuir para um objetivo maior e, potencialmente, um mundo melhor.

Um forte propósito comum cria uma direção compartilhada e uma cultura alinhada.

A empresa borboleta funciona em estreita colaboração com seus parceiros, com compartilhamento ágil de recursos. Oferece uma experiência melhor aos consumidores, trabalhando em conjunto para projetar e desenvolver experiências inovadoras baseadas em soluções e, em seguida, entregá-las de forma contínua, mais pessoal e mais adequada.

Uma borboleta com um propósito mais rico tem um impacto mais positivo, financeiramente e além. Ela reúne uma abordagem baseada em sistema para recursos que geram desperdício líquido zero. Ou, ainda melhor, obtém um impacto líquido positivo. Na verdade, um ecossistema tem muito mais probabilidade de alcançar um impacto líquido zero, ou um impacto líquido positivo — o que é ainda melhor —, trabalhando em conjunto.

É claro que existe também "o efeito borboleta", como foi cunhado há 50 anos por Edward Lorenz, um professor de meteorologia do MIT que amava a natureza.

Enquanto procurava simular padrões climáticos usando um modelo de computação baseado em 12 variáveis ambientais, Lorenz inseriu alguns números. Ele percebeu que a menor diferença nos números, diminuindo muitas casas decimais, poderia fazer uma enorme diferença na previsão do tempo.

De modo semelhante, o líder de negócios da empresa borboleta pode causar grandes diferenças nas experiências positivas dos consumidores, no sucesso mútuo de cada parceiro e na evolução contínua do ecossistema.

RESUMO: COMO VOCÊ RECODIFICARÁ SUA ORGANIZAÇÃO?

5 perguntas para refletir:

- Trabalho rápido — o que mudaria o andamento e o ritmo de sua organização?
- Equipes pizza — como você poderia envolver as pessoas em equipes menores e melhores?
- Pessoas e benefícios — o que alinharia melhor as pessoas com sua organização?
- Equipes radicais — como você poderia criar um trabalho em equipe mais seguro, porém mais forte?
- Construa uma borboleta — como se reinventar como uma empresa "borboleta"?

5 líderes para se inspirar (mais em businessrecoded.com):

- Reed Hastings, Netflix — pessoas trabalhando juntas como um time dos sonhos.
- Zhang Ruimin, Haier — criando uma organização empresarial *rendanheyi*.
- Cristina Junqueira, Nubank — liderando a igualdade e a diversidade no Brasil.
- Jos de Blok, Buurtzorg — cuidados de saúde autogeridos e centrados no paciente na Holanda.

- Ari Weinzweig, Zingerman's — criando uma paixão por comida gourmet.

5 livros para se aprofundar:

- *Reinventando as Organizações,* de Frédéric Laloux.
- *Humanocracia,* de Gary Hamel.
- *The Project Revolution* (*A Revolução do Projeto*), de Antonio Nieto-Rodriguez.
- *Legado,* de James Kerr.
- *A Organização sem Medo,* de Amy Edmondson.

5 fontes para explorar mais:

- TLNT.
- Corporate Rebels (Rebeldes Corporativos).
- Talent Culture (Cultura de Talento).
- Fistful of Talent (Um Punhado de Talentos).
- Reinventing Organizations (Reinventando Organizações).

MUDANÇA 6
SIZÍGIA

Recodifique sua transformação

O QUE É PRECISO PARA TRANSFORMAR SUA EMPRESA DE FORMA EFICAZ?

Da mudança incremental à transformação sustentada.

Sizígia tem suas origens na palavra grega suzugia, *que significa jungido ou emparelhado, e se tornou popular no latim e no inglês do século XVIII. De maneira mais geral, significa conjunção ou alinhamento. A sinergia é uma palavra mais moderna derivada dela.*

Considere como essas organizações se reinventaram:

- A Berkshire Hathaway começou como uma fusão da Berkshire Spinning Association com a fábrica têxtil Hathaway. Warren Buffett transformou-a em uma potência do investimento.
- A Domino's Pizza se destaca entre os varejistas do fast-food de hoje, reinventando-se para oferecer uma experiência de marca digitalmente centrada pela qual as pessoas pagarão mais.
- A *National Geographic* ficou famosa na época da revista impressa. Em seguida, começou a explorar mídias mais instantâneas e envolventes, tornando-se a marca mais popular no Instagram.
- A Nintendo foi fundada em 1889 por Fusajiro Yamauchi como uma empresa de cartas de baralho, mas foi transformada por seu neto Hiroshi em um império de jogos digitais.
- A Shell era uma loja londrina especializada em conchas exóticas da Ásia antes de se transformar na maior companhia petrolífera do mundo e agora busca se transformar em energia limpa.
- A Western Union, outrora uma das primeiras redes de empresas de telégrafo do interior dos Estados Unidos, reinventou-se como o maior serviço de transferência de dinheiro do mundo.
- A Wipro começou em 1945 vendendo óleo vegetal, antes de diversificar para outros produtos. Agora é uma das maiores empresas de TI do mundo, de engenheiros terceirizados e de software.
- Ken Chenault, da American Express, afirma que "a transformação bem-sucedida requer mudança imutável", exigindo valores constantes, mas reinvenção incansável.

Como você poderia reinventar sua empresa?

> **CÓDIGO 36: TRANSFORME SUA EMPRESA**
> POUCAS ORGANIZAÇÕES PODEM AFIRMAR QUE IMPLEMENTAM SUAS ESTRATÉGIAS DE FORMA EFICAZ, MUITO MENOS TRANSFORMAR VISÕES RADICAIS EM AÇÕES PRÁTICAS QUE INSPIRAM AS PESSOAS E TRANSFORMAM O DESEMPENHO.

Ørsted, a empresa de energia dinamarquesa, está classificada como a companhia mais sustentável do mundo, o que é impressionante, considerando que dez anos atrás 95% de sua energia vinha de combustíveis fósseis.

Em 2012, então conhecida como DONG (Danish Oil and Natural Gas), deparou-se com problemas financeiros, pois a superprodução fez os preços do gás despencarem. A classificação de crédito da empresa foi rebaixada para negativa, aumentando o seu considerável endividamento.

O conselho contratou o ex-líder de transformação de negócios da Lego, Henrik Poulsen, como novo CEO. Enquanto alguns líderes poderiam ter adotado o modo de gestão de crise, demitindo trabalhadores até os preços se recuperarem, Poulsen identificou o momento como uma oportunidade para uma mudança fundamental.

"Vimos a necessidade de construir uma empresa totalmente nova", diz Poulsen. "Tinha que ser uma transformação radical; precisávamos construir um novo negócio principal e encontrar novas áreas de crescimento sustentável. Verificamos a necessidade de combater as mudanças climáticas e tomamos a profunda decisão de ser um dos primeiros a passar da energia preta para a verde".

Poulsen enfatizou a natureza de curto prazo e de longo prazo da mudança. "Analisamos as 12 linhas diferentes de negócios em que atuávamos e examinamos ativo por ativo para ver onde havia força competitiva. Carvão, petróleo e gás estavam se desgastando rapidamente como negócios, então decidimos nos desfazer de 8 de nossas 12 divisões e usar os recursos para reduzir nossa dívida".

A empresa também havia começado a olhar para além de seu negócio principal e tinha investido em energia eólica no mar, mas a tecnologia ainda era muito cara, produzindo energia que era mais do que o dobro do preço da eólica em terra. Sob Poulsen, a empresa adotou um programa sistemático de "redução de custos" para reduzir as despesas de todos os aspectos da construção e operação de parques eólicos offshore enquanto alcançava escala nesse mercado emergente.

Poulsen mudou o nome da empresa para Ørsted, em homenagem ao lendário cientista dinamarquês Hans Christian Ørsted, que descobriu os princípios do eletromagnetismo. Isso ajudou a infundir um senso de propósito na organização, que a levou a cortar o custo da energia eólica offshore em 60%, enquanto construía três novos grandes parques eólicos oceânicos no Reino Unido e adquiria uma empresa líder nos Estados Unidos para ser pioneira em águas offshore na América do Norte.

Anteriormente 80% pertencente ao governo dinamarquês, a IPO da Ørsted em 2016 foi uma das maiores do ano. O lucro líquido aumentou mais de US$ 3 bilhões desde 2013, e a Ørsted é agora a maior empresa eólica offshore do mundo, com uma participação de 30% em um mercado global em expansão.

TRANSFORMAÇÃO DA EMPRESA

O que motiva um líder empresarial a embarcar na transformação estratégica?

Às vezes é uma crise financeira, ou a ameaça de um concorrente disruptivo, ou o crescimento estaciona à medida que os mercados amadurecem ou diminuem; outras vezes é a oportunidade de entrar em uma nova megatendência global, ou o resultado de um planejamento estratégico proativo.

Para entender melhor a dinâmica de "por quê" e "como" a transformação acontece, o estudo "Transformation 20" da Innosight avaliou os esforços de mudança estratégica de muitas empresas, procurando identificar as melhores práticas em todos os setores e geografias. A classificação se baseia em três fatores: encontrar um novo crescimento (% da receita além da atividade principal), reposicionar a atividade principal (dando nova vida ao negócio legado) e incrementar o crescimento financeiro (receita, lucro e valor econômico com a transformação).

O guru da inovação Scott Anthony descreve a essência desse tipo de transformação: "O que as empresas estão fazendo aqui é fundamentalmente mudar na forma ou na substância. Um pedaço, se não a essência, do antigo permanece, mas o que surge é claramente diferente em termos materiais. É um líquido se transformando em gás. Chumbo se transformando em ouro. Uma lagarta se transformando em borboleta".

Seguem alguns exemplos dessas transformações:

- **Adobe:** transformou-se de produto em serviço, de software de documento em experiências, marketing, plataformas comerciais e análises digitais.

- **Amazon:** transformou a própria infraestrutura em "Amazon Web Services", que permite que outras organizações operem seus negócios online.

- **DBS:** transformou-se de um banco regional em uma plataforma digital global, uma "startup de 27.000 pessoas", coroada como "Melhor Banco do Mundo".

- **Microsoft:** transformada de um modelo de negócios baseado principalmente em vender licenças de produtos (IP) em um negócio de plataforma como serviço baseado na nuvem.

- **Netflix:** mudou de DVDs por correio para o serviço de conteúdo de vídeo líder em streaming e agora um dos principais provedores de conteúdo original.

- **Ping An:** transformou-se de empresa de seguro em um negócio de tecnologia em nuvem, fornecendo diagnósticos e imagens médicas baseadas em fintech e IA.

- **Tencent:** transformada de um negócio social e de jogos em uma plataforma que abrange entretenimento, veículos autônomos, computação em nuvem e finanças.

Transformação é uma mudança significativa, duradoura e irreversível na forma como a empresa opera e gera valor, de modo que, normalmente, pelo menos 25% da receita total vem de novas unidades de negócios ou modelos de negócios. Pode levar tempo, dez anos conforme demonstrado pela Ørsted, mas também coloca a empresa em um novo rumo para um futuro melhor.

Embora as tecnologias digitais sejam um importante facilitador da transformação, as empresas devem tomar cuidado com o termo "transformação digital", que costuma ser usado para descrever a automação das funções de negócios, buscando mais eficiência e velocidade, ou aplicações mais amplas de tecnologia. Da mesma forma, "mudança de cultura" não é o mesmo que transformação dos negócios. Em ambos os casos, só é transformador se acompanhado por uma reinvenção mais holística do negócio, incluindo estratégia, modelos de negócios, proposições e desempenhos.

PIVÔ PARA UM NOVO ESPAÇO

O destino de qualquer transformação pode ser bem diferente de como foi inicialmente imaginado. Muitos projetos, e até mesmo empresas, descobrem que atingem um ponto em que precisam mudar significativamente de direção, com base no que aprenderam. Este é um "pivô" e tem sido uma característica de muitas jornadas de startups nos últimos anos:

- **Instagram,** inicialmente conhecido como Burbn, começou como fórum de discussão online desenvolvido por Kevin Systrom enquanto aprendia a programar, mas agora tem 1 bilhão de usuários compartilhando imagens e vídeos.

- **Slack** começou como um jogo chamado Glitch, desenvolvido por Stewart Butterfield depois de ter vendido o Flickr. O jogo não decolou, mas a plataforma evoluiu para se tornar o Slack, um lugar para trabalho colaborativo.

- **Twitter** era conhecido anteriormente como Odeo, uma plataforma de podcast antes de os podcasts decolarem. Jack Dorsey decidiu mudar para microblog, como ele o chamava, rebatizando-o de Twitter e tornando-o um líder em postagens curtas e atualizações de status.

- **YouTube** originou-se como um site de namoro, incentivando as pessoas a enviar vídeos de si mesmas. Poucas pessoas abraçaram o conceito, mas quando o site abriu para qualquer um que quisesse compartilhar um vídeo, mais de 2 bilhões de pessoas se inscreveram.

As organizações maiores precisam aprender a ter um pivô como parte de sua evolução e como sequência das transformações.

Conforme percorrem as "curvas S" das mudanças de mercado, aceleram quando as novas ideias decolam, mas desaceleram conforme as ideias amadurecem. No final, sem mudanças, o antigo negócio declina, à medida que o mercado se move em novas direções e surge uma nova curva S. O desafio da transformação é percorrer as curvas S, saltando para a nova curva enquanto ainda prospera na curva antiga, transformando-se antes de precisar fazê-lo.

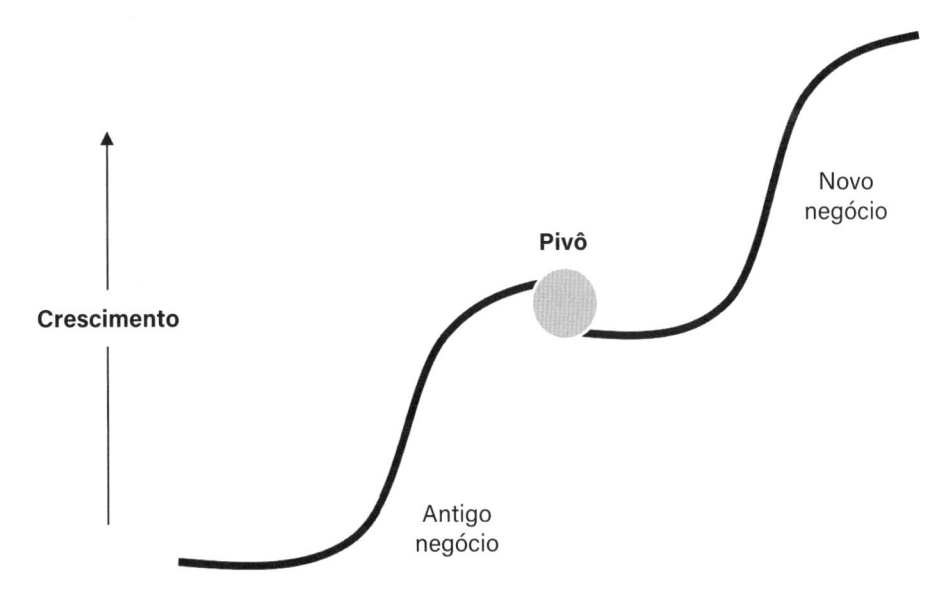

FIGURA 6.1 Pivotando nas curvas S de mudança de mercado.

EVOLUA PARA PIVOTAR

A transformação não precisa ser uma mudança repentina de um estado para outro, e pode ser mais evolutiva. Na verdade, uma abordagem persistente e focada na mudança incremental, não apenas na eficiência, mas no melhor desempenho competitivo, pode ter o mesmo impacto transformador.

Aprendi pela primeira vez sobre "ganhos marginais" enquanto assistia ao ciclismo. Dave Brailsford era o novo diretor de desempenho do Team GB, que nos últimos anos passou a dominar o esporte. Os ganhos marginais eram considerados seu segredo para um desempenho superior.

Brailsford e seus treinadores começaram fazendo pequenos ajustes que você esperaria de uma equipe profissional de ciclismo. Redesenharam os selins para torná-los mais confortáveis e esfregaram álcool nos pneus para uma melhor aderência. Pediram aos ciclistas que utilizassem bermudas com aquecimento elétrico para manter a temperatura muscular ideal enquanto pedalavam e usaram sensores de biofeedback para monitorar como cada atleta respondia a um treino específico. A equipe testou vários tecidos em um túnel de vento e fez com que os ciclistas mudassem para trajes de corrida de ambientes internos, que se mostraram mais leves e aerodinâmicos.

Em seguida, foram mais longe. Testaram diferentes tipos de géis de massagem para ver qual levava à recuperação muscular mais rápida. Contrataram um cirurgião para ensinar a cada ciclista a melhor maneira de lavar as mãos para reduzir as chances de pegar um resfriado. Determinaram o tipo de travesseiro e colchão que levava à melhor noite de sono para cada ciclista. Até pintaram de branco o interior do caminhão da equipe, o que os ajudava a localizar pequenos pedaços de poeira que normalmente passariam despercebidos, mas que poderiam prejudicar o desempenho das bicicletas bem ajustadas.

O mantra da equipe passou a ser "1%" e a levou a um sucesso fenomenal, incluindo seis vitórias no Tour de France em sete anos e várias medalhas de ouro olímpicas. Embora alguns tenham ficado preocupados com o fato de que a busca por uma vantagem pudesse levar o esporte a práticas éticas nebulosas, Brailsford sempre sustentou que todo ganho era científico e legal.

De fato, em 2018, Brailsford foi o mentor técnico por trás da primeira maratona de menos de duas horas de Eliud Kipchoge, com foco em cada ganho marginal da superfície e curvatura da pista, a temperatura e umidade do tempo, ritmo das passadas e design do calçado.

Do ciclismo à maratona, da segurança cibernética à fabricação de automóveis, as organizações têm constatado que 1% de melhoria pode fazer uma grande diferença. Muitas pequenas mudanças podem acrescentar mais do que uma grande mudança. Concentre-se em fazer muitas melhorias de 1% e você descobrirá que o efeito composto é enorme, sem colocar todos os ovos em uma única cesta de mudança transformadora.

> **CÓDIGO 37: APROVEITE O PRINCIPAL, EXPLORE A BORDA**
> A TRANSFORMAÇÃO TEM UM FOCO DUPLO — MELHORAR HOJE E INOVAR AMANHÃ —, REINVENTANDO O NEGÓCIO PARA QUE ELE POSSA FAZER AS DUAS COISAS, TORNANDO-SE UMA ORGANIZAÇÃO AMBIDESTRA.

Passei grande parte de 1999 trabalhando com a Philips. Lembro bem, principalmente por causa do curto voo regular de Londres para Eindhoven. Mesmo pegando o primeiro voo, muitas vezes atrasado pelo nevoeiro, raramente chegava à sede antes das 11h, por causa da diferença de fuso horário. Na Holanda, o almoço é às 11h30, e sempre um pãozinho de queijo e uma caixa de leite. Eles ficaram altos comendo laticínios. Enquanto comíamos, a mudança era sempre o assunto das conversas.

A Philips foi fundada em 1891 por Gerard Philips, que comprou uma fábrica vazia em Eindhoven, onde a empresa iniciou a produção de lâmpadas de filamento de carbono.

Ao longo do século seguinte, a empresa começou a ampliar para outros negócios eletrônicos como válvulas, barbeadores elétricos, rádios (e até mesmo uma estação de rádio). Seguiram-se as televisões, que evoluíram para uma batalha de formatos de videocassetes e discos laser. Escovas de dente também. Durante esse tempo, o negócio principal de iluminação continuou, evoluindo de lâmpadas de filamento para novos formatos como LEDs, com o apoio de seu negócio de semicondutores.

No início dos anos 2000, a Philips mudou simbolicamente sua sede de Eindhoven para Amsterdã e começou a adquirir uma série de empresas de saúde, de scanners de diagnóstico a aparelhos cirúrgicos. Sua atividade principal começou a se distanciar de eletrônicos. Em 2018, a empresa formalmente separou seu negócio de iluminação, que foi renomeado como Signify, embora continuasse a usar a marca Philips em seus produtos sob licença. Os cuidados da saúde tornaram-se o novo negócio central.

TRANSFORME PARA HOJE E AMANHÃ

Como você pode criar o futuro e, ao mesmo tempo, entregar o hoje?

A mudança abre novas oportunidades para criar mercados novos. É o momento em que uma empresa normalmente precisa proteger e melhorar suas atividades atuais, mas também aproveitar as oportunidades de amanhã, para explorar e criar negócios.

As empresas precisam ser ambidestras: pensar e trabalhar simultaneamente no curto e no longo prazo. Como o deus romano Jano, com seus dois pares de olhos, focar, ao mesmo tempo, o que está atrás e o que está à frente.

As vendas de curto prazo trazem o dinheiro, mas também a permissão de criar um futuro melhor. No entanto, este não é um desafio sequencial nem um desafio paralelo. A organização não deve atrasar o amanhã para ganhar o hoje ou trabalhar separadamente em ambos.

O truque é assegurar que o hoje leve ao amanhã e que as ações de curto prazo levem ao progresso de longo prazo. Muitos líderes ficam obcecados pelo curto prazo e perdem de vista os objetivos maiores. Naturalmente, um foco direto na obtenção de resultados parece bom, geralmente subserviente à aparente impaciência dos analistas de investimentos. Mas isso erra o alvo. Os investidores se interessam mais pelo sucesso futuro; o hoje é apenas um guia para isso.

TRANSFORMAÇÃO DUPLA

Scott Anthony, em seu livro *Dual Transformation* (*Transformação Dupla*, em tradução livre), descreve essa mudança como três componentes:

- **Transformação A:** reposicionamento e melhoria do negócio central para maximizar a resiliência (por exemplo, mudança da Adobe do software de prateleira para SaaS).

- **Transformação B:** criação de um novo motor de crescimento (por exemplo, a Amazon acrescentando serviços de computação em nuvem e conteúdo de streaming além do comércio eletrônico).

- **Competências C:** a melhor maneira de compartilhar ativos e recursos, marca e escala, e gerenciar a interface entre a atividade principal e a nova.

A transformação A envolve a aceitação das novas circunstâncias, o desenvolvimento de novas métricas e a introdução de novos talentos com experiência em ambientes de trabalho emergentes. A transformação B requer a compreensão de oportunidades futuras, mudanças nos consumidores e padrões de valor. Isso ajuda a desenvolver novos modelos de negócios por meio de experimentação iterativa e disposição para pivotar. Pode envolver a aquisição de outras empresas e forjar novas parcerias, dependendo das expectativas dos períodos de impacto.

Anthony compara o link de competências a uma câmara de descompressão em uma espaçonave ou submarino. Essa equipe inclui veteranos experientes e gerentes diplomáticos, mas o líder empresarial precisará tomar decisões difíceis sobre quais habilidades essenciais são relevantes durante a transformação e arbitrar no transcurso das inevitáveis discussões e disputas por território. Decisões difíceis precisarão ser tomadas em relação à velocidade da operação, às opções de preços e à avaliação de alguns dos inevitáveis fracassos ao longo do caminho. Outros desafios na transformação dupla são equilibrar a atenção e os ativos e proteger os fluxos de renda tradicionais, ao mesmo tempo em que crescem novas fontes de maneira lenta e experimental.

MUDANDO A ATIVIDADE CENTRAL

À medida que as empresas evoluem, seu centro de gravidade se move.

Vemos isso na evolução da IBM, que ficou famosa como inovadora de computadores mainframe. Conforme o mercado mudava, em função da evolução tecnológica, do mainframe ao desktop e ao laptop, a IBM foi encontrando muito mais concorrentes.

Por algum tempo, a empresa acompanhou a tendência, desenvolvendo os próprios desktops e laptops, ao mesmo tempo em que explorava novas áreas de negócios, principalmente em serviços como consultoria. No final, reconheceu que seu ponto forte não estava mais em fabricar qualquer tipo de computador, mas nos conselhos que podia oferecer, e mudou para se tornar uma empresa de consultoria como atividade central.

A mudança na atividade central pode ser vista em três fases:

- **Concentre-se na atividade central.** Defina claramente o seu negócio central, fortaleça-o e procure impulsionar o crescimento por intermédio dele em mercados existentes e novos.
- **Além da atividade central.** Amplie para mercados adjacentes, que possam aproveitar a atividade central, como a IBM em serviços, com os próprios fluxos de receita.

- **Redefina a atividade central.** Conforme os mercados evoluem, a antiga atividade central pode começar a declinar, e antes de isso acontecer é hora de mudar para consolidar a nova atividade central.

Embora essa mudança possa parecer uma transformação fundamental do negócio, como vimos com a Philips, pode ser simplesmente seguir o mesmo propósito, mas interpretá-lo de forma a cumprir de maneiras novas e em evolução. A mudança pode igualmente ser representada por um ativo mais intangível, como marca ou competência, que pode ser implantado com parceiros em novos setores, como na mudança da Ping An.

> **CÓDIGO 38: COMECE DE FORA PARA DENTRO E DE DENTRO PARA FORA**
> VOCÊ DEVE COMEÇAR PELO CLIENTE OU PELA CULTURA, PELA NECESSIDADE OU PELO SONHO? POR AMBOS, MAS O CATALISADOR E O FOCO DA MUDANÇA DEVEM ESTAR FORA, NÃO DENTRO.

O DBS é considerado por muitos o banco mais inovador do mundo. O banco com sede em Cingapura procura oferecer um novo tipo de experiência bancária que seja tão simples, direta e invisível que os clientes possam gastar mais tempo com as coisas que lhes interessam.

O CEO Piyush Gupta chama isso de "banco invisível", no qual as transações financeiras estão profundamente embutidas nas atividades da vida cotidiana — de viagens a compras, de alimentação a entretenimento. As pessoas não precisam mais pensar no banco como uma atividade separada; ele faz parte de tudo.

Embora grande parte da transformação do DBS de um banco regional médio para um líder global tenha a ver com tecnologias digitais, Gupta diz que não se trata de tecnologia. "Se apenas tentássemos aplicar a tecnologia ao modelo bancário existente, acabaríamos sendo um banco eficiente", diz ele, que considera tudo bem, mas não exatamente ambicioso. Na verdade, ele queria transformar o conceito de banco para poder melhorar a vida das pessoas.

Cada criança em Cingapura, por exemplo, usa agora uma pulseira de fitness DBS, que é fornecida gratuitamente pelas escolas. O dispositivo permite transformar o condicionamento físico em um jogo, comparando quantos passos deram por dia, para melhorar a saúde. No entanto, também possui um aplicativo de GPS para que os pais saibam onde os filhos estão, por segurança. E um aplicativo de pagamento eletrônico para viagens e refeições escolares.

Para conseguir essa transformação, Gupta percebeu que precisava primeiro criar um negócio centrado no cliente, antes de poder digitalizá-lo. Isso exigiu uma mudança fundamental na cultura e nos processos, produtos e serviços. Durante três anos ele trabalhou incansavelmente para que seu pessoal visse o que faziam da perspectiva do cliente, usando "hackatons" ("maratonas do pessoal da área de tecnologia") de alta energia na empresa, para envolver as pessoas e gerar novas ideias.

Somente quando ficou satisfeito com o fato de que a empresa tinha uma nova mentalidade e, pelo menos, começou uma transformação para o verdadeiro foco no cliente, ele passou a explorar o potencial das novas tecnologias para facilitar e acelerar a transformação. "Não se trata de colocar o cliente no centro do sistema bancário", diz ele, "mas de incorporar os serviços bancários à vida cotidiana das pessoas".

DE FORA PARA DENTRO

Em meu livro *O Gênio dos Clientes*, descrevo a jornada transformadora para se tornar um negócio centrado no cliente. De uma visão a respeito de como tornar a vida melhor a insights profundos sobre o que é mais importante para seus clientes, mediante a solução de problemas e proposições de valor, experiências e relacionamentos com o cliente, eu defini um negócio construído em torno de pessoas, não de produtos.

Transformar sua empresa de fora para dentro começa com:

- Clientes: quem você deseja atender, por que e como?
- Insight: o que eles realmente querem e o que é mais importante?
- Experiência: como desenvolver soluções para entregar os benefícios?
- Engajamento: por que eles serão atraídos pela proposição?
- Entrega: como entregar de forma diferenciada e rentável?

Os negócios centrados no cliente prosperam com base na paixão por servir, em "ir além" por seus clientes, construindo a retenção e a fidelidade com as fontes futuras de lucros mais garantidas. É uma maneira simples, humana e motivadora de pensar o motivo de você estar no mercado.

Muitas empresas vêm tentando desenvolver uma cultura "centrada no cliente" há pelo menos 25 anos. Estar em sintonia com o cliente permite que as empresas sejam mais receptivas aos mercados, retenham clientes por meio de um serviço melhor, se diferenciem dos concorrentes, mas também estejam mais alinhadas com o mundo externo em mudança.

DE DENTRO PARA FORA

Mas então me deparei com uma barreira ideológica. Uma perspectiva alternativa é que as empresas devem mudar "de dentro para fora". Você não deveria começar com os valores e virtudes de sua organização e depois torná-los fortes e atraentes? "Steve Jobs nunca perguntou aos clientes o que eles queriam, e os clientes não sabem mesmo", eles diriam. Ou, para citar Richard Branson, "os funcionários vêm em primeiro lugar, os clientes vêm em segundo lugar".

Transformar sua empresa de dentro para fora começa com:

- Pessoal: o que fazemos, o que nos motiva?
- Competência: quais são nossas habilidades, nossos pontos fortes distintivos?
- Produtos: quais produtos desenvolver, com que qualidade e custo?
- Processo: como entregá-los de maneira rápida e eficiente?

- Vendas: quanto podemos vender para assegurar a nossa rentabilidade?

Há lógica nessa abordagem também. Embora o antigo ditado de que uma empresa deve "focar suas principais competências" esteja desatualizado — talvez verdadeiro em um mundo estável, mas não em um mundo de oportunidades e parcerias em constante mudança —, o ponto forte real de pensar de dentro para fora é construir com base na cultura. Se as organizações são definidas pelas pessoas, então as culturas, as crenças e os comportamentos que elas geram são fontes de pontos fortes e diferenciação.

Você poderia dizer que isso é semântica, mas para muitos líderes pode ser confuso. "De dentro para fora" é orientado por realizar o que você faz melhor, o uso mais eficiente de recursos e novas aplicações de competências. "De fora para dentro" é impulsionado por fazer o que os clientes desejam; inovação e agilidade em resposta às mudanças.

Lembro-me desse debate "de fora para dentro versus de dentro para fora" enquanto discutia a estratégia de crescimento com uma equipe executiva de uma empresa do Vale do Silício. Era uma empresa de tecnologia; na verdade, quase todos eram formados em engenharia de software. Para eles, o documento mais importante era o "guia do produto". Isso guiava seu progresso nos lançamentos subsequentes de produtos, à medida que ficavam melhores — no caso deles, mais rápidos, menores e mais baratos.

Perguntei se era isso que os clientes realmente queriam. Não deveríamos ser guiados pelo que é mais importante para os clientes, quando eles o querem e como podemos aprimorá-los por meio de produtos, serviços e experiências adicionais? Sim, talvez. Mas o produto para eles era rei. Demorou pelo menos 18 meses de mudança de cultura antes que eu finalmente conseguisse que eles respeitassem relutantemente o "guia do cliente".

TRANSFORMANDO COM PROPÓSITO

A resposta, como na história da transformação do DBS, é certamente que você precisa de ambos. O melhor ponto de partida, na verdade, não é nem fora nem dentro, e sim o seu propósito. Por que você existe? Qual é a contribuição que você busca dar ao mundo, à sociedade, às pessoas?

Um propósito é, em última análise, uma declaração "de fora para dentro". Baseia-se no que permite que as pessoas façam, e não no que você faz. No entanto, um propósito é "de dentro para fora" no sentido de que se torna o princípio orientador de toda a empresa, sua cultura, suas escolhas estratégicas e a motivação para trabalharmos todas as manhãs.

A transformação vai além do que os clientes desejam ou das competências que possuímos. Precisa começar em um nível superior. Você pode não ter atualmente os clientes certos, ou mesmo estar no mercado certo. Como disse Steve Jobs, eles podem não ser capazes de expressar o que desejam, embora eu sugira que ele estava, na verdade, introduzindo a mentalidade do cliente para eles.

Em um mundo em que você pode fazer qualquer coisa, guie-se pelo seu propósito. Crie uma empresa que tenha sucesso fazendo mais pelo mundo, reunindo a inspiração de fora com a imaginação de dentro.

> **CÓDIGO 39: ENVOLVA AS PESSOAS NA MUDANÇA**
> COMO ENVOLVER AS PESSOAS EM UMA JORNADA EMOCIONAL DE RESISTÊNCIA E RENOVAÇÃO. DE UM CASO DE NEGÓCIO A PLANOS DE PROJETOS, GANHOS RÁPIDOS E SÍMBOLOS DE MUDANÇA, NÃO É FÁCIL.

Reshma Saujani está em uma missão para conseguir que mais garotas adotem a tecnologia. Ela é formada em direito, a primeira indígena americana a concorrer ao Congresso dos EUA e fundadora da Girls Who Code, uma organização sem fins lucrativos que busca eliminar a diferença no número de homens e mulheres trabalhando em tecnologia, especificamente promovendo a programação de computadores para jovens mulheres.

Girls Who Code tem acampamentos em todos os EUA e ajudou mais de 100.000 garotas a se divertirem muito aprendendo linguagens de computação, sendo inspiradas por histórias a respeito de como as tecnologias são capazes de fazer um bem fantástico e desenvolvendo o entusiasmo como parte de suas futuras carreiras.

Saujani diz que a imagem tradicional do programador como "um menino de capuz em um porão" precisa mudar e que as garotas precisam de incentivo para agir com bravura, sem temer a tecnologia. Sua análise mostra que em 1995 só 37% dos cientistas da computação nos EUA eram mulheres, o que caiu para 24% nas últimas duas décadas. As participantes dos acampamentos do Girls Who Code têm 15 vezes mais probabilidade de optar por se formar nas áreas de TI em comparação com as taxas nacionais, calcula ela. "Estamos construindo o maior fluxo de futuras engenheiras nos Estados Unidos", diz ela.

FERVENDO SAPOS E PLATAFORMAS QUEIMANDO

"O aspecto mais emocionalmente doloroso e assustador" de qualquer grande mudança organizacional é fazer as pessoas perceberem que a mudança é essencial, "construindo a intensidade extrema que as pessoas precisam sentir se quiserem entrar no vazio", diz Noel Tichy, autor de *Controle Seu Destino Antes que Alguém o Faça*, a história da jornada transformadora da GE nas últimas décadas.

Todo mundo gosta do status quo — é conhecido, confortável e encontramos uma maneira de ter sucesso dentro dele. Mas então vem a mudança e puxa o tapete debaixo de nossos pés, ameaçando nossos empregos, projetos, bônus e carreiras. Não gostamos de mudanças.

Argumentar é muito mais fácil quando há uma crise. Mas então é tarde demais.

Como Charles Handy adorava dizer, um sapo que pula dentro de um balde de água fervente vai saltar para fora, mas um sapo em água fria que é gradualmente aquecida até o ponto de ebulição não sentirá o perigo até que seja tarde demais. Existem muitas organizações, e muitos executivos, que ficam felizes sentados esperando que as coisas não fiquem muito "quentes", pelo menos não antes de mudarem para o próximo emprego.

A mudança, portanto, precisa de liderança proativa. Os líderes devem inspirar as pessoas a darem um passo corajoso para o desconhecido, para definir uma visão inspiradora e guiá-las na jornada. Os gerentes precisam coordenar e controlar o que geralmente pode ser um processo incrivelmente complicado de transição de uma empresa de vários bilhões de dólares de um estado a outro.

Alguns chamam isso de "plataforma queimando", uma expressão baseada no desastre da plataforma de petróleo Piper Alpha em 1988. A crise nos dá um bom motivo e uma desculpa para mudar. No entanto, muitas mudanças precisam criar sua plataforma, ou pelo menos articulá-la.

Uma maneira simples, mas eficaz, de pensar em defender a mudança é a fórmula a seguir, que demonstra o que é necessário para superar a resistência natural das pessoas:

$$A \text{ mudança acontecerá se } A \times B \times C > D$$

Em que:

A = uma visão inspiradora de como será o futuro.
B = as razões pelas quais a abordagem atual não pode ser mantida.
C = os primeiros passos práticos em direção ao futuro.

D = resistência das pessoas à mudança e preferência por permanecer como estão.

O processo de mudança deve ser feito de forma simples e definitiva. A perspectiva deve ser envolvente, de modo que as pessoas reconheçam rapidamente os benefícios para si mesmas. Elas devem reconhecer, ainda, que as razões pelas quais a abordagem anterior não é mais sustentável podem ser financeiras ou lógicas — uma participação em declínio, uma base de custos crescente, novos concorrentes — e como, se extrapoladas, restringiriam gravemente o futuro da empresa.

Também acho que uma estimativa do "tamanho do prêmio" do benefício financeiro potencial alcançável com a mudança pode focar as mentes, mesmo que seja simplesmente uma magnitude aproximada de escala, com base em algumas suposições muito amplas.

John Kotter, em *Liderando Mudanças*, tem algumas táticas ainda mais diretas para superar a resistência das pessoas à mudança, incluindo limpar o balanço patrimonial para ter uma perda significativa no trimestre seguinte; mudar a sede para romper com velhos hábitos e simbolizar um novo começo; dizer às unidades de negócios que elas têm 24 horas para se tornarem a número 1 ou 2 em seu mercado ou serão encerradas; endurecer as metas de desempenho dos gerentes seniores para provocar discussões "honestas".

A MUDANÇA COMO UMA MONTANHA RUSSA EMOCIONAL

A curva de mudança, desenvolvida por Elisabeth Kubler-Ross na década de 1960, é simples, mas explica muito sobre como reagimos à mudança na vida e no trabalho (ver Figura 6.2).

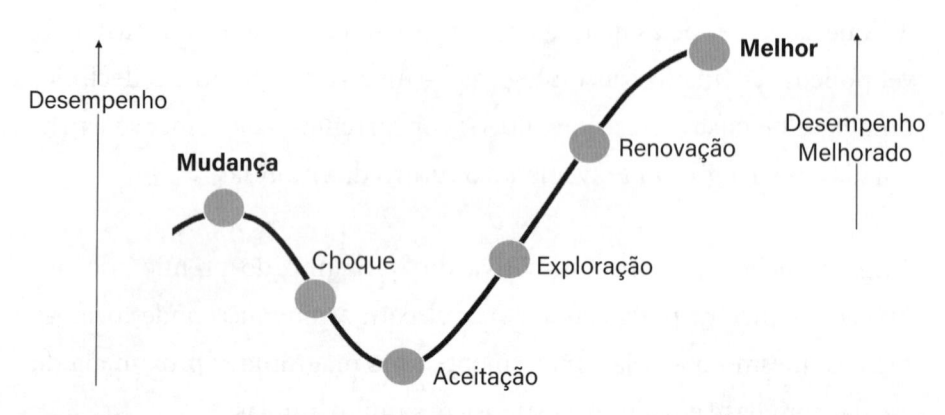

FIGURA 6.2 A curva de mudança emocional.

Originalmente desenvolvida para explicar o processo de luto, é igualmente útil quando as pessoas se deparam com qualquer forma de mudança — um novo projeto no trabalho, uma mudança em casa, uma nova ferramenta para se acostumar. As pessoas realmente não gostam de mudanças. Demora um pouco para abandonar os velhos métodos e reconhecer que a mudança não é tão ruim e que, na verdade, pode ser muito boa.

Existem três fases essenciais, à medida que os indivíduos se adaptam às mudanças:

- **Choque e negação.** A surpresa inicial de qualquer mudança, boa ou ruim, é perder o foco, desacelerar à medida que consideramos suas implicações, quedas de desempenho. Tememos o desconhecido, gostamos do que conhecemos e buscamos mais informações. A negação geralmente vem em seguida; nós lidamos com a situação revertendo para o que conhecemos e evitamos pensar no novo. A comunicação é fundamental nesta fase, com tranquilização e apoio, mas também dando tempo às pessoas.

- **Raiva e depressão.** Começamos a enfrentar as implicações da mudança, muitas vezes com sentimentos inicialmente negativos pela perda dos velhos métodos conhecidos, procurando culpar os outros, geralmente a organização. A raiva leva à dúvida e à ansiedade. O engajamento é mais importante aqui, muitas vezes como uma experiência compartilhada, buscando fazer com que as pessoas atravessem essa depressão, até um ponto em que estejam prontas para explorar o futuro.

- **Aceitação e renovação.** Surge o otimismo e começamos a explorar as possibilidades da mudança, reconhecendo que ela é inevitável e, assim, trabalhando com, e não contra, ela. As pessoas apoiam-se mutuamente e agora há um desejo de superar a mudança e de se estabelecer na nova abordagem. Trabalhar com as pessoas para conceber esse novo estado ajuda-as a se sentir parte da nova ordem, aceitando-a mais.

O desafio é reconhecer como as pessoas inevitavelmente se sentirão em cada uma das fases e ajudá-las a superar. Embora precisem de um pouco de tempo para absorver as novas ideias, para entendê-las, o principal desafio para os líderes empresariais é acelerar as pessoas através do vale e da recuperação, quando começam a pensar de forma mais positiva e a abraçar as novas possibilidades.

Qualquer forma de programa de mudança é, em última análise, passar de um estado antigo para um novo, no qual se sintam mais positivas e o desempenho melhore, tanto individual quanto coletivamente. Ao mesmo tempo, conforme as mudanças se tornam mais frequentes, até mesmo contínuas, a curva de mudança ainda se aplica. O novo desafio para os líderes é evitar que as pessoas se sintam cansadas da mudança e que, em vez disso, permaneçam positivas na jornada.

LIDERANDO A MUDANÇA

A gestão de mudanças é a abordagem coletiva para orientar indivíduos e organizações durante a mudança, e um componente de uma transformação empresarial mais ampla que também envolveria estratégia, processos, tecnologia e muito mais.

Desde a criação de um senso de urgência até a construção de apoio em toda a organização, formando um plano e arregimentando recursos, removendo barreiras e gerando ganhos de curto prazo, mantendo e instituindo a mudança como o novo normal, a liderança da mudança é uma tarefa importante. De fato, à medida que a mudança perdura, ela se torna uma tarefa de tempo integral para muitos líderes.

Existem quatro fases importantes na liderança das organizações durante as mudanças:

- **Engajando-se na mudança.** Todos os stakeholders precisam entender e, espera-se, apoiar a mudança — por que ela é necessária, o que envolve e como acontecerá.

- **Preparando-se para a mudança.** Mapear um programa de horizontes de mudança — como passaremos para o mundo novo, em etapas práticas; com quais ações e os recursos sendo exigidos quando?
- **Entregando a mudança.** Fazer com que a mudança aconteça se resume a pessoas e gestão eficaz, mantendo o ímpeto para superar resistências.
- **Fazendo a mudança durar.** A mudança deve ser acompanhada até a conclusão, mantendo o compromisso com ela, pois rapidamente se tornará o "novo normal".

A nova organização, após a mudança, é um lugar atraente para se trabalhar. Cria um recomeço, constrói uma nova reputação no mundo externo, incentiva inovações e novos níveis de serviço, muda as opiniões dos analistas e investidores, e gera condições para um líder de negócios brilhar.

No entanto, nunca realmente estará completo. Na verdade, deve ser vivo, ágil, antecipando o novo movimento para a frente.

> **CÓDIGO 40: CONSTRUA FOGUETES PARA O FUTURO**
> CONDUZIR A TRANSFORMAÇÃO COMO PARTE DO DIA A DIA DA EMPRESA NÃO É FÁCIL. ASSIM, AS ORGANIZAÇÕES DESENVOLVEM UMA SÉRIE DE ROTAS ALTERNATIVAS PARA CRIAR MUDANÇAS MAIS RADICAIS E MAIS RÁPIDAS.

Spot é um robô parecido com um cachorro que pode subir escadas e correr em terrenos acidentados, tem visão de 360°, consegue carregar peso de até 40 kg e resiste a temperaturas de -20 °C. Handle é um braço robótico que pode mover caixas em um armazém ou guiar instrumentos cirúrgicos durante operações. Atlas é o robô humanoide mais dinâmico do mundo, podendo correr e pular, e possui 28 articulações hidráulicas.

A Boston Dynamics começou como um braço do MIT, onde desenvolveu os primeiros robôs que corriam e se moviam como animais. O laboratório combina os princípios de controle dinâmico e equilíbrio com projetos mecânicos sofisticados, eletrônica de ponta e software inteligente para explorar como a robótica pode transformar diversos setores, da saúde à fabricação.

A Academia Chinesa de Ciências em Pequim atua como um laboratório científico nacional (think tank) e fornece aconselhamento para empresas chinesas, grandes e pequenas, e para o governo, especificamente sobre o uso de tecnologias para desenvolver a economia e a melhoria social. É a maior organização de pesquisa do mundo, com mais de 60.000 pesquisadores trabalhando em 114 institutos em toda a China. Com base no número total de pesquisas publicadas na *Nature* e em sua rede de afiliados, a Academia Chinesa está em primeiro lugar entre as organizações mundiais líderes em pesquisa.

A PARC do Vale do Silício é uma empresa de inovação aberta que está no centro de alguns dos avanços tecnológicos mais importantes. Reúne cientistas, engenheiros e projetistas focados em temas futuros específicos. Criatividade e ciência são fundamentais para a missão da PARC de reduzir o tempo e o risco da inovação. As equipes se reúnem e crescem organicamente, combinando experiência e competências para trabalhar com startups e empresas.

LABORATÓRIOS DE INOVAÇÃO

Os laboratórios de inovação evoluíram desde o Skunk Works que a Lockheed Martin fundou décadas atrás, mudando de funções isoladas de pesquisa e desenvolvimento do passado, como os projetos secretos da Xerox PARC ou Bell Labs, para uma estrutura mais aberta, com duas funções:

- **Desenvolver conceitos inovadores** e modelos de negócios sem as distrações, demandas e expectativas e obstáculos internos da maioria das organizações — para gerar novas oportunidades significativas para os negócios existentes.

- **Desenvolver novos empreendimentos** que requeiram trabalho colaborativo e investimentos com parceiros externos — sejam outras empresas, novas startups e especialistas —, podendo até levar a um novo negócio.

Um laboratório de inovação é geralmente um espaço aberto e colaborativo onde pessoas de diferentes departamentos, com parceiros externos, especialistas em tecnologia, designers e acadêmicos, procuram imitar a cultura, velocidade, integração tecnológica e disruptura de uma startup para desenvolver novos produtos, serviços, experiências e modelos de negócios que aproveitem novas estratégias empresariais e avanços em tecnologia.

Os laboratórios de inovação podem ser administrados internamente, por empresas independentes ou fundos de capital de risco que queiram assegurar que seus investimentos sejam gastos de forma eficaz. Os laboratórios internos administrados por empresas podem trazer startups para seu seio, fornecendo recursos ou investimento, com a motivação de aprender com seu conhecimento especializado, compartilhar sua cultura empreendedora ou ter prioridade nos resultados.

INCUBADORAS E ACELERADORAS

Existem muitos tipos diferentes de laboratórios de inovação — geralmente conhecidos como incubadoras ou aceleradoras. As incubadoras dão origem a novas startups e alimentam seu estágio inicial de desenvolvimento, enquanto as aceleradoras aumentam a capacidade das startups de se expandir para negócios mais significativos, acrescentando mais estrutura corporativa, colaboração e muito mais.

Naturalmente, muitas empresas também desenvolvem laboratórios de inovação por vaidade — pufes coloridos, muitas lousas brancas, bicicletas penduradas no teto, alguns robôs deslizando pelo chão, mesa de futebol de botão no canto... você entendeu —, mas os laboratórios de inovação podem desempenhar um papel importante na promoção de ideias mais radicais, novas culturas e crescimento futuro.

O foco dedicado de um laboratório de inovação tem vantagens comerciais significativas:

- Desenvolvimento mais rápido de novos produtos e novos modelos de negócios que resolvem as principais necessidades dos clientes e geram novos fluxos de receita.

- Proteção contra a ameaça de disruptura dos concorrentes, especialmente startups usando novas abordagens digitais.

- Ser um laboratório ativo para colaborar com os clientes para enfrentar desafios específicos e desenvolver soluções mais personalizadas.

- Demonstrar produtos e recursos para clientes atuais e futuros e parceiros de negócios.

Culturalmente, estar separado do negócio principal tem vantagens adicionais:

- Explorar o potencial das novas tecnologias separadamente das soluções atuais, permitindo aplicações mais criativas.

- Construir vários centros de inovação dedicados a novas categorias, geografias e tecnologias importantes.

- Criar um espaço de trabalho colaborativo mais perto dos inovadores do setor e novos centros de tecnologia.

- Mudar a cultura da empresa para uma maior inovação, integração tecnológica e colaboração interna e externa.

CONSTRUA SEU PRÓPRIO FOGUETE

As origens da Mercedes-Benz de hoje remontam a Gottlieb Daimler, que começou em uma garagem em Stuttgart em 1886. Hoje o Lab1886 da Daimler continua a tradição de inovação. É uma iniciativa baseada em rede, em que a montadora alemã explora novos modelos de negócios, passando por uma nova mecânica de motor, conceitos de combustível e design de interiores.

"Hoje enfrentamos muitas megatendências, como a digitalização e a globalização", diz a diretora do laboratório, Susanne Hahn. "Todos esses movimentos regulatórios tecnológicos e sociais mudarão significativamente a indústria automotiva nos próximos dez anos. Já temos, dentro do Lab1886, um rico portfólio de conceitos prontos para o futuro".

A incubadora atua em quatro pilares: conectado, autônomo, compartilhado e serviço, e carro elétrico. O laboratório tem unidades nos EUA, na China e na Alemanha, definindo como objetivo "passar mais rápido de uma ideia para um produto ou modelo de negócio".

Qualquer um dos 300.000 funcionários da Daimler pode enviar uma ideia e depois trabalhar nela em tempo integral no laboratório se for bem-sucedido. Os funcionários podem apresentar ideias com base em qualquer um dos temas para a plataforma interna de crowdsourcing da empresa, com as melhores sendo encaminhadas para o painel de especialistas "shark tank" da empresa e, em seguida, para a fase de incubação. As equipes também recebem treinamento, espaço de trabalho compartilhado e financiamento para desenvolver protótipos e pilotos.

Os projetos, por fim, são transferidos para a linha de negócios apropriada ou desmembrados em novas empresas. Hahn diz que o idealizador original pode se transformar no CEO da nova empresa.

A Car2Go, uma plataforma de compartilhamento de carros peer-to-peer, formou-se no Lab1886 e se tornou uma empresa separada com

2,5 milhões de clientes. Outros projetos incluem um aplicativo de otimização de viagens chamado Moovel e parcerias externas, como uma colaboração com a startup Volocopter, para explorar o mundo dos táxis aéreos urbanos e veículos de decolagem vertical.

> **CÓDIGO 41: CRIE UM ECOSSISTEMA CIRCULAR**
> A DESMATERIALIZAÇÃO PERMITE QUE O COMPROMISSO (*TRADE-OFF*) ENTRE A EMPRESA E O MEIO AMBIENTE SE TORNE TRANSFORMADOR, POIS A ECONOMIA CIRCULAR PASSA A SER UMA FORÇA POSITIVA.

A maldição do plástico está por toda parte — em nossas latas de lixo transbordando, ao longo das praias e nas árvores. Os varejistas de todo o mundo reconhecem o problema, cobrando por sacolas plásticas em alguns países, tornando o plástico um crime em outros. Os humanos produziram mais de 8,3 bilhões de toneladas de plástico desde a década de 1950, de acordo com a ONU, sendo que a maioria acaba em aterros sanitários e pode levar séculos para se decompor.

A Ecovative acredita que pode ajudar maciçamente o mundo a reduzir seus resíduos de plástico usando um material alternativo, o micélio, criado a partir da estrutura da raiz dos cogumelos.

A empresa de biotecnologia de Nova York desenvolve micélio em formas e tamanhos específicos pegando resíduos orgânicos de plantas e inoculando-os com micélio. Depois que o micélio cresce através e ao redor dos materiais agrícolas, a empresa os une, fornecendo uma alternativa natural aos materiais de embalagem. O processo leva cerca de uma semana, com consumo mínimo de água e energia elétrica para fazer as peças.

Além dos materiais de embalagem, a Ecovative vê aplicação na moda com couro vegano, carnes à base de plantas, construção (porque é forte e tem excelentes propriedades de isolamento) e na saúde (para construir novos órgãos). No final da vida útil do material, você pode quebrá-lo e enterrá-lo de volta na Terra, até mesmo em seu próprio jardim, pois é um nutriente, não um poluente.

"Meu sonho é um dia desenvolver um pulmão e semeá-lo com células pulmonares e usar o micélio para criar a rede capilar e usar as células humanas para criar o pulmão real", diz o fundador Eben Bayer.

ECONOMIA DONUT

"O desafio da humanidade para o século XXI é atender às necessidades de todos dentro das possibilidades do planeta", diz a economista Kate Raworth. "Em outras palavras, garantir que ninguém fique sem o essencial para a vida (de comida e moradia à saúde e voz política), assegurando que coletivamente não superemos nossa pressão sobre os sistemas de suporte de vida da Terra, dos quais fundamentalmente dependemos — como um clima estável, solos férteis e uma camada protetora de ozônio".

Ela ilustra o desafio como um donut, com limites sociais e planetários.

A fronteira externa do donut reflete nossos limites ambientais (poluição do ar, perda de biodiversidade, conversão de terras etc.), além da qual está a degradação ecológica e possíveis pontos de inflexão nos sistemas da Terra. A fronteira interna do donut reflete nossos limites sociais (saúde, educação, justiça, igualdade etc.), refletindo os padrões sociais mínimos acordados nos Objetivos de Desenvolvimento Sustentável da ONU.

Entre as fronteiras sociais e planetárias fica um "espaço ambientalmente seguro e socialmente justo" no qual a humanidade pode prosperar.

Em 2018, Raworth aplicou o modelo a 150 países em um estudo para o G20. Suas constatações foram provocativas, ao afirmar que: "O desafio donut transforma todos os países — incluindo todos os membros do G20 — em 'países em desenvolvimento', pois nenhum país do mundo pode dizer que esteja perto de atender às necessidades de todo o seu povo dentro das possibilidades do planeta".

Na verdade, o Vietnã foi identificado como o país mais próximo do "espaço seguro e justo". Alguns países, como a Índia, agem dentro dos limites ambientais, mas ficam aquém em termos sociais. Nações industrializadas como a China estão rapidamente cruzando os limites ambientais, enquanto países de alta renda, como os EUA, ultrapassam maciçamente ambas as fronteiras.

Em 2020, Amsterdã tornou-se a primeira cidade a adotar o modelo donut como uma estrutura para seu desenvolvimento futuro.

DESIGN CIRCULAR

Uma década atrás, a ex-iatista de longa distância Ellen MacArthur lançou uma fundação para promover uma "economia circular". Com isso, buscou-se desenvolver um novo modelo econômico de negócios, que eliminasse o desperdício e reabastecesse os recursos naturais. Promovendo um sistema de "ciclo fechado", incentivava a reutilização, o compartilhamento, o reparo e a reciclagem como formas pelas quais uma organização tem, em última análise, "impacto zero" no mundo.

A Nike vê a inovação sustentável como um desafio de design — não apenas de calçados e roupas, mas de todo o seu ecossistema de negócios —, das tinturas e cores de seus tecidos aos sistemas de produção de seus calçados e ao salário justo para os trabalhadores nas fábricas.

John Hoke, diretor de design da Nike, diz: "Uma das coisas mais poderosas que o design pode fazer para a Nike, pelos atletas e, na verdade, pelo mundo é desempenhar um papel na criação de um futuro melhor fazendo boas escolhas que pensem de forma holística e cuidadosa sobre o design completo":

> ao considerar tudo ao redor da solução de design — onde buscamos os fornecedores, como fabricamos, como o produto é usado, como é devolvido, como é, em última análise, reimaginado. Como designers, somos programados para resolver problemas. Precisamos pensar em ideias que tenham o maior impacto possível no desempenho. Mas, ao mesmo tempo, tendo a menor pegada ou impacto ambiental.

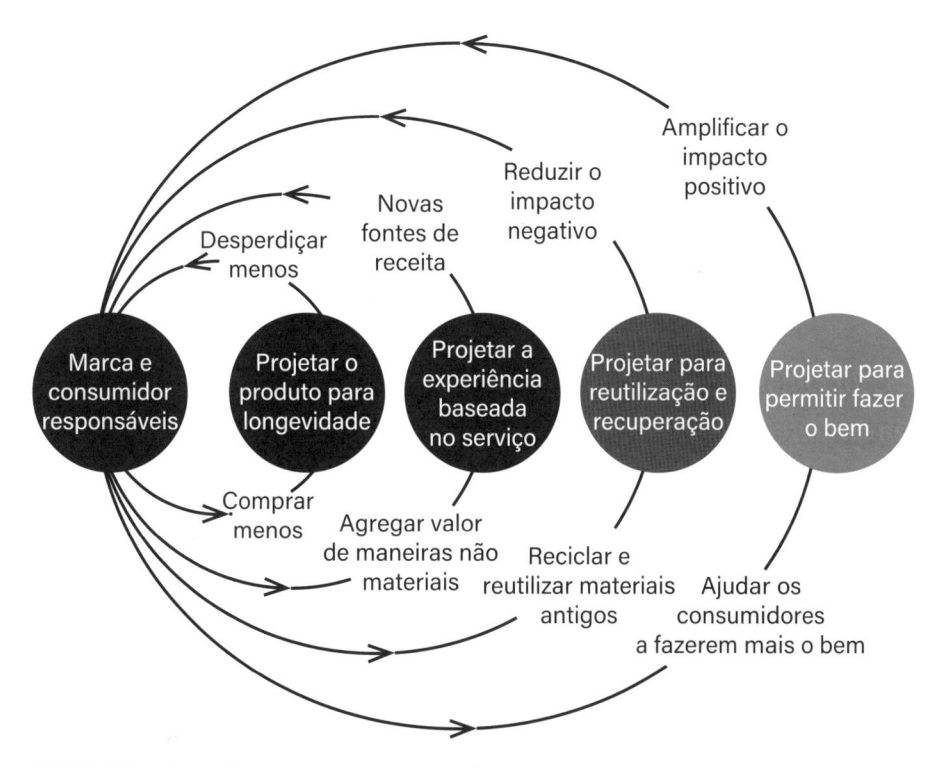

FIGURA 6.3 Criando uma economia circular.

A Nike recentemente fez parceria com muitas outras empresas e acadêmicos para criar os "10 Princípios do Design Circular" como um processo para repensar produtos, como eles são feitos e vendidos:

- **Materiais:** selecionar materiais de baixo impacto que usam matéria-prima reciclada pré e pós-consumo.

- **Capacidade de reciclar:** projetar com o fim em mente; pensar em como um produto será reciclado no final da fase de uso.

- **Prevenção de desperdício:** minimizar ou eliminar o desperdício no processo de criação do produto, e além.

- **Desmontagem:** produtos que podem ser facilmente desmontados e reconhecendo o valor de cada componente.

- **Química verde:** produtos e processos químicos que reduzem ou eliminam o uso de substâncias perigosas.

- **Recondicionamento:** prolongar o uso de um produto por meio do reparo de peças ou materiais componentes.

- **Versatilidade:** produtos que se adaptam facilmente ao crescimento, estilo, tendência, gênero, atividade e finalidade.

- **Durabilidade:** produtos mais fortes devido a detalhes de construção, método de fabricação e escolhas de materiais duráveis.

- **Embalagem circular:** embalagem adequada e feita de materiais que podem ser reaproveitados, reciclados ou biodegradáveis.

- **Novos modelos:** estabelecer novos serviços e modelos de negócios para estender o ciclo de vida do produto.

Com o passar dos anos, a visão da Nike de solução de problemas que envolvam a sustentabilidade se ampliou enormemente, não apenas para reduzir o desperdício, mas para melhorar os produtos. Um dos mais significativos foi o desenvolvimento do "Flyknit", que acabou com o processo de corte de pedaços de tecido para a parte superior do calçado e, em vez disso, o tricotou para obter o formato perfeito. Isso melhorou enormemente o ajuste e o desempenho do calçado também para os consumidores. Recentemente desenvolveram o "Flyleather", que transforma as fibras de couro natural reciclado em couro de alta performance, com todas as qualidades do antigo e muito mais.

IMPACTO LÍQUIDO POSITIVO

Muitas empresas abraçaram o desafio do modelo econômico circular de "impacto zero" de MacArthur. Dos muitos impactos da industrialização, as emissões de carbono têm sido talvez um dos mais prejudiciais. A "compensação" tornou-se uma ação popular, com as empresas pagando para plantar novas árvores que capturem o carbono como forma de neutralizar o impacto, ou reduzir sua culpa, de fábricas e viagens emissoras de carbono.

A Ant Financial, por exemplo, criou um audacioso programa de fidelidade para os consumidores chineses, permitindo-lhes acumular pontos de compensação em qualquer tipo de compra que fizessem, equivalente ao seu impacto ambiental. Os pontos permitem que as pessoas plantem árvores na "Ant Forest", com o apoio de um aplicativo na forma de game que permite escolher onde você quer plantar a árvore e observar o crescimento; e a enorme floresta em terras improdutivas chinesas está prosperando.

No entanto, a criação do impacto zero parece apenas um começo. Algumas organizações, mais recentemente a Microsoft, estabeleceram uma meta de "carbono negativo" pela qual capturam mais carbono do que o emitido. Os data centers, por exemplo, usam grandes quantidades de energia; assim, ao construir parques solares e eólicos, podem alimentar suas instalações e contribuir com energia renovável para as comunidades locais, dessa forma, compensando o uso.

A LanzaTech, com sede em Chicago, está olhando além das árvores para capturar carbono. A startup de biotecnologia desenvolveu uma maneira de transformar as emissões em etanol, um combustível renovável. Em vez de permitir que as emissões de carbono saiam da fábrica, elas são canalizadas para um biorreator e fermentadas, como na fabricação de cerveja, em etanol. O processo utiliza uma bactéria comedora de gás natural desenvolvida especificamente para a fermentação. Uma siderúrgica pode reciclar carbono suficiente para criar 34 milhões de litros de etanol, o que foi demonstrado pela Virgin Atlantic com um combustível de aviação eficaz. Iniciativas semelhantes incluem a Braskem transformando resíduos urbanos em biocombustíveis no Brasil.

Estamos agora no ponto em que as empresas não estão simplesmente criando desperdício zero, mas podendo criar um "impacto líquido positivo".

Os impactos são ambientais, mas também sociais. Uma empresa pode dar mais para o mundo, em seu balanço total de recursos e efeitos, do que tira. Ela pode fazer isso não apenas pensando em criar processos mais eficientes, que busquem reduzir o desperdício de forma semelhante à redução de custos, mas aumentando o lado positivo. Criando produtos e serviços que envolvam um benefício sustentável, e por meio da compra e aplicação por milhões de clientes, pode-se multiplicar o impacto positivo muitas vezes.

Além disso, pensando em ecossistema, para trabalhar com os muitos parceiros envolvidos na criação e distribuição de suas soluções, as empresas têm mais oportunidades para assegurar que o impacto líquido zero, ou positivo, seja multiplicado.

CÓDIGO 42: TENHA A AGILIDADE ESTRATÉGICA PARA NUNCA PARAR
A MUDANÇA NO MUNDO EXTERIOR É RÁPIDA E CONTÍNUA, DEVENDO SER ASSIM TAMBÉM NO INTERIOR. A AGILIDADE ESTRATÉGICA TORNOU-SE UMA CARACTERÍSTICA ESSENCIAL DE CADA EMPRESA E DE SEUS LÍDERES.

Li and Fung é uma empresa fabulosa, fundada em Guangzhou em 1906 como exportadora de porcelana e seda chinesa. Durante grande parte do século XX concentrou-se na fabricação de têxteis de baixo custo. Isso até que os níveis salariais aumentaram e lugares como a Indonésia conseguiram uma base de custos muito mais baixa. A empresa reinventou-se como uma rede virtual de recursos, ajudando as marcas a encontrar parceiros certos para o negócio, em termos de expertise, qualidade e preço.

Adentre um escritório da Li and Fung em São Paulo ou Istambul, Barcelona ou Toronto — ou em qualquer um de seus 300 escritórios em mais de 50 países —, e a pequena equipe de especialistas em desenvolvimento de canais de fornecimento o ajudará a encontrar os melhores designers, fabricantes e distribuidores para sua marca. Cerca de 40% dos têxteis do mundo, e muitos outros produtos de consumo, passam pelas redes da empresa sediada em Hong Kong. Se você precisar de financiamento, eles encontrarão um investidor, e se precisar de um serviço de merchandising, processamento ou atendimento, eles também podem encontrar o parceiro certo para isso.

A JORNADA SEM FIM

Os mercados aceleram, a mudança é constante; portanto, a transformação torna-se contínua. As empresas e seus líderes precisam ser adeptos da "transformação".

Isso começa com a contínua sensibilização quanto ao ambiente externo, previsão para encontrar novas oportunidades e identificar possíveis riscos, desenvolver meta-habilidades para as pessoas continuarem a reaprender, ecossistemas para fornecer uma gama mais ampla de fontes de capacidade e agilidade para se adaptar. Acima de tudo isso é ter um propósito, uma "estrela-guia" para seguir, à medida que os mercados e os negócios evoluem.

Considere os históricos de transformação da Amazon e do Alibaba, mostrados na Tabela 6.1, como exemplos da evolução prática do pensamento que cria revolução nos mercados.

A Amazon e o Alibaba progrediram por meio da crença no poder disruptivo das tecnologias digitais e da análise de dados.

A abordagem da Amazon tem sido mais impulsionada pelos clientes, desenvolvendo uma compreensão profunda das necessidades dos consumidores e gerando crescimento orgânico ao proporcionar uma experiência melhor e os efeitos "volantes" disso como um ciclo repetido.

TABELA 6.1 Histórico de transformação da Amazon e do Alibaba

	Amazon	Alibaba
	"Ser a empresa mais centrada no cliente da Terra"	"Tornar mais fácil fazer negócios em qualquer lugar"
1994	Amazon fundada por Jeff Bezos como "a maior livraria online do mundo"	
1997	IPO da Amazon resulta em avaliação inicial de US$ 300 milhões	
1998	Expande-se em produtos de consumo, incluindo CDs e DVDs, "a loja de tudo"	
1999	I-Click patenteado como processo de pedido online rápido e fácil	Alibaba fundado por Jack Ma e 17 outros como o primeiro mercado B2B online da China
2000	Faz parceria com a Toys "R" Us em acordo de exclusividade para venda de brinquedos e jogos online	
2001	Amazon Marketplace para outros vendedores, como mais opções para os consumidores	
2002	O frete Super Saver facilita a compra para os clientes	
2003	CDNow, uma loja de música online, é adquirido	Criação do Taobao Marketplace, um mercado online B2C e C2C

TABELA 6.1 Continuação

	Amazon	Alibaba
	"Ser a empresa mais centrada no cliente da Terra"	"Tornar mais fácil fazer negócios em qualquer lugar"
2004	Joyo, maior livraria chinesa online, é adquirida, para ajudar a entrar na China	Alipay, sistema de pagamento online, é lançado. AliWangwang, para mensagens instantâneas, é lançado
2005	Amazon Prime, um programa de associação de clientes, com frete grátis	Yahoo! investe US$ 1 bilhão por 40% de participação no Alibaba (valendo US$ 10 bilhões em IPO posterior)
2006	Amazon Web Services, permitindo que outras empresas usem a infraestrutura da Amazon	Koubei, maior empresa de classificados online da China, é adquirida
2007	Amazon Kindle e Amazon Music são lançados, vendendo conteúdo digital	Alisoft, empresa de software com base na internet. Alimama, intercâmbio de publicidade online
2008	Zappos, varejista de moda online com excelente reputação de serviço, é adquirida	Taobao Mall, plataforma de varejo online para complementar o portal Taobao C2C
2009		Net.cn, um provedor líder de serviços básicos de internet na China, é adquirida
2010	Amazon Studios, criando séries e filmes de TV entregues por meio da Amazon Video	AliExpress, permitindo que empresas chinesas vendam para clientes internacionais

Ano		
2011	Amazon Appstore para Android, além da aquisição da Yap, tecnologia de reconhecimento de voz	Taobao se divide em Taobao Marketplace (C2C), TMall (B2C) e eTao (compra em grupo)
2012	Kiva Systems, para robótica de armazém, é adquirido. Amazon Game Studios é lançado	Zhong An seguros, fundada com Tencent e Ping An seguros, é lançada
2013	Amazon Fire, tablet lançado abrangendo a Appstore e a Kindle Store	Cainiao Smart Logistics Network lançado com oito empresas de logística
2014	Amazon Echo, dispositivo de comando de voz, seguido por Dot e Alexa	IPO do Alibaba resulta em avaliação inicial de US$ 25 bilhões. ChinaVision é adquirida
2015	Botões de pedidos Amazon Dash, mantimentos Amazon Fresh e entregas Prime Now	Ant Financial Services, abrangendo Alipay, além de empréstimos e investimentos. AliMusic é lançada
2016	StoryWriter, aplicativo de roteiros; e Lumberyard para desenvolvedores de jogos	Alibaba Cloud, criando infraestrutura para uso de outras empresas. Alitrip viagens
2017	Whole Foods Market é adquirido, com centenas de lojas, além da Souq.com	Hema, loja física, é lançada. Plataforma de viagens Fliggy, incluindo parceria com o Marriott
2018	Ring, segurança residencial inteligente, é adquirido. Amazon atinge US$ 1 trilhão de capitalização de mercado	A estratégia de ecossistema "Five New" inclui manufatura e energia. Capitalização de mercado de US$ 500 bilhões
2019	Amazon Go, supermercados físicos automatizados. Riqueza de Bezos estimada em US$ 150 bilhões	O fundador Jack Ma se aposenta como presidente do conselho para se dedicar à filantropia. Riqueza de Ma estimada em US$ 40 milhões

A abordagem do Alibaba é mais impulsionada por seu mercado dinâmico. Tem sido mais visionária, conforme demonstrado por sua recente estratégia de ecossistema "Five New" para desenvolver um futuro com base em IA de novo varejo, novas finanças, nova manufatura, nova tecnologia e nova energia.

Ambos buscam agilidade cultural, estrutural e estratégica para avançar continuamente.

AGILIDADE ESTRATÉGICA

A empresa ágil vence concentrando-se no futuro, ao tornar as mudanças normais.

Adotando a experimentação e a adaptação como parte da vida normal dos negócios, a mudança fica menos assustadora e invasiva. Poucas estratégias ficam rígidas, a maioria dos modelos organizacionais é fluida, as regras tornam-se princípios e a disruptura é incentivada.

As formas tradicionais de estabilidade, como documentos detalhados de estratégia ou descrições de cargos, são substituídas por resumos que descrevem áreas mais amplas, definem limites em vez de detalhes e podem ser facilmente adaptados ao longo do tempo.

Os principais atributos da agilidade estratégica são:

- **Foco no propósito,** em vez de na estratégia — tente colocar sua estratégia em uma folha de papel; use o poder de três ideias; adote quadros, não detalhes.

- **Foco nos clientes,** em vez de nos concorrentes — seja conduzido pelo insight e não por ser uma pequena diferença; por resolver problemas, não por ser mais barato; pelo crescimento e não pela bolsa de valores.

- **Foco na oportunidade,** em vez de na capacidade — impulsionado pelo futuro, não pelo passado; pelo que você pode fazer, não pelo que não fez; e, então, encontre parceiros para ajudar a fazer.

- **Foco nas pessoas,** em vez de nas estruturas — pense nas pessoas e personalidades, não nos cargos e no status, e pense no poder das pequenas equipes para realizar mais.

- **Foco nos resultados,** em vez de no processo — dê espaço às pessoas para resolver problemas de formas criativas; busque melhores resultados, não a submissão.

O negócio ágil é fluido, o que pode ser desorientador, mas também libertador.

Organizações ágeis são sistemas adaptativos complexos. Organizações distribuídas, ecossistemas baseados em rede, equipes empoderadas e autogerenciadas significam que, embora pequenas partes possam ser claras, elas não levam a uma compreensão do todo. Os benefícios do todo não são alcançados como antes, por meio de padronização e conectividade, mas de uma rede interconectada de muitos relacionamentos pessoais e projetos.

Organizações de Alibaba a Baidu, Haier a Supercell, Wikipedia a Al-Qaeda são exemplos de organizações que desafiaram o desejo por estrutura e, em vez disso, existem como muitas partes móveis, quase parecendo caóticas. De fato, costuma-se dizer que as organizações ágeis funcionam "à beira do caos".

AGILIDADE EMOCIONAL

O livro *Agilidade Emocional,* da psicóloga Susan David, de Harvard, trata de como "se desvencilhar, abraçar a mudança e prosperar no mundo e na vida".

Ela diz que a agilidade emocional talvez seja mais importante do que o QI ou o QE. David a descreve como o processo que nos permite "navegar pelas voltas e reviravoltas da vida com autoaceitação, visão clara e mente aberta".

Agilidade emocional é lidar com mudanças, incertezas e ambiguidades diretamente, com curiosidade e coragem. Requer que você se distancie de si mesmo "para se ver como um tabuleiro de xadrez com muitas peças, não apenas como uma delas". É permanecer fiel às suas aspirações e valores, ao seu próprio propósito, se preferir. E permanecer resiliente, para manter a energia e o ímpeto enquanto a aventura se desenrola.

Existem quatro dimensões para desenvolver sua agilidade emocional:

- **Enfrente a mudança.** Esteja aberto para vivenciar suas emoções sem julgamento, usando-as como dados sem influenciá-lo exageradamente. Dessa forma, você tem mais controle do que o afeta, sendo mais estável diante da instabilidade.
- **Dê um passo atrás.** Despersonalize a si mesmo e às suas emoções. Em vez de dizer "estou triste", diga "percebo que estou me sentindo triste", o que o ajuda a entender mais logicamente os motivos de suas emoções e as ações a pôr em prática.
- **Assuma o controle.** Use seus valores para moldar suas escolhas, atitudes e comportamentos, o que significa, primeiramente, ser claro sobre o que você valoriza, suas crenças e prioridades. Dessa forma, você tem uma bússola pessoal para navegar pelas mudanças.
- **Siga em frente.** A mudança pode vir na forma de ajustes ou saltos. Ajustes se tornam hábitos, seus novos normais, que coletivamente progridem e se multiplicam com o tempo. Estes são mais prováveis de durar do que grandes mudanças pontuais.

Em última análise, isso nos leva de volta à mentalidade de crescimento de abraçar a mudança de forma positiva. Você precisa de força emocional para transformar a mudança em seu benefício. Ao ser golpeado por forças externas, você desenvolve a capacidade de abraçar a mudança como a forma mais estimulante e enriquecedora de fazer sua empresa crescer, mas também de você mesmo crescer.

RESUMO: COMO VOCÊ RECODIFICARÁ SUA TRANSFORMAÇÃO?

5 perguntas para refletir:

- Transformador — você está preparado para fazer mudanças significativas, continuamente?
- Ambidestro — você equilibra aproveitar a sua atividade principal e explorar seus limites?
- Sustentável — como se tornar um negócio circular, com impacto líquido positivo?
- Agilidade estratégica — você está desenvolvendo o desejo, a flexibilidade e a energia para mudar rapidamente?
- Agilidade emocional — você tem a capacidade pessoal de abraçar mudanças contínuas?

5 líderes para se inspirar (mais em businessrecoded.com):

- Jeff Bezos, Amazon — é sempre "Dia 1" em seu mundo de implacável transformação.
- Bob Iger, Disney — onde os sonhos acontecem, da Disney+ aos filmes de super-heróis.
- Jessica Tan, Ping An — transformando mercados para muito além de seu negócio de seguros.
- Piyush Gupta, DBS — tornando "o banco mais inovador do mundo" invisível.
- Javier Guyeneche, EcoAlf — reutilização criativa na moda com garrafas de plástico e redes de pesca.

5 livros para se aprofundar:

- *Dual Transformation* (*Transformação Dupla*), de Scott Anthony.
- *Mais com Menos,* de Andrew McAfee.
- *Agilidade Emocional,* de Susan David.
- *Cradle to Cradle* (*Do Berço ao Berço*), de William McDonough.
- *The Project Revolution* (*A Revolução do Projeto*), de Antonio Nieto-Rodriguez.

5 fontes para explorar mais:

- Innosight.
- Strategy Tools (Ferramentas de Estratégia).
- Brightline Initiative (Iniciativa Brightline).
- Forum for the Future (Fórum do Futuro).
- Ellen MacArthur Foundation (Fundação Ellen MacArthur).

MUDANÇA 7
EMBASBACADO

Recodifique sua liderança

VOCÊ TEM CORAGEM PARA CRIAR UM FUTURO MELHOR?

De bons gestores a líderes extraordinários

Embasbacado (em inglês, awestruck*) significa ficar cheio de admiração e revelar isso aos outros.* Awe *tem origem na cultura viking e significa tanto medo quanto admiração. Refere-se a ser afetado, inspirado e motivado por algo tão grande e impressionante que poucos têm coragem de abordar.*

Considere estas inspirações para líderes de negócios:

- "A mudança não virá se esperarmos por outra pessoa ou algum outro momento. Nós somos aqueles por quem estávamos esperando. Nós somos a mudança que buscamos", disse Barack Obama.

- "Liderança é transformar sua visão em objetivos maiores, elevando seu desempenho a um padrão mais alto, desenvolvendo sua personalidade para além das limitações normais", disse Peter Drucker.

- "Não se deixe intimidar pelo que você não sabe. Essa pode ser sua maior força e assegurar que você faça coisas de maneira diferente de todos os demais", disse Sara Blakely.

- "O grande DNA empreendedor é composto de liderança, visão tecnológica, frugalidade e o desejo de ter sucesso", disse Steve Blank.

- "Coragem não é a ausência de medo, mas o triunfo sobre ele. O bravo não é aquele que não sente medo, mas aquele que vence esse medo", disse Nelson Mandela.

- "As pessoas esquecerão o que você disse, as pessoas esquecerão o que você fez, mas as pessoas nunca esquecerão como você as fez sentir", disse Maya Angelou.

- "O seu tempo é limitado, então não o desperdice vivendo a vida de outra pessoa... Tenha a coragem de seguir seu coração e sua intuição", disse Steve Jobs.

- "Nunca desista. Hoje é difícil, amanhã será pior, mas depois de amanhã haverá sol", disse Jack Ma.

Como você liderará o futuro?

> **CÓDIGO 43: APRESENTE-SE PARA LIDERAR O FUTURO**
> LIDERANÇA SIGNIFICA AMPLIAR O POTENCIAL DAS PESSOAS, DAS ORGANIZAÇÕES, DAS IDEIAS E DAS MARCAS. VISIONÁRIO E SERVIDOR, TRANSACIONAL E TRANSFORMADOR, CATALISADOR E COACH.

Como Chegar Lá é a biografia de Steve Schwarzman, cofundador e CEO da Blackstone, uma das maiores empresas de investimento do mundo.

Schwarzman cresceu em uma família de empresários que vendia cortinas na Filadélfia. Seu pai estava satisfeito em ter uma loja, mas Steve não. Ele tinha mais ambição. No ensino médio queria trazer as melhores bandas para tocar. Na faculdade começou um grupo de dança para conhecer mais garotas. Ingressou na Lehman como trainee, onde aprendeu finanças e descobriu sua verdadeira força. Em 1985, fundou a Blackstone com o amigo Pete Peterson e fez com que a empresa crescesse para manter mais de US$ 500 bilhões em ativos sob gestão.

Ele acredita que os líderes no mundo complexo e incerto de hoje precisam de clareza de propósito, para ousar pensar grande e perceber o profundo impacto da IA, dizendo que "É tão fácil fazer algo grande quanto fazer algo pequeno".

Acredita que os líderes de sucesso precisam ter a confiança e a coragem de agir quando o momento parecer certo. Eles aceitam o risco quando os outros são cautelosos e agem quando todos estão paralisados, mas o fazem de maneira inteligente. Essa característica é a marca de um líder.

"Para ter sucesso você precisa se colocar em situações nas quais não tem o direito de estar. Você balança a cabeça em sinal de desaprovação diante da sua estupidez, mas isso acaba lhe dando o que você deseja".

O QUE É LIDERANÇA?

Até 2030, 3,5 bilhões de pessoas comporão a força de trabalho global, cerca de metade das quais provavelmente serão autônomas. Se presumirmos que nas organizações as pessoas geralmente trabalham em equipes de aproximadamente dez pessoas, então haverá cerca de 220 milhões de líderes nas organizações na próxima década, além de muitos outros que lideram de forma virtual e colaborativa.

No entanto, muitas pesquisas dizem que os líderes estão tendo dificuldade. A maioria dos funcionários acredita poder fazer o seu trabalho da mesma forma, se não melhor, sem supervisores e gerentes (80%, segundo um estudo do Gallup). Apenas 15% das pessoas se sentem realmente envolvidas em seu trabalho, e muitas dizem que os gerentes são um dos principais motivos para deixar o emprego.

"Gerenciar", obviamente, não é a mesma coisa que "liderar". Gerenciar é normalmente descrito como o uso de controles para realizar uma tarefa. Liderar significa influenciar, motivar e permitir que as pessoas contribuam e realizem mais. Os gerentes fazem as coisas da forma correta, os líderes fazem as coisas certas. Os gerentes focam métodos para alcançar a eficiência, os líderes focam o propósito para alcançar a eficácia. Ou os gerentes atuam de cabeça baixa, e os líderes, de cabeça erguida.

Qualquer pessoa da organização pode ser um líder. Nem todos na empresa são gerentes, embora os gerentes precisem ser líderes.

Nem todo mundo nasce líder, mas qualquer pessoa pode se tornar um.

A liderança é sua escolha, não algo que lhe é dado. Liderança não é um cargo, uma posição de autoridade ou um dom mágico. Tudo começa com confiança. Ter uma visão na qual você acredita. Ter a coragem de dar um passo à frente. Engajar outras pessoas. E ser a mudança que deseja ver nos outros.

OS LÍDERES MOLDAM O FUTURO

Ao escrever *The Complete CEO* (*O CEO Completo*, em tradução livre), eu e meus coautores descobrimos que poucos CEOs poderiam realmente definir liderança. Eles se sentiam à vontade descrevendo suas posições nas hierarquias da organização e as responsabilidades definidas de seus papéis, mas poucos eram capazes de dizer o que significava "liderar". Em algum momento, falavam sobre inspiração e influência, visão e direção, seguidores e alinhamento, mas de forma bastante inconsistente.

Marissa Mayer, ex-CEO do Yahoo!, define liderança como "ajudar a acreditar em um amanhã melhor, com um resultado melhor do que você tem hoje".

O relatório *Global Leadership Forecast* da DDI em 2018 informava que apenas 42% dos líderes sentiam que a qualidade geral da liderança dentro de suas organizações era alta, e apenas 14% dos líderes sentiam que tinham um "banco de reservas" forte de líderes da próxima geração prontos para atuar. Muitas equipes esportivas têm pelo menos o dobro de seu primeiro time como reserva, prontos para entrar em ação, se necessário. Outro relatório da DDI sobre desenvolvimento de liderança em 2015 afirmava que 71% das organizações disseram que seus líderes não estavam prontos para liderar as organizações no futuro.

Dave Ulrich procurou reunir todas as melhores teorias, modelos e competências de liderança no livro *O Código da Liderança* e resumiu a liderança como cinco funções abrangentes:

- **Estrategista:** os líderes moldam o futuro.
- **Executor:** os líderes fazem as coisas acontecerem.
- **Gerente de talento:** os líderes engajam o talento de hoje.
- **Desenvolvedor de capital humano:** os líderes constroem a próxima geração.
- **Proficiência pessoal:** os líderes investem no próprio desenvolvimento.

Eu conheço Ulrich muito bem. Ele até tirou a gravata e a deu para mim quando estávamos uma vez no palco juntos em Istambul. Ele é provavelmente um dos maiores especialistas em liderança voltada para negócios, e muito de seu trabalho pessoal é conectar os líderes à estratégia e a seu impacto na criação de valor. No entanto, conforme ele mesmo diz, muitas ideias de liderança e o desenvolvimento de líderes ocorrem no vácuo, como uma habilidade separada.

Portanto, embora a maior parte do pensamento de liderança tenda a se concentrar no papel da liderança no contexto de liderar pessoas, equipes e organização — o que certamente é importante —, Ulrich argumenta com razão que a pergunta mais importante que um líder precisa responder é: "Para onde estamos indo?".

No mundo de hoje, mais do que nunca, as organizações precisam de líderes para olhar para frente.

Os líderes não precisam ser estrategistas no sentido tradicional de passar muitas horas analisando os mercados, desenvolvendo planos rigorosos apoiados por muitos comentários e projeções financeiras. A contribuição estratégica de um líder precisa ser a definição do contexto — definir um propósito claro, imaginar como será o futuro, ampliar a mentalidade do que é possível, expressar as ambições, as grandes escolhas e os horizontes a almejar.

O desempenho da empresa é a medida de quão bem os líderes fazem isso. Warren Buffett certamente nos lembrará de que o CEO de uma empresa de capital aberto é legalmente responsável por gerar retorno para os acionistas, mas ele concordaria que isso é mais um resultado. A criação de valor é a estrutura para envolver todos os stakeholders no progresso. O desafio dos líderes não é ficar obcecado por finanças, mas definir o propósito e ser a bússola moral da organização, para alcançar mais, da melhor forma.

Os líderes obtêm o seu poder do modo como inspiram as pessoas com ideias, influenciam as pessoas quanto ao que é certo e ao impacto que causam por intermédio de suas ações. Isso é bem diferente do antigo poder dos líderes, que vinha da posição, experiência e expertise. Em vez de liderança baseada em comando e controle, vejo o líder como:

- **Catalisador:** o líder estimula e expande a organização, fazendo as perguntas importantes, agregando energia e urgência, focando insights e objetivos.

- **Comunicador:** o líder articula propósito, visão e direção, ouvindo e se envolvendo com as pessoas, desenvolvendo empatia e confiança, criando um futuro melhor em conjunto.

- **Conector:** o líder conecta ideias, pessoas, atividades e parceiros, encorajando aprendizagem e colaboração, facilitando novas capacidades de inovação.

- **Coach:** o líder apoia, em vez de comandar, para pensar, agir e entregar melhor, estimulando o aumento da confiança.

Também adoro a definição de líderes como "amplificadores" — eles amplificam o potencial das pessoas. E, igualmente, de organizações e de todos os stakeholders. Eles abrem novos espaços para avançar e, por meio de inspiração e influência, criam a crença e a confiança de que isso é alcançável. Amplificar é aumentar a capacidade de sucesso e, portanto, transformar seu potencial, em termos pessoais e organizacionais.

LÍDERES COM PROPÓSITO

A Danone foi transformada sob a liderança de Emmanuel Faber, com um novo senso de propósito, uma responsabilidade para com todos os stakeholders e uma prioridade de Corporação B pela sustentabilidade.

Em consequência, o "como" importa tanto quanto "o quê" para aquilo que a empresa faz, mas também para o modo como os líderes atuam, dizendo que resultados inovadores só podem ser alcançados quando as pessoas ousam expressar e demonstrar seu potencial de liderança.

A Danone descreve seu estilo único de liderança usando "CADEA" ("CODES", no original, de *Create, Open, Drive, Empower* e *Self-aware*), os comportamentos que dão vida a seus valores e crenças. Estes cinco comportamentos moldam tudo em sua cultura, de recrutamento a desenvolvimento, desempenho e recompensas:

- C — **Crie um futuro significativo.** Desafie o status quo e gere ideias inovadoras; cada dia pode ser uma nova aventura, cheia de novas possibilidades e emoção real, exigindo um senso de propósito de você mesmo, da equipe e dos colegas.

- A — **Abra conexões dentro e fora.** Abra-se a novos pensamentos e perspectivas, desenvolvendo redes de contato dentro e fora, interagindo em todos os níveis e desenvolvendo a confiança para entender todos os stakeholders e projetar produtos do futuro.

- D — **Desejo por resultados sustentáveis.** Estabeleça uma cultura de velocidade e agilidade, na qual os indivíduos são livres e expressam seus talentos, antecipando e impulsionando o progresso de forma a manter a geração de valor para a empresa, os consumidores e a comunidade.

- E — **Empodere a si mesmo e às equipes diversificadas.** Liderança, e não microgerenciamento, libera o poder da equipe com a mistura certa de apoio e liberdade, permitindo que as pessoas expressem sua singularidade e fomentem o desempenho coletivo.

- **A — Autoconsciência.** Estar ciente dos próprios pontos fortes e necessidades de desenvolvimento é essencial para aprender e crescer, mantendo o autoequilíbrio no trabalho, reconhecendo quando dar um passo para trás e quando estender a mão para os outros.

> **CÓDIGO 44: TENHA A CORAGEM DE FAZER MAIS**
> OS MELHORES LÍDERES FAZEM COM QUE AS COISAS TENHAM SENTIDO E MOLDEM O FUTURO, VENDO O FUTURO E MOLDANDO-O CONFORME SUA VISÃO, COM A CORAGEM DE LIDERAR ALÉM DO CONHECIDO DE HOJE.

"A jornada mais longe que você fará", disse o monge budista, Thich Nhat Hanh, "está a 45 centímetros de sua cabeça até seu coração".

Mary Barra é uma líder corajosa. Seus antecessores como CEO da GM não conseguiram ver um mundo em mudança, para transformar a empresa e seus produtos, mesmo com a participação de mercado da empresa na América do Norte caindo de 50% na década de 1970 para cerca de 15% na virada do século. Com o colapso do mercado em 2008, a GM pediu falência.

Barra demonstrou a diferença que a coragem pode fazer. Imediatamente após assumir o cargo, testemunhou perante um comitê de investigação hostil do Senado sobre mortes causadas por falhas nas chaves de ignição em Chevrolet Camaros. Em vez de dar desculpas, Barra assumiu a responsabilidade pelos problemas e foi além atribuindo-os aos "problemas culturais da GM".

Ela então começou a transformar a cultura arcaica da GM, voltada às finanças, para uma organização dinâmica e responsável, focada na fabricação de veículos de qualidade para o futuro.

OUSE SER MAIS

A Apple, olhando para Einstein e Picasso, disse que "as pessoas loucas o suficiente para pensar que podem mudar o mundo são as que o fazem"; eu sugeriria que a coragem é o seu verdadeiro trunfo.

Coragem, de acordo com o meu dicionário, é "a escolha de enfrentar a agonia, a dor, o perigo, a incerteza" e inclui a coragem moral, "a capacidade de agir corretamente diante da oposição popular". Criar o futuro exige coragem.

Liderança corajosa é o que todo funcionário espera e o que toda empresa necessita. Um líder corajoso guia seu pessoal, empodera-o pelo exemplo, dá confiança a todos para executar o trabalho com o melhor de sua capacidade.

Você ousa criar o futuro? A resposta pode parecer óbvia, mas significa renunciar ao hoje, ao que funcionou ao longo do tempo e ao que ainda pode estar produzindo resultados razoavelmente bons. Naturalmente, existem maneiras de diminuir os riscos e de fazer os dois, mas geralmente trata-se de um salto à frente.

Líderes corajosos acreditam fortemente em si mesmos e, embora o futuro possa parecer incerto, você precisa acreditar nas escolhas que faz. No entanto, se tiverem sucesso eles deixam um legado de progresso, que é muito mais satisfatório do que apenas manter o status quo.

A coragem assume muitas formas. Começa de dentro, perguntando a si mesmo se você é corajoso o suficiente. Exige que você se coloque lá fora, sinta-se confortável com o desconforto, enfrente questões difíceis, confronte as coisas diretamente, agarre o "elefante na sala" e busque padrões mais elevados.

Embora exija ousadia e energia, a coragem também demanda empatia e humildade — ouvir os outros com atenção, revelar suas vulnerabilidades, dizer que não sabe se não souber, delegar e dar crédito aos outros, apoiar as pessoas em momentos de fracasso, admitir erros e mudar de direção quando necessário.

Considere os três tipos de coragem exigidos dos líderes no ambiente de trabalho:

- **"Coragem para tentar"** — que é a coragem de dar o primeiro passo. Se estiver fazendo algo pela primeira vez, é preciso coragem. Requer energia para superar a inércia, bravura para vencer a timidez, audácia para fazer uma tentativa. Você pode fracassar, errar ou fazer algo totalmente incrível.
- **"Coragem para confiar"** — que é necessária para abrir mão do controle. Como líder, você precisará dessa coragem para delegar aos seus funcionários, passar o controle à equipe e mostrar-lhes que você confia neles. Isso não apenas mostra às pessoas que você

confia nelas, mas também que elas podem confiar que você não microgerenciará o trabalho.

- **"Coragem para contar"** — que é necessária para expor, de forma aberta e com convicção, as suas crenças e ideias. É ser assertivo, confiante e atencioso. Não ficar sentado, evitar falar ou concordar em discordar; é contar a verdade, dizer o que precisa ser dito, dar a cara para bater.

Líderes corajosos preparam o terreno para outros seguirem, para acelerar o progresso.

VULNERABILIDADE E CONFIANÇA

Coragem significa que os líderes têm a confiança de ficar nus diante de seu pessoal e declarar que todos precisam fazer melhor, diz Brené Brown em *Dare to Lead* (*A Coragem para Liderar*, em tradução livre).

Brown diz que o maior obstáculo para ser um líder corajoso não é o medo. Todo mundo tem medo de mudanças, complexidade e incerteza. A questão é como lidamos com o medo — levantamos nossos escudos em posição de defesa ou damos um passo à frente para enfrentá-lo?

Ela diz que, para muitos líderes, a atitude defensiva limita a coragem. Eles se preocupam mais com a imagem do que com a ação, em estarem certos do que melhorar as coisas.

Brown descreve quatro maneiras pelas quais podemos aumentar nossa coragem:

- **Ser vulnerável:** ter a coragem de fazer parte mesmo que não tenhamos o controle do resultado, abrindo-nos para as pessoas, tendo conversas difíceis.

- **Valores da vida:** defender aquilo em que acreditamos, seja expressando uma opinião forte sobre um assunto polêmico ou seguindo adiante com ações.

- **Confiar nas pessoas:** ser o primeiro a confiar nos outros, com a vulnerabilidade e a coragem de ter uma fé criteriosa nas pessoas, e elas então retribuirão.

- **Enfrentar:** a forma como respondemos ao medo ou fracasso, quando as coisas não saem de acordo com o planejado, usando nossa "mentalidade de crescimento" para enfrentar e fazer melhor.

Embora você precise tomar a iniciativa para olhar além, você precisa dar um passo à frente para agir.

No entanto, o futuro nos enche de apreensão. Afinal, ele representa o desconhecido, e nós não gostamos de não saber. Cinquenta e quatro por cento dos CEOs disseram que a incerteza era o maior obstáculo para a criação do futuro, em uma pesquisa recente da EY, enquanto a IBM constatou que apenas 41% das organizações acreditavam que tinham líderes para executar a estratégia de negócios no mundo incerto de hoje.

Precisamos abraçar a incerteza e as oportunidades que ela oferece. Passamos a depender de conhecimentos precisos e análises detalhadas com base no passado. Preferimos tomar decisões com base na certeza, para minimizar riscos e maximizar a eficiência. Quando nos deparamos com informações incompletas, elevada incerteza e, portanto, um risco muito maior, é fácil ficar paralisado. O que você pode fazer?

- **Envolva-se.** Sem abraçar um desafio você nunca o entenderá, então é melhor escolher algum lugar para começar, para entender a situação. Na verdade, a maior parte da tomada de decisões é entender o problema.

- **Aceite que você não sabe.** É improvável que você tenha todos os dados; então, comece a explorar as opções e consequências de tomá-las, avalie-as o melhor que puder dentro do contexto do que você está tentando alcançar.

- **Faça a melhor escolha que puder.** Nenhuma decisão será perfeita, porque não existem respostas certas e muitas decisões terão vantagens e desvantagens. Ter 60% de confiança de que é a escolha certa é bom; 80% de confiança é ótimo.

O CEO Genome é um projeto de pesquisa de Elena Botelho e Kim Powell que procura entender os atributos comuns dos líderes. Eles constataram que muito do que as pessoas presumem ser o caminho para a liderança na verdade está errado no mundo de hoje.

Embora possamos pensar nos líderes como os mais ambiciosos em nossa equipe, mais de 70% dos CEOs nunca tiveram projetos para o principal cargo da empresa até muito mais tarde em suas carreiras. E embora uma educação de elite costumasse levar você a lugares de destaque, somente 7% dos líderes vieram de universidades de primeira linha e 8% nunca buscaram o ensino superior.

A maioria dos líderes precisou superar algum tipo de adversidade em sua jornada, o que pode não criar um currículo "perfeito", mas os deixa mais bem equipados para liderar no mundo real. Adversidade na educação, adversidade em empregos anteriores, adversidade em sua vida pessoal. Esses são os momentos que flexionam nossos músculos, mas, mais importante ainda, nossas mentes. São os momentos que nos dão fome, determinação e coragem.

A liderança exige confiança e convicção. Como líder, de repente chega até você um fluxo constante de decisões, algumas estratégicas e muitas delas táticas. Embora a delegação seja uma ferramenta essencial, para muitas questões a bola está com você. Você precisa ser decisivo. Você precisa ser confiável. Você precisa ser adaptável. E precisa ser ousado.

Embora muitos líderes possam falar com eloquência, interagir com seu pessoal, dizer todas as coisas certas sobre a necessidade de focar os clientes, acreditar nas pessoas e gerar crescimento lucrativo, o líder corajoso é capaz de fazer muito mais. Ele tem:

- Coragem para inspirar as pessoas a alcançar novos níveis.
- Coragem para desafiar o status quo.
- Coragem para tomar grandes decisões apesar de muitas incertezas.
- Coragem para inovar em áreas ou maneiras nunca feitas antes.

- Coragem para agir de forma rápida e decisiva.
- Coragem para iniciar conversas difíceis.
- Coragem para assumir a culpa, para ouvir todos.
- Coragem para ser aberto, honesto e admitir erros.
- Coragem para dar crédito a quem é devido.

Os líderes podem sempre seguir o caminho de menor resistência, manter o status quo e não balançar o barco, evitar abordar os problemas reais e, em vez disso, buscar soluções temporárias, buscar apenas pequenas mudanças e evitar riscos estratégicos, fazer política e culpar os outros, e buscar ocupar seu cargo com a promessa de uma boa aposentadoria. Ou podem perceber que, em um mundo de mudanças incessantes, isso simplesmente levará à estagnação silenciosa e a um declínio gradual, para eles mesmos e suas organizações.

> **CÓDIGO 45: DESENVOLVA SEU PRÓPRIO ESTILO DE LIDERANÇA**
> EXISTEM MUITOS MODELOS DE LIDERANÇA — INSPIRADORES E HUMILDES, DEMOCRATAS OU AUTOCRATAS. O MAIS IMPORTANTE É SER VOCÊ MESMO, DAR O MELHOR DE SI E SE ESFORÇAR PARA SER MELHOR.

Pablo Isla, CEO da Inditex, é o humilde rei espanhol da fast fashion (moda rápida). Da mesma forma que um técnico no mundo dos esportes, ele vê o poder em seu time e seu trabalho é torná-los astros.

Num primeiro encontro, pode não parecer um dos principais CEOs do mundo. Isla é quieto e modesto, mas como líder do monólito da moda espanhola, a Inditex, essa é a sua força. Durante seus 12 anos na Inditex, com marcas de Zara a Mango, aumentou o valor da empresa sete vezes, envolveu-se na expansão global a uma taxa média de abertura de uma loja por dia e tornou a Inditex a empresa mais valiosa da Espanha.

Suas prioridades têm sido alcançar uma maior integração e eficiência. Em primeiro lugar, criando uma experiência de compra omnicanal, que combina o melhor dos aspectos da tecnologia e das lojas. Em segundo lugar, uma cadeia de suprimentos integrada, capaz de reagir rapidamente às mudanças de moda.

A palavra que a maioria dos funcionários usa para descrever seu estilo é humilde. Ele procura evitar qualquer forma de hierarquia, odeia reuniões e despreza o ego. Em vez disso, gosta de tomar decisões informalmente enquanto caminha. Até evita a inauguração das próprias lojas, querendo que o foco seja a loja e as equipes.

"A força de nossa empresa é a combinação de todos, muito mais do que de qualquer pessoa isolada. Tentamos ser uma empresa discreta, sendo humildes; claro que também sendo muito ambiciosos, mas humildes", disse ele à *Harvard Business Review.*

"A consumidora que sonha com um par de sapatos de salto alto baratos e sofisticados da Zara, de US$ 50, quer ouvir falar da nova loja em seu bairro, não de como algum executivo privilegiado está no controle". De toda a equipe, ele destaca o papel dos gerentes de loja da linha de frente, que são empoderados para fazer seleções de produtos e que ele considera como as pessoas a quem deve servir.

Líder Júnior	Líder Sênior
Curto prazo	Longo prazo
Transações	Transformações
Especialista na função	Generalista de negócios
Gerenciamento de tarefas	Gerenciamento de portfólios
Entregando resultados	Otimizando a geração de valor

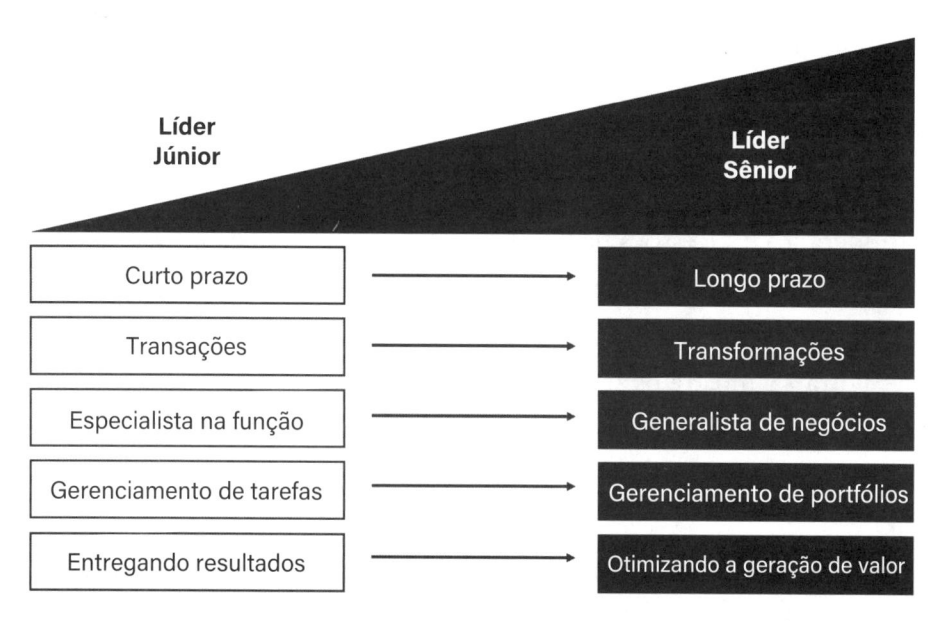

FIGURA 7.1 A mudança de perspectiva da liderança.

COMO OS GRANDES LÍDERES SE DESENVOLVEM

À medida que os líderes progridem na organização, suas funções mudam, de técnicas para funcionais, táticas para estratégicas, de gestão para liderança. Com essas funções, vem a mudança de perspectiva e de responsabilidades:

- Curto prazo para longo prazo.
- Transações para transformações.
- Especialista na função para generalista de negócios.
- Gerenciamento de tarefas para gerenciamento de portfólios.
- Poucos stakeholders para muitos stakeholders.
- Fazer o trabalho para otimizar a geração de valor.

Embora possamos pensar na liderança como uma abordagem, os estilos de liderança são diferentes à medida que progredimos em uma organização. O conceito de "seis passagens" da liderança foi desenvolvido por Walter Mahler na década de 1970, com base em comportamentos de liderança e sucessões na GE, e enfoca a "encruzilhada crítica" que os líderes enfrentam durante sua carreira.

A Figura 7.2 mostra os sete "níveis" de liderança, as seis "passagens" ou transições de um estágio para o seguinte, e a mudança em habilidades e mentalidades que a transição exige:

- **Liderar a si mesmo:** contribuintes individuais, equipe profissional, centrados em tarefas e expertise, estabelecendo credibilidade, entregando resultados.

    Transição 1: das habilidades à colaboração, de executar o trabalho a fazer com que ele seja realizado.

- **Liderar outros:** líderes de pequenas equipes ou projetos, recrutando e desenvolvendo, resolvendo conflitos, delegando, adaptando-se às diferenças culturais.

    Transição 2: das agendas pessoais para a das equipes, de organizar a preparar e formar.

- **Liderar gerentes:** líderes integram equipes, gerenciando escolhas e políticas, resolução de problemas, negociação tomada de riscos, engajando pessoas.

    Transição 3: das atividades às estratégias funcionais, das tarefas à complexidade.

RECODIFIQUE SUA LIDERANÇA

- Liderar a **Si Mesmo**
- **Transição 1:** habilidades para colaboração
- Liderar **Outros**
- **Transição 2:** agendas pessoais para a colaboração
- Liderar **Gerentes**
- **Transição 3:** de atividades para função
- Liderar **Funções**
- **Transição 4:** pensamento atual para futuro
- Liderar **Negócios**
- **Transição 5:** gerenciar portfólios
- Líder de **Grupo**
- **Transição 6:** gerenciar sistemas
- Líder **Empresarial**

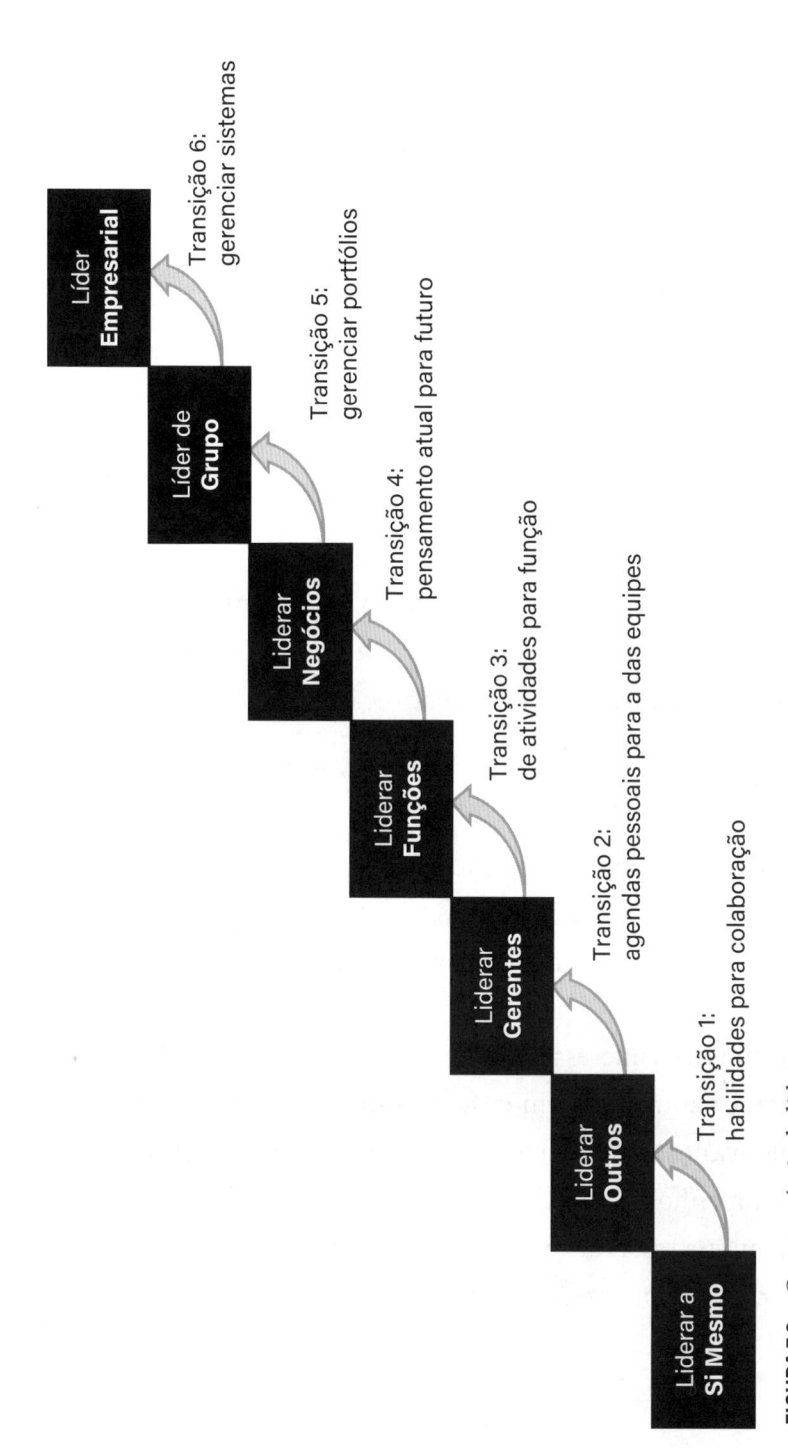

FIGURA 7.2 Os sete níveis de liderança.

- **Líderes de função:** alinhar recursos, desenvolver práticas de liderança, conduzir e implementar mudanças e inovação, gerenciar equipes dispersas.

    Transição 4: de pensamento atual para futuro, de centros de custos para centros de lucro.

- **Líderes de negócios:** desenvolver visão, equilibrar curto e longo prazo, alinhar com a organização, trabalhar envolvendo várias funções, explorar novos modelos de negócios.

    Transição 5: da gestão de negócios para um portfólio estratégico de empresas.

- **Líderes de grupo:** gerenciar desempenho em todas as empresas, para hoje e amanhã; catalisar mudança e inovação, explorando novos empreendimentos e renovação.

    Transição 6: de stakeholders internos para externos, gerenciando sistemas inteiros.

- **Líderes empresariais:** alto executivos; envolvem todos os stakeholders, definem a direção, constroem equipe de liderança para hoje e para o futuro, moldam a cultura e a reputação.

Com o tempo, os líderes assumem maior responsabilidade, e as funções de liderança aumentam em desafio, amplitude e complexidade. À medida que avançam, os líderes realocam o foco para ajudar os outros a ter um desempenho eficaz. Aprendem a valorizar o trabalho de liderança e acreditam que reservar tempo para os outros, para planejar, coordenar e treinar, é fundamental nessa nova responsabilidade.

Uma maneira de considerar a evolução é em forma de "T", subindo na vertical quando os papéis são amplamente construídos em torno da função, para a horizontal, em que os papéis são muito mais amplos e multifuncionais. Conforme o líder passa de uma área de especialização para a administração geral, ele passa de precisar ter todas as respostas para ser capaz de formular as perguntas certas.

Naturalmente, muitos atributos de liderança — tais como responsabilidade, engajamento e entrega — são comuns a todos os estágios, embora executados de maneiras diferentes. Além disso, conforme as organizações mudam de hierarquias verticais para redes mais planas, há menos estágios de liderança, de sete para talvez apenas três.

QUAL É O SEU MELHOR ESTILO DE LIDERANÇA?

Todos nós tendemos a ter um estilo de liderança preferido ou "natural".

Liderar de maneira que pareça certa e natural para você é mais fácil e mais consistente e autêntico perante os outros. Seja qual for o estilo, as pessoas se envolverão e confiarão mais se souberem que você é genuíno.

Às vezes, porém, você pode precisar adaptar seu estilo ou adotar aspectos de outros estilos para uma finalidade específica. Daniel Ek, CEO do Spotify, por exemplo, descobriu que era demasiadamente descontraído com as equipes quando elas buscavam orientação e foco. Ele trabalhou para extrair o máximo do próprio estilo, ao mesmo tempo em que fortalecia aspectos que atendiam às necessidades das equipes.

Existem muitos modelos teóricos de liderança dos quais extrair ideias.

Kurt Lewin classificou os estilos de liderança em autocrático, participativo e delegativo (laissez-faire). Tannenbaum e Schmidt consideravam a liderança como um continuum de estilos, variando de autocrático a democrático, mas diziam que o melhor estilo em qualquer momento dependia de vários fatores, como a personalidade do líder e a situação que enfrentava. Daniel Goleman, que cunhou a expressão "inteligência emocional", desenvolveu uma estrutura de seis estilos diferentes baseados na capacidade de um líder de se envolver emocionalmente com as pessoas de maneiras diferentes — visionário, treinador, democrático, exigente (*pacesetting*), afiliado e comandante.

Seguem algumas das diferentes abordagens, agrupadas por seus objetivos:

Liderar em um estilo inspirador — quando você deseja incentivar as pessoas a trabalharem com você na criação de um futuro melhor, fornecendo energia e direcionamento para seguir em frente:

- **Transformador** — *"Imagine se"* — oportunidade de crescer, para você e a empresa.
- **Visionário** — *"Venha comigo"* — uma nova direção, empatia; desenvolve a confiança.
- **Exigente (*pacesetting*)** — *"Nós podemos fazer isso"* — dirigido para realizar, estimulante mas exaustivo.

Liderar em um estilo acolhedor — quando você deseja apoiar as pessoas para que deem o melhor de si, embora não necessariamente pensando em ser criativo ou avançar:

- **Servidor** — *"Aqui para você"* — assegura recursos para que as pessoas possam agir como acharem adequado.
- **Coach** — *"Tente isto"* — empatia; apoia as necessidades individuais, de modo mas menos direcionado.
- **Afiliativo** — *"As pessoas vêm em primeiro lugar"* — empatia; tranquiliza e constrói a equipe.

Liderar em um estilo engajado — quando você quiser que as pessoas prossigam com o trabalho, confiando que elas têm competências e desejo de realizar a tarefa:

- **Delegativo** — *"Faz o que você acha"* — confiando nas pessoas para entregar, dando espaço.
- **Transacional** — *"Você sabe o que fazer"* — tarefas claras, intervém se não for entregue.
- **Burocrático** — *"Siga o processo"* — etapas técnicas claramente definidas para serem seguidas.

Liderar em um estilo de comando — quando você quer estar no comando e tomar as decisões, geralmente quando você acredita que as pessoas não têm capacidade para decidir:

- **Consultivo** — *"Diga-me o que você acha"* — você ouve e depois decide sozinho.

- **Persuasivo** — *"Isto é o quê e por quê"* — você decide e então tenta persuadi-los.

- **Autocrático** — *"Faça o que eu digo"* — desmotivador, mas pode funcionar em uma crise.

Saber quando e como adaptar seu estilo de liderança a diferentes situações pode ter um grande impacto no modo como a equipe responderá. Por exemplo, se estiver tentando desenvolver competências na equipe, você pode descobrir que o estilo de liderança de coaching funciona melhor. Se estiver com prazos urgentes, então o estilo exigente (*pacesetting*). Se precisa ser altamente estruturado e cumpridor das normas, então o burocrático. Se deseja que as pessoas trabalhem em conjunto para criar um futuro melhor para todos, então, o estilo transformador.

AVALIANDO OS LÍDERES

Korn Ferry, a empresa de consultoria de gestão, desenvolveu um modelo de avaliação particularmente útil para o desenvolvimento de liderança, a fim de identificar o quanto os indivíduos estão prontos e capacitados para passar aos próximos níveis de liderança. Eles organizam as qualidades exigidas nos líderes em quatro categorias distintas. Cada dimensão desempenha um papel distinto na performance, no engajamento, no potencial e no desenvolvimento pessoal da carreira:

- **Motivadores e Características,** que descrevem **quem você é** — motivadores são os valores e interesses que motivam uma pessoa; características são as tendências naturais de uma pessoa, influenciadas pela personalidade e inteligência.

- **Experiências e Competências,** que descrevem **o que você faz** — experiências são projetos ou funções que podem preparar uma pessoa para um papel futuro; competências são habilidades e comportamentos observáveis.

A maioria das organizações considera a "motivação" de um indivíduo como um indicador fundamental de alto potencial, significando o nível de energia pessoal e o engajamento que têm nas tarefas. Ao mesmo tempo, as pessoas se sentem mais estimuladas por funções que se encaixam bem com elas. Os líderes geralmente querem ser líderes, acham o papel de líder interessante e o trabalho de liderança motivador. Isso é particularmente testado à medida que eles precisam alocar mais tempo para os aspectos de liderança das funções conforme progridem.

As características também desempenham um grande papel na forma como as pessoas se desenvolvem, definindo o que é mais natural para elas e o que é mais um esforço. As características perduram ao longo do tempo e exercem uma forte influência no enfoque, nas atitudes e nos comportamentos. Tradicionalmente, os inventários de personalidade, baseados em características, têm sido a principal ferramenta de diagnóstico para os líderes.

O modelo de potencial de liderança da Korn Ferry adota estes fatores e avalia como uma pessoa progredirá nos diferentes níveis de liderança e nas transições exigidas:

- **Motivadores**
    - Motivação para avançar: por meio de colaboração, ambição, desafio.
    - Planejamento de carreira: o quanto são estreitos ou amplos os objetivos de carreira.
    - Preferência de papel: realizar por intermédio dos outros ou por si mesmo.

- **Experiência**
    - Experiência básica: o que aprenderam com a liderança do dia a dia.
    - Perspectiva: diversidade de experiências em muitas áreas diferentes.
    - Principais desafios: experiência em enfrentar os desafios de desenvolvimento.

- **Consciência**
    - Autoconsciência: de seus pontos fortes e das necessidades de desenvolvimento.
    - Autoconsciência situacional: como os eventos impactam seu desempenho.

- **Agilidade de aprendizagem**
    - Agilidade mental: ser curioso e mentalmente rápido.
    - Agilidade com as pessoas: ler os outros e usar isso para possibilitar a mudança.
    - Agilidade com mudanças: explorar novas possibilidades, levar ideias da visão à realidade.
    - Agilidade com resultados: entregar resultados excepcionais em situações novas e difíceis.

- **Características de liderança**
    - Foco: equilíbrio entre os detalhes e o quadro geral.
    - Persistência: a busca apaixonada por objetivos de longo prazo com valor pessoal.
    - Tolerância à ambiguidade: lidar com a incerteza ou situações confusas.
    - Assertividade: disposição para assumir um papel de líder e se sentir confortável com isso.
    - Otimismo: ter uma visão otimista.

- **Capacidade**
    - Resolução de problemas: identificar tendências e padrões e tirar conclusões corretas de dados confusos ou ambíguos.

- **Riscos de descarrilamento**
    - Volátil: risco de ser instável, errático ou imprevisível.
    - Microgerenciamento: risco de controlar o trabalho de subordinados diretos.
    - Fechado: risco de estar fechado a perspectivas e oportunidades alternativas.

Em resumo, a liderança não é medida pelo que você faz, mas pelo impacto que você causa — a maneira como você pode afetar positivamente o seu pessoal, a maneira como eles conduzem as atividades da organização e o que realiza.

A IE Business School, com sede em Madri, fica próxima ao estádio Santiago Bernabéu, casa do Real Madri, o clube de futebol espanhol que é o time mais bem-sucedido de todos os tempos da Europa.

Sempre levo os líderes empresariais que são meus alunos na IE ao estádio como parte dos meus programas. Passamos pelas vitrines de troféus, pelas fotos dos sucessos do passado, pelos vestiários e entramos no caldeirão da competição onde 80.000 espectadores fanáticos geralmente assistem aos jogos.

Peço que se sentem no banco, nos lugares reservados ao técnico e seus assessores, ao lado do campo. Por alguns minutos eles podem ser Zinédine Zidane, ou quem quer que seja o treinador. Ele passou horas no campo de treinamento com seus jogadores, aprimorando o condicionamento físico, falando de estratégias e táticas, preparando-se para a competição. Mas assim que a partida começa, seus jogadores estão por conta própria. Ele confia tudo aos jogadores. Eles agora precisam responder a qualquer coisa que aconteça, tomar as próprias decisões no calor da competição. O seu próprio sucesso está 100% confiado à equipe.

Embora o técnico possa aperfeiçoar as próprias habilidades de liderança, o que importa é como ele as usa para influenciar os outros. Seu próprio sucesso está confiado ao seu pessoal.

> **CÓDIGO 46: ATINJA SEU DESEMPENHO MÁXIMO**
> INCORPORE O FUTURO NOS NEGÓCIOS DO DIA A DIA — TRANSFORME OS PROCESSOS DE MOLDAGEM DO FUTURO, INOVAÇÃO DOS NEGÓCIOS E MUDANÇAS NO EQUILÍBRIO NORMAL DO TRABALHO.

Imagine que você seja um atleta olímpico em meio a uma competição. Enquanto se prepara para a maior corrida de sua vida, você imagina os momentos que virão, antecipa o que pode acontecer, considera estratégias alternativas. E talvez apenas se atreva a sonhar.

Na verdade, você precisa estar pronto para tudo. Não adianta pensar demais. Você está nas melhores condições de sua vida e já participou de muitas corridas antes. Na realidade, está simplesmente consumido pelo momento, em harmonia com seu corpo, focado na corrida.

Quando você está no auge, seu corpo e sua mente fluem em uníssono, e você sabe o que fazer.

ENCONTRANDO SEU FLUXO FUTURO

O psicólogo Mihaly Csikszentmihalyi acredita que o desempenho máximo vem de dentro e que as pessoas têm a habilidade única de criar ambientes que facilitam o desenvolvimento de um estado de espírito que ele chama de "fluxo", ou que alguns chamam de "na zona".

Fluxo é a experiência que sinto quando estou trabalhando intensamente em um projeto; o desafio é significativo, a equipe ao meu redor é constituída de ótimas pessoas, os prazos são apertados e a ambição é muito alta. Assim que estou no projeto, descubro que posso trabalhar em um ótimo ritmo, há um fluxo de consciência, as ideias surgem rapidamente.

Sob o estresse e as dificuldades de situações de alta octanagem, muitas vezes podemos fazer nosso melhor trabalho. Csikszentmihalyi diz: "os melhores momentos geralmente ocorrem quando o corpo ou a mente de uma pessoa é solicitado até o limite, em um esforço voluntário para realizar algo difícil e valioso. A experiência ideal é, portanto, algo que fazemos acontecer".

É uma sensação de imersão, foco e concentração, afastada da repetição e das distrações do cotidiano; você sente que tem mais propósito, com maior consciência da situação e das possibilidades. A complexidade parece menos intimidante, e a incerteza, menos assustadora. Você está energizado, empoderado e pode alcançar muito mais.

O fluxo é obtido por meio de uma intensidade de concentração e esforço conforme você se aplica à tarefa. Você está energizado pela possibilidade e livre do medo do fracasso. Você se eleva acima de si mesmo, acima das distrações do hoje. A experiência desse fluxo é tão boa quanto os resultados.

Cinco maneiras de os líderes empresariais encontrarem seu estado de "fluxo" todos os dias são:

- **Selecione as tarefas** que são estimulantes e envolventes; elas o desafiam ao ponto da empolgação. São problemas que você adoraria resolver.
- **Monte uma grande equipe**, pessoas de que você gosta e nas quais confia, que você sabe que, em conjunto, podem realizar grandes coisas (ou você, em certas ocasiões, também pode fazer sozinho).
- **Defina metas audaciosas** que vão além das normas aceitas, metas de 10x e não 10%, e defina também uma compreensão sobre quais poderiam ser as recompensas, pessoais ou organizacionais.
- **Concentre sua mente,** um fluxo de consciência em direção ao objetivo, eliminando as trivialidades diárias, as distrações do ambiente de trabalho normal.
- **Mergulhe no momento**, seja ativo, e não passivo, pensando ideias, realizando tarefas, fazendo progresso, construindo o ímpeto, indo em direção ao objetivo.

O estado de espírito de "fluxo" torna-se o estado diário dos líderes empresariais. Passa a ser o normal. Todos os dias trabalhando para o futuro, ao mesmo tempo em que entrega o hoje. Sua mente trabalhando mais, conectando ideias, buscando o progresso, focada nas ações que criarão um amanhã melhor. Na verdade, você só pode fazer coisas hoje, mesmo que sua mente esteja focada num futuro melhor.

ATUANDO COM SEUS PONTOS FORTES

Nós nos acostumamos a explorar os "pontos fortes e fracos" do caráter humano ou, neste caso, do comportamento de liderança. O problema é que esse tipo de diagnóstico nos estimula a focar nossos pontos fracos, para torná-los melhor, para ser "bom o suficiente" em tudo.

Uma alternativa é focar os pontos fortes e como torná-los ainda melhores.

Ainda assim, poucos líderes empresariais dizem que conseguem usar seus pontos fortes na maior parte do trabalho. O desafio em qualquer equipe é reunir um grupo diversificado de pessoas, em que os pontos fortes combinados sejam irresistíveis. Isso significa que, desde que todos os atributos importantes estejam contemplados, a equipe será forte em todas as áreas e ampliará seu impacto muito além daquele de qualquer indivíduo isolado.

O psicólogo Martin Seligman estudou culturas ao redor do mundo para entender o que elas consideravam "pontos fortes" em seus líderes. A pesquisa explorou as principais religiões e tradições filosóficas e descobriu que as mesmas seis virtudes eram compartilhadas em quase todas as culturas. O modelo de avaliação *StrengthsFinder* do Gallup é uma das ferramentas mais úteis para explorar o componente prático dessas virtudes como 24 pontos fortes de caráter:

- **Virtude da Sabedoria.** Quanto mais curiosos e criativos nos tornamos, mais ganhamos perspectiva, conhecimento e sabedoria. Os componentes dos pontos fortes são criatividade, curiosidade, mente aberta, amor pelo aprendizado e perspectiva.
- **Virtude da Coragem.** Quanto mais corajosos e persistentes nos tornamos, mais confiantes nos sentimos e atuamos com mais bravura. Os componentes dos pontos fortes são bravura, perseverança, honestidade e vitalidade.
- **Virtude da Humanidade.** Quanto mais abordamos as pessoas com respeito, apreço e interesse, mais engajadas elas se tornam. Os componentes dos pontos fortes são amor, gentileza e inteligência social.
- **Virtude da Justiça.** Quanto mais responsáveis somos, abraçando a equidade e a justiça, mais estável é a comunidade que podemos construir, para benefício mútuo. Os componentes dos pontos fortes são trabalho em equipe, equidade e liderança.
- **Virtude da Temperança.** Ser misericordioso, humilde, prudente e estar no controle de nossos comportamentos nos ajudam a evitar ser arrogantes, egoístas e desequilibrados. Os componentes dos pontos fortes são o perdão, a humildade, a prudência e o autocontrole.
- **Virtude da Transcendência.** Nunca perder a esperança no potencial da humanidade, apreciando a natureza e as pessoas, permite-nos conectar com um propósito maior. Os componentes dos pontos fortes são a apreciação da beleza, a gratidão, a esperança, o humor e a espiritualidade.

Estudos adicionais mostraram que as mulheres geralmente têm pontuações mais altas em pontos fortes interpessoais, como amor e gentileza, honestidade e gratidão. Os homens tendem a pontuar mais alto em pontos fortes cognitivos, criatividade e curiosidade, esperança e humor, mas também em honestidade. Embora essas diferenças sejam interessantes e estejam, em grande parte, em conformidade com os estereótipos que sugerem que podem ser moldados pela cultura, também há muitos pontos fortes compartilhados.

Jogar com seus pontos fortes não apenas permite que você tenha um melhor desempenho e contribua mais para uma equipe, como também pode resultar em se sentir mais engajado e confiante, e permitir que você progrida mais rápido.

O CÉREBRO PLÁSTICO DO LÍDER

Costumávamos presumir que cada um de nós tinha nossas formas estabelecidas de pensar e se comportar e, à medida que envelhecemos, a capacidade de nosso cérebro de aprender e se adaptar diminui. No entanto, nosso cérebro pode desenvolver novos neurônios em qualquer idade. Cada neurônio pode transmitir até 1.000 sinais nervosos por segundo e fazer até 10.000 conexões com outros neurônios. Nossos pensamentos vêm dos sinais químicos que passam pelas fendas sinápticas entre os neurônios: quanto mais conexões fazemos, mais poderoso e adaptável pode ser o nosso cérebro.

Tara Swart é uma neurocientista, médica e coach de executivos com formação em psiquiatria. Eu a conheci no palco em Bratislava, onde estávamos apresentando nossa "Grande Ideia" para a Europa. Seu primeiro livro, *Neuroscience for Leadership* (*Neurociência para Liderança*, em tradução livre), era mais um texto acadêmico, enquanto seu novo livro, *A Fonte*, é mais populista e afirma que a maioria das coisas que queremos da vida — saúde, felicidade, riqueza, amor — é comandada por nossa capacidade de pensar, sentir e agir. Em outras palavras, pelo nosso cérebro.

Manter o cérebro em forma por meio de exercícios, aprendizado contínuo e experiências ricas aumenta a agilidade mental. No passado, os líderes confiavam mais na experiência e no procedimento; no mundo de hoje, precisamos de líderes que possam entender novos padrões, imaginar novas possibilidades, prosperar na diversidade de pensamento e na complexidade de ação. Os líderes precisam ter uma mente que esteja sempre à frente, vendo e antecipando o que vem por aí.

"Pense no cérebro como o hardware de um computador", diz Swart. "Sua mente é o software. Você é o programador que atualiza o software para transformar os dados (seus pensamentos). Você também controla o suprimento de energia que abastece o computador — a comida e a bebida que você consome, quando e como se exercitar e meditar, com quem interagir... Você tem o poder de manter ou destruir suas conexões neurais".

As atividades mentais, como ioga ou meditação, reduzem os níveis de cortisol e aumentam as dobras do córtex externo do cérebro, permitindo que o córtex pré-frontal regule melhor nossas respostas emocionais. Swart diz que apenas 12 minutos por dia, quase todos os dias da semana, fazem uma diferença notável. Novas experiências como viajar, aprender uma habilidade (por exemplo, uma língua estrangeira) e conhecer pessoas novas podem estimular o crescimento de novos neurônios.

Existem algumas maneiras óbvias de melhorar a função cerebral, como beber mais água, fazer mais exercícios e não ler em telas eletrônicas na última hora antes de ir para cama. Dormir menos de sete a oito horas por noite não é sustentável para a maioria das pessoas, porque é o tempo que leva para eliminar as toxinas. Dormir do lado esquerdo ajuda o cérebro a eliminar as toxinas com mais eficiência e tomar uma colher de óleo de coco antes de uma reunião importante aumenta a capacidade do cérebro por cerca de 20 minutos.

CÓDIGO 47: DESENVOLVA RESISTÊNCIA E RESILIÊNCIA
A JORNADA À FRENTE TERÁ ALTOS E BAIXOS. A RESISTÊNCIA EXIGE PREPARO FÍSICO E AGILIDADE EMOCIONAL, MAS TAMBÉM RESERVAR MOMENTOS PARA UMA PAUSA E COMEMORAR O PROGRESSO.

James Dyson levou 15 anos e 5.127 tentativas para aperfeiçoar seu aspirador sem saco. Quando conseguiu, criou uma revolução, mas foi preciso uma persistência incrível para chegar lá. Talvez o fato de ter sido um corredor cross-country nas dunas de areia de Gales do Sul na juventude tenha lhe dado a resistência para persistir em sua vida profissional. Além de ser difícil criar o futuro, tudo muda constantemente na jornada em direção a ele.

A resistência mental, a coragem para persistir, não se trata apenas de seguir em frente, mas da resiliência para superar desafios e obstáculos. Às vezes, só o grande volume de informações — e-mails, análises, relatórios, ideias, artigos, livros, reuniões — já é insuportável. Como líder, é fácil se sentir sobrecarregado.

Também é fácil achar que você precisa saber tudo, o que não é verdade, embora precise priorizar o que é mais importante. O maior desafio para qualquer líder visionário não é como fazer as ideias acontecerem, mas como fazer frente a todas as pessoas que dizem que não vai dar certo. Críticos e pessimistas podem ser frustrantes e acabam desmotivando.

Também haverá momentos de grande sucesso; as pessoas podem até chamá-lo de herói. Será uma boa sensação, mesmo para os mais humildes, e você inevitavelmente lembrará a todos que foi um esforço de equipe. No entanto, a euforia pode desaparecer rapidamente com o próximo desafio.

Os líderes precisam de resistência, resiliência e gratidão para lidar com mudanças implacáveis; precisam ser capazes de mudar a própria mente, de permanecer na montanha-russa do progresso, de manter as equipes engajadas e de ter sucesso na vida profissional e pessoal.

A RESISTÊNCIA DOS LÍDERES

A resistência tem a ver tanto com a mente quanto com a força muscular.

Para um atleta — corredor, ciclista, remador — existem muitos elementos fisiológicos em jogo, desde a temperatura corporal central ao consumo de oxigênio, além de fatores psicológicos, como o esforço percebido e a tolerância à dor. Cada um desses fatores é importante para o nível de desempenho atlético humano de que qualquer pessoa é capaz, especialmente ao testar os limites presumíveis de desempenho, como estabelecer novos recordes mundiais.

Quase todos os atletas atestarão uma recuperação mais rápida se pularem em uma banheira de gelo após uma competição. No entanto, estudos mostram que essa prática não diminui realmente os níveis de inflamação, que é o objetivo dos banhos. No entanto, a maioria dos fisiologistas ainda dirá que se um método ajuda na recuperação, mesmo que de modo puramente psicológico, ele é útil, pois às vezes a crença é tão influente quanto a ciência.

Em *Endure* (*Resista*, em tradução livre), Alex Hutchinson começa contando a corrida para quebrar a barreira de quatro minutos para uma milha (1,60 quilômetros). Por anos, homens em todo o mundo correram a um ou dois segundos da barreira, mas nunca quebrando o tempo icônico. Quando o britânico Roger Bannister finalmente correu em 3:59,4 em 1954, o australiano John Landy, que vinha tentando bater esse tempo por anos, conseguiu melhorar o tempo de Bannister em mais um segundo, apenas algumas semanas depois.

Alguns fatores importantes podem ajudar as pessoas, inclusive líderes empresariais, a perseverar mais:

- **Sempre temos um pouco mais para dar.** Observe como os atletas estabelecem seu ritmo de modo que sempre tenham um esforço final em provas de longa distância. E de alguma forma, um campeão olímpico, apesar de uma corrida extremamente difícil fisicamente, consegue sempre se levantar para comemorar a vitória.

- **Podemos suportar mais do que pensamos.** Os atletas têm uma tolerância à dor maior que o normal, o que lhes permite fazer um esforço maior. Eles aprendem a lidar com isso treinando no "limite", aprendendo a manter o débito de oxigênio, apesar da dor lancinante.

- **O condicionamento físico nos permite um melhor desempenho.** O desempenho atlético depende muito do consumo de oxigênio, que é aumentado por meio de um condicionamento físico aprimorado. Os líderes empresariais também precisam de oxigênio e preparo físico para manter o desempenho na liderança.

- **A fadiga reduz nosso desempenho.** Estar com o cérebro cansado pode afetar o quanto podemos suportar fisicamente. Um cérebro cansado é aquele que não tem uma pausa, que não é reabastecido, que não tem variedade, não continua aprendendo, não dorme o suficiente.

- **O estresse nos impede de desempenhar.** Dos muitos fatores, o estresse pode ser o pior. No entanto, o estresse vem em duas formas — o estresse vindo de fora, com prazos apertados, por exemplo, e o estresse que colocamos em nós mesmos. O estresse externo pode nos estimular; o estresse interno nós podemos controlar.

A pesquisa de Hutchinson o levou à África do Sul para trabalhar com Tim Noakes, o polêmico cientista esportivo que foi o primeiro a propor a "teoria do governador central", que argumenta que o cérebro limita o desempenho muito antes de o corpo atingir seu resultado máximo. Ele também explora a pesquisa de outro cientista pioneiro, Samuele Marcora, que desenvolveu uma série de exercícios de treinamento do cérebro para forçar esse governador.

Ele também se lembra de ter conversado com Eliud Kipchoge pouco antes da primeira maratona de menos de duas horas do mundo, quando o queniano disse que não havia realmente mudado nada em seu treinamento. O que então, perguntou ele, fará a diferença? "Minha mente será diferente", respondeu o corredor. As pessoas, diz ele, têm um limite curiosamente elástico para o que podem alcançar, impulsionado principalmente por sua força mental.

A RESILIÊNCIA DOS LÍDERES

Resiliência é a nossa capacidade de nos recuperarmos das adversidades. É o que permite que nos recuperemos rapidamente de mudanças ou contratempos, traumas ou fracassos, seja na vida ou no trabalho. É a capacidade de manter um senso de propósito, uma atitude positiva, uma crença no melhor, em tempos difíceis. A resiliência permite o progresso, enquanto outros podem desistir.

A professora de psicologia Angela Duckworth chama isso de garra. "Garra é paixão e perseverança por objetivos de longo prazo", diz ela. Ela compara não com uma maratona, mas com uma série de sprints combinados com uma luta de boxe. Nos negócios, você não está apenas correndo, mas também sendo atingido ao longo do caminho. Conforme você procura cumprir sua estratégia, para fazer novas ideias acontecerem, para transformar a empresa, não se trata apenas de lidar com o tempo e o esforço, trata-se também de superar muitos desafios.

A garra mantém você avançando em meio à ferroada da rejeição, à dor do fracasso e à luta contra a adversidade. "Quando as coisas o derrubam, você pode querer ficar no chão e abandonar a luta, mas a garra não o deixa desistir", diz Duckworth.

A maioria dos empreendedores tem uma resiliência tremenda, porque precisou lutar pelo negócio em alguns dos momentos mais difíceis. A busca pelo financiamento inicial, quando cada investidor de risco os dispensava com uma risada ou um sorriso, os longos dias em um quarto ou garagem tentando fazer o primeiro protótipo ou conseguir o primeiro contrato, as dores crescentes do aumento de escala quando precisam se adaptar para sobreviver e prosperar. Perder o controle quando os investidores assumem, tornando-os ricos, mas levando seu filho embora. A maioria dos empreendedores sabe o que é garra.

Mas o mesmo acontece com os líderes empresariais. Se não por começar um negócio, mas por sobreviver aos desafios da política interna, aprender como engajar e influenciar as pessoas de forma positiva, progredir como uma estrela individual, ao mesmo tempo em que eles mantêm colegas e equipes ao lado. Ao equilibrar a ambição pessoal com o progresso coletivo. A resiliência exige que nós:

- **Tenhamos ambição.** Saber o que realmente desejamos e estarmos preparados para trabalhar duro e perseverar para alcançá-lo. A visão não é apenas um marco; ela torna-se uma busca. Embora nem todos conheçam sua ambição, você a conhece, e isso o manterá se esforçando.

- **Tenhamos um propósito.** É por isso que você quer alcançar mais; é o que será melhor quando você alcançar sua ambição, não apenas para você, mas para sua empresa, sua família, seu mundo. O propósito é como você contribui, pelo que você luta, por que você se levanta de manhã.

- **Tenhamos paixão.** Você precisa amar isso, ser ótimo nisso. Caso contrário, não vale a pena os sacrifícios, as longas horas de trabalho e a dor. Alinhar o propósito com a ambição permite que você encontre o amor pelo seu trabalho, pela sua equipe, pela sua empresa e pelo mundo, que você busca impactar.

- **Tenhamos persistência.** Algumas vezes, você fracassará. Poucas coisas mudam sem desafios. O fracasso não o define, mas o aperfeiçoa. Se você não fracassasse, não aprenderia. Sempre há outra maneira. Mantenha-se confiante e forte.

Nelson Mandela foi um grande exemplo de resiliência. Foi enviado à prisão como um jovem incendiário que acreditava na resistência violenta quando o sistema de justiça lhe virou as costas no apartheid da África do Sul. Passados 27 anos, saiu da prisão de Robben Island defendendo a paz e a reconciliação. Durante seu longo confinamento, Mandela desenvolveu o que mais tarde chamou de autoliderança. Ele se inspirou muito no poema "Invictus", escrito por William Ernest Henley, que termina com os versos "Eu sou o mestre do meu destino. Eu sou o capitão da minha alma".

A GRATIDÃO DOS LÍDERES

Você poderia dizer que se trata de duas das palavras mais mágicas: muito obrigado.

As pessoas querem saber que seu trabalho é admirado, diz o guru da liderança Marshall Goldsmith. Mostrar gratidão ao seu pessoal é a maneira mais fácil, rápida e econômica de aumentar o desempenho. Em *Lidere com Gratidão*, Adrian Gostick mostra que a gratidão aumenta o engajamento dos funcionários, reduz a rotatividade e leva os membros da equipe a expressarem mais gratidão entre si, fortalecendo os vínculos dentro das equipes. Ele também mostra que a gratidão traz benefícios para aqueles que a expressam e é um dos fatores mais poderosos na previsão do bem-estar geral de uma pessoa, mais importante que dinheiro, saúde e otimismo.

Apesar dos benefícios, poucos executivos efetivamente utilizam essa ferramenta simples. Gostick diz que "as pessoas são menos propensas a expressar gratidão no trabalho do que em qualquer outro lugar". Isso, sugere ele, é por causa de uma série de mitos que são quase o oposto de buscar gratidão — alguns acham que o medo é o melhor motivador, que as pessoas já recebem elogios suficientes, que elas já sabem disso, que não têm tempo, que parece muito paternalista, que é melhor guardar elogios para quando as pessoas realmente merecem e que pode soar falso.

Os melhores líderes observam como as pessoas contribuem e buscam motivos para expressar sua gratidão. Isso requer que os líderes busquem as coisas boas, não apenas os problemas, e que prestem atenção quando as coisas estão indo bem, sem se deixar levar pelos problemas. A gratidão também significa reconhecer o esforço e a intenção, mesmo que não seja bem-sucedido, e as pequenas coisas que podem parecer triviais, mas são vitais. É também uma questão de ser oportuno, dizendo obrigado na hora, não em algum momento de revisão posterior. E o exemplo do líder incentiva os outros a também serem gratos entre si.

Todos nós consideramos a gratidão como algo natural. Mas ela pode ser muito útil e transformar atitudes e desempenho. Jamais esquecerei o patrão que me deu o carro da empresa para dirigir por uma semana. Ou o colega que recebeu um prêmio e imediatamente o deu ao membro mais jovem da equipe, em vez de colocá-lo em sua própria mesa. Ou o líder encomendando smartphones novos para a equipe com protetores de tela especiais por causa de um trabalho bem executado. A gratidão não precisa ser em dinheiro, pode ser um presente pessoal, um pequeno ato de gentileza ou duas palavras simples.

A gratidão não está apenas no trabalho, mas também na vida. Um líder empresarial não é nada sem a família e os amigos. Eles são a equipe de apoio oculta que dá incentivo, motivação e sacrifício para ajudar os líderes a alcançarem mais. E gratidão também para consigo mesmo. Reconhecemos que precisamos nos desafiar, nos esforçar, nos liderar. Talvez também, apenas de vez em quando, agradeça a si mesmo com um "muito obrigado".

CÓDIGO 48: CRIE UM LEGADO MELHOR

PELO QUE VOCÊ SERÁ LEMBRADO? COMO GERARÁ PROGRESSO EM SUA EMPRESA E NA SOCIEDADE, E DEIXARÁ O MUNDO UM LUGAR MELHOR PARA AQUELES QUE O SEGUEM?

Existe um enorme relógio batendo nas profundezas de uma montanha no Texas. Tem centenas de metros de altura e foi projetado para durar 10.000 anos.

De vez em quando os sinos badalam, cada vez tocando uma melodia que nunca foi executada antes; as melodias são programadas para não se repetir ao longo dos dez milênios. É alimentado pela energia criada com as flutuações de temperatura entre o dia e a noite.

O relógio é real, uma instalação de arte subterrânea no oeste do Texas, financiada pelo fundador da Amazon, Jeff Bezos, e administrada pela Long Now Foundation, uma organização sem fins lucrativos.

Bezos contribuiu com US$ 42 milhões para o projeto e espera que o relógio seja o primeiro de muitos relógios milenares a serem construídos ao redor do mundo nos próximos anos. Um segundo local já foi comprado no alto de uma montanha no meio de uma floresta de Nevada.

Dez mil anos é aproximadamente a idade da civilização, de modo que o Relógio de 10.000 Anos representa um futuro da civilização igual ao seu passado. Para Jeff Bezos, é um símbolo de nossa necessidade de proteger e nutrir nosso planeta por um longo prazo. Ele chama isso de seu legado e está ao lado de seu Fundo da Terra de US$ 10 bilhões, que lançou em 2020, como sua contribuição para o futuro.

O QUE VOCÊ DARÁ AO FUTURO?

O legado é um dos temas mais motivadores para os líderes empresariais. O que você deixará para trás? Qual é a sua contribuição para os outros que o seguem?

Estamos muito envolvidos em nosso mundo atual. Tentamos apresentar desempenho, tentamos acelerar o crescimento, tentamos transformar nosso negócio para levá-lo a um lugar melhor, que separamos poucos momentos para perguntar o que deixaremos como legado.

Não apenas uma lembrança. Não apenas uma reputação. Mas uma contribuição para o futuro.

Um dos livros mais inesquecíveis que já li é *The Monk and the Riddle* (*O Monge e o Enigma*, em tradução livre), de Randy Komisar.

Em 2003, tendo acabado de assumir o cargo de CEO de uma organização de médio porte, eu quis dar aos meus 250 gerentes algo no que pensar. Sim, poderíamos desenvolver estratégias novas e mudanças organizacionais, mas primeiro queria que eles pensassem grande, sobre o futuro e o que poderíamos ser, e o que eles próprios poderiam ser. Dei a cada um deles um exemplar do livro.

Tudo começa com um monge em uma motocicleta dirigindo pelo deserto e, em seguida, retornando ao ponto de partida. Questionado sobre onde esteve, ele responde que fez uma jornada. Parecendo uma filosofia zen, muitos desistiriam neste ponto, mas como foi publicado pela Harvard Business School, persisti.

Komisar é uma lenda da tecnologia do Vale do Silício e agora é sócio da Kleiner Perkins Caufield & Byers. Ele acha que você deveria buscar mais em sua carreira empresarial.

Ele reflete sobre o número de colegas e amigos que conheceu em startups de tecnologia que insistiram em suas ideias, trabalhando incansavelmente, e tudo o que pensam é na estratégia de saída. Ele sugere que isso não é realização. Sim, eles podem acabar mais ricos, mas será que realmente alcançaram o que queriam em suas vidas?

"Paixão e impulso não são a mesma coisa. A paixão o atrai para algo que você não consegue resistir. O impulso empurra na direção de algo que você se sente compelido ou obrigado a fazer. Se você não sabe nada a respeito de si mesmo, não consegue notar a diferença. Depois de adquirir um mínimo de autoconhecimento, você pode expressar sua paixão. Não se trata de abraçar os problemas de alguém. Isso é impulso", diz Komisar.

A maioria das pessoas tem um sonho, e com muita frequência o sonho não é simplesmente ganhar montes de dinheiro, mas realizar algo. Realizar algo é geralmente quantificado por fazer a diferença no mundo. Isso pode ser alcançado pelo caminho dos negócios, aproveitando o poder das marcas e do consumo, finanças e recursos, para fazer a diferença no mundo. Ou pode ser de formas menos comerciais. No entanto, muitos líderes, segundo Komisar, adiam para um ato posterior, para fazer quando já superaram a fase inicial de negócios ou, talvez, quando já se aposentaram. Ele chama isso de "plano de vida adiado". Nós temos sonhos, mas os adiamos para uma data futura.

A verdadeira paixão que temos pela vida, de realizar o nosso projeto de vida, não deveria ser algo que adiamos para outro momento, quando podemos nem estar em forma para realizá-la, e sim fazer parte do agora. Devemos abraçá-la no que fazemos, em nosso trabalho hoje, liderando nossa empresa para alcançar as aspirações comerciais e pessoais.

Há um eco disso no livro *A Segunda Montanha,* de David Brooks.

Brooks diz que, de vez em quando, encontramos pessoas que irradiam energia e alegria, que parecem "brilhar com uma luz interior". A vida, para essas pessoas, muitas vezes, segue o que podemos pensar como sendo algo com a forma de duas montanhas. Elas saem da escola, iniciam uma carreira e começam a subir a montanha da carreira que pensaram que deveriam escalar.

Os objetivos nesta primeira montanha são aqueles que a nossa cultura endossa — buscar o sucesso nos negócios, deixar sua marca. Mas quando chegam ao topo da montanha, algo acontece. Olham ao redor e acham a vista insatisfatória. Percebem que esta não era a montanha delas, afinal, e que existe outra montanha maior lá fora, que realmente é a sua montanha.

E assim embarcam em uma nova jornada, na segunda montanha, e sua vida passa de egocêntrica para centrada nos outros. Elas querem as coisas que realmente valem a pena desejar, não o que outras pessoas lhes dizem para querer. Abraçam a interdependência, não a independência. A dificuldade, porém, é que a maioria das pessoas só encontra sua segunda montanha ao se aposentar e, geralmente, é tarde demais.

Seu legado não é o que você fez, é o que você dá para o futuro.

COMO VOCÊ CRIARÁ UM MUNDO MELHOR?

No início deste livro, analisamos as mudanças nos negócios, do hoje para o amanhã, do lucro para o propósito, com mais significado e impacto. Isso é legado. Legado não é criar uma fábula, é gerar uma contribuição para o futuro.

Eu realmente acredito que a empresa pode ser uma plataforma para mudanças em nosso mundo, mas também uma plataforma para o bem. E que você pode alcançar mais nos negócios, fazendo o bem ao mesmo tempo.

As melhores oportunidades geralmente surgem de desafios aparentemente intransponíveis; você pode chamá-los de paradoxos que parecem incapazes de resolver objetivos contraditórios. Paradoxos aparentes, pelo menos através de nossas lentes existentes, oferecem aos líderes de negócios novos espaços para explorar, novas maneiras pelas quais as empresas podem fazer a diferença, combinando seus enormes recursos para um impacto mais positivo.

Aqui estão 15 grandes questões para os negócios e o mundo, que podem inspirar um legado melhor.

- **Clima:** *Como as economias podem crescer e ao mesmo tempo abordar as mudanças climáticas?* As duas últimas décadas foram as de maior calor já registrado. Embora o crescimento das emissões de CO2 tenha desacelerado devido à eficiência e às energias renováveis, a Terra continua aquecendo. O Acordo de Paris busca um limite de 1,5 ºC acima dos níveis pré-industriais.

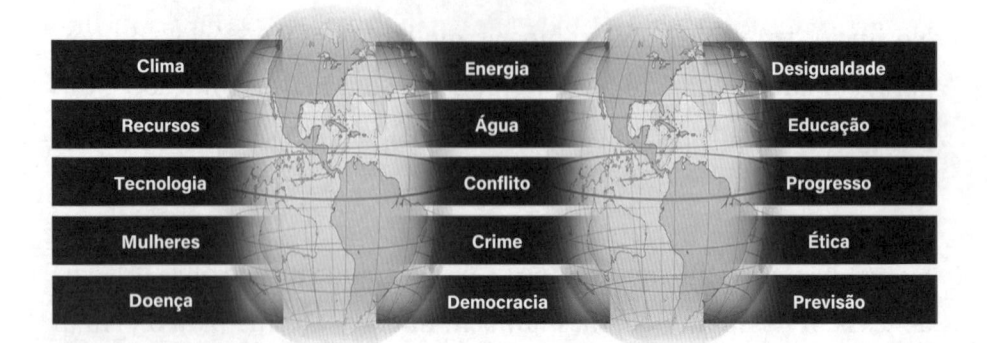

Clima	Energia	Desigualdade
Recursos	Água	Educação
Tecnologia	Conflito	Progresso
Mulheres	Crime	Ética
Doença	Democracia	Previsão

FIGURA 7.3   15 grandes desafios para um mundo melhor.

- **Recursos:** *Como o crescimento populacional e os recursos podem ser equilibrados?* A população mundial crescerá para 9,8 bilhões em 2050. Se todos forem alimentados, a produção de alimentos terá que aumentar em mais de 50%, enquanto as áreas residenciais urbanas deverão triplicar de tamanho até 2030.

- **Tecnologia:** *Como as novas tecnologias, como a IA e a robótica, podem funcionar para todos?* Cinquenta e um por cento do mundo está agora conectado à internet. Cerca de dois terços das pessoas no mundo têm um telefone celular. O desenvolvimento e a proliferação contínuos de aplicativos de smartphones são sistemas de IA na palma de muitas mãos ao redor do mundo.

- **Mulheres:** *Como a mudança de status das mulheres pode ajudar a melhorar a sociedade?* O empoderamento das mulheres foi um dos principais motores das mudanças sociais no século passado.

A igualdade de gênero é garantida pela constituição de 84% dos países do mundo, enquanto "a declaração internacional dos direitos das mulheres" é aprovada por quase todos.

- **Doença:** *Como podem ser reduzidos a ameaça e o impacto de novas doenças, como a Covid-19?* A saúde global continua a melhorar; a expectativa de vida ao nascer aumentou mundialmente de 46 anos em 1950 para 67 anos em 2010 e 71,5 anos em 2015. O total de mortes por doenças infecciosas caiu de 25% em 1998 para 16% em 2015.

- **Energia:** *Como nossas demandas crescentes de energia podem ser atendidas de maneira eficiente e responsável?* A China é o maior produtor de energia solar e está investindo enormes quantias em outras fontes também, como água e eólica. Enquanto isso, 1 bilhão de pessoas (15% do mundo) não tem acesso à eletricidade.

- **Água:** *Como todas as pessoas do planeta podem ter água limpa suficiente?* Mais de 90% do mundo agora tem acesso à água potável de qualidade, contra 76% em 1990. Isso é uma melhoria para 2,3 bilhões de pessoas em menos de 20 anos. No entanto, ainda deixa quase 1 bilhão de pessoas sem acesso à água.

- **Conflito:** *Como os valores e a segurança compartilhados podem reduzir os conflitos e o terrorismo?* A ampla maioria do mundo vive em paz; no entanto, a natureza da guerra e da segurança hoje se transformou em terrorismo transnacional e local, intervenção internacional em guerras civis, guerra cibernética e guerra de informação.

- **Crime:** *Como impedir que o crime organizado se torne mais poderoso?* O crime organizado é responsável por mais de US$ 3 trilhões por ano, o que equivale ao dobro de todos os orçamentos militares anuais combinados. Estima-se que o valor do comércio no mercado clandestino em 50 categorias de 91 países seja de US$ 1,8 trilhão.

- **Democracia:** *Como a democracia genuína pode surgir de regimes autoritários?* Cento e cinco países estão passando por um declínio líquido de liberdade, segundo a organização sem fins lucrativos Freedom House, enquanto 61 estão melhorando em liberdade líquida; 67 países diminuíram em direitos políticos e liberdades civis, enquanto 36 registraram ganhos.

- **Desigualdade:** *Como as economias podem reduzir a distância entre ricos e pobres?* A extrema pobreza caiu de 51% em 1981 para 13% em 2012 e menos de 10% hoje, principalmente devido ao crescimento da renda na China e na Índia. No entanto, a diferença na distribuição de riqueza está aumentando; 1% tem mais de 99%, 8 bilionários têm mais do que 3,6 bilhões de pessoas.

- **Educação:** *Como podemos educar melhor a humanidade para enfrentar os desafios globais?* A Alphabet e outras empresas buscam com que todos no planeta estejam conectados à internet. O preço de laptops e smartphones continua a cair, e a IoT com análise de dados fornece inteligência com precisão em tempo real. No entanto, aplicar com sucesso todos esses recursos para desenvolver sabedoria, não apenas mais informações, é um enorme desafio.

- **Progresso:** *Como as inovações tecnológicas podem ser aceleradas para enfrentar nossos grandes desafios?* O Watson da IBM já diagnostica o câncer melhor que os médicos; a Organova pode imprimir órgãos humanos em 3D, incluindo corações novos; robôs aprendem a caminhar mais rápido do que crianças; e a AlphaGo supera os humanos mais inteligentes. Em 2020, a China tinha mais de 40% de todos os robôs do mundo, ante 27% em 2015.

- **Ética:** *Como as considerações éticas podem ser incorporadas às decisões globais?* As decisões são cada vez mais tomadas pela IA, cuja ética é moldada por algoritmos sem consciência ou controle. A ética também é influenciada por informações manipuladas, por notícias falsas ("fake news") e exageros políticos, que podem distorcer percepções, levando-nos a questionar o que é verdade e em quem podemos confiar.

- **Previsão:** *Como podemos tomar melhores decisões futuras com tanta incerteza?* Embora os desafios e as soluções mais significativos do mundo sejam de natureza global, raramente são empregados sistemas de previsão e de tomada de decisão globais, deixando os melhores cérebros do mundo desconectados. Os sistemas de governança global não estão acompanhando a crescente interdependência mundial.

Essas perguntas não são apenas para as Nações Unidas, governos ou centros de reflexão intelectuais. São perguntas para vocês, líderes empresariais, que têm o poder e as plataformas para fazer uma diferença real. Então, o que você poderia fazer?

CARTA PARA O FUTURO

O que você escreveria em uma carta para seus netos?

Falar com Richard Branson sobre a vida dele parece uma lista interminável de aventuras intrépidas. Conversamos sobre seus sucessos na música e nas companhias aéreas, e sua paixão pelo balonismo e kitesurf. Ele disse que estava muito mais interessado no futuro do que no passado. Ficou particularmente animado quando chegamos ao espaço, com a possibilidade de qualquer pessoa se tornar um astronauta durante a vida. E com o futuro potencial das tecnologias para nos permitir fazer coisas incríveis que também são melhores para a humanidade.

Ele me disse que queria escrever uma carta para seus netos, Artie, Etta e Eva-Deia, sobre suas esperanças para eles e seu futuro. Recentemente publicou sua carta no blog, da qual segue um trecho:

> Vocês estão no começo da vida; ela é um presente incrível e deve ser aproveitada. Ela terá altos e baixos, experiências e tribulações, fracassos e triunfos. Mas vivê-la na plenitude, procurando sempre fazer a coisa certa e nunca perdendo aquele senso de aventura que vocês possuem agora com tanta abundância, será realmente maravilhoso.
>
> Minha regra de ouro na vida é se divertir. A vida não é um ensaio geral; então, não percam seu precioso tempo fazendo coisas que não os deixem realmente animados. Façam o que vocês gostam e gostem do que vocês fazem. Confiem em mim: grandes coisas virão.

Não deixem que a cabeça sempre governe o coração. A vida é mais divertida quando vocês dizem sim — então sonhem grande e digam sim para os desejos do coração. Sonhar é um de nossos maiores dons — portanto, olhem para o mundo com muito entusiasmo e acreditem que vocês são mais poderosos do que os problemas que os confrontam.

Nunca traiam seus sonhos apenas para se enquadrar. Em vez disso, sejam apaixonados em relação a eles. A paixão ajudará a manter o rumo e a inspirar outras pessoas a acreditarem em vocês e em seus sonhos.

Lembrem-se de tratar os outros como gostariam de ser tratados. Sejam sempre gentis, sempre atenciosos. Deem às pessoas o benefício da dúvida. E não hesitem em dar uma segunda chance. É incrível o quanto as pessoas se prontificam e aceitam o desafio quando vocês acreditam e confiam nelas.

Sejam abertos com todos ao seu redor, especialmente seus pais. Eles estarão sempre lá para vocês, dispostos a compartilhar suas aventuras, apoiar suas decisões e amá-los incondicionalmente.

Acima de tudo, amem e saibam que são amados. Amor sempre,

Seu avô.

> **CÓDIGO 49: SEJA EXTRAORDINÁRIO**
> O QUE É SER EXTRAORDINÁRIO? QUANDO ELIUD KIPCHOGE COMEÇA A SENTIR DOR, ULTRAPASSA AS BARREIRAS E SE APROXIMA DOS LIMITES DA HUMANIDADE, UM ENORME SORRISO SURGE EM SEU ROSTO.

O futuro é criado por pessoas comuns fazendo coisas extraordinárias.

O que é preciso para ser um líder extraordinário? É mais provável que ele ou ela (na verdade, cada vez mais ela) seja uma pessoa "comum" competente, que tem a paixão e a coragem de ser mais, de ser "extra" ordinário. De fato, quando você olha para a maioria dos líderes de sucesso de hoje, muitos são incrivelmente comuns, mas com uma chama ardente por dentro.

Ao olhar ao redor, para um mundo de incrível diversidade e oportunidade, talvez quatro conceitos o inspirem a ir além do comum:

- **A beleza do ikigai** é o princípio japonês de se alinhar com o futuro que deseja alcançar.

- **O envolvimento do goya** vem do urdu e significa "acreditar no poder do caminho que você segue".

- **O poder do guanxi** é a abordagem chinesa de trabalhar com parceiros para alcançar mais juntos.

- **A coragem do sisu** é o conceito finlandês de resistência para superar a adversidade e alcançar o sucesso.

Podemos olhar para trás na história e ver pessoas que foram extraordinárias no mundo da religião ou da política, da ciência ou das artes, dos esportes ou do bem. Muitas delas se destacam por serem extremamente genuínas, autênticas e generosas, e não por seu poder, privilégio e fama. Normalmente são pessoas incrivelmente focadas, capazes de fazer novas conexões e dispostas a ser imperfeitas para explorar o que é novo. Também são positivas, otimistas e felizes.

AS PESSOAS QUE NÓS MAIS ADMIRAMOS

Muitas das grandes pessoas que encontramos neste livro não são diferentes de qualquer um de nós. Em muitos casos, suas origens eram muito menos favoráveis; suas oportunidades, aparentemente, eram muito mais limitadas. No entanto, cada uma delas superou essas adversidades para ser mais e fazer mais do que jamais imaginou.

Devi Shetty, o jovem médico que se inspirou ao cuidar de Madre Teresa. Ali Parsa, o refugiado que caminhou pelas montanhas iranianas para reinventar os cuidados de saúde. Emily Weiss, a jovem blogueira da *Vogue* que transformou a beleza. Jos de Blok, o enfermeiro holandês que sabia que as coisas podiam ser melhores. Mikkel Bjergso, o professor dinamarquês que amava cervejas artesanais. Zhang Xin, trabalhando em uma fábrica de Hong Kong e entrando comigo na faculdade na Inglaterra.

Recentemente perguntei a um grupo de líderes empresariais quem eles mais admiravam. A resposta foi fascinante. Muitas pessoas falaram de seus pais, que as criaram e incentivaram a ser melhores; ou dos cônjuges, que as apoiaram e foram os verdadeiros heróis em suas carreiras.

Outras mencionaram nomes populares. Bill Gates, não apenas por causa do que fez na Microsoft, mas pelo que está fazendo agora pela saúde global. Angelina Jolie, não por causa de seu estrelato no cinema, mas pelo seu trabalho humanitário. Barack Obama, não por ter sido o homem mais poderoso do mundo, mas por ter lutado pelo que acreditava ser certo. Elon Musk, não por causa de seus carros Tesla, mas porque ele ousa sonhar.

O psicólogo David Sack diz: "ser extraordinário não está reservado aos ricos, famosos, poderosos ou privilegiados. Pessoas extraordinárias existem até mesmo nas vidas aparentemente mais comuns. São aquelas com o talento para viver **genuinamente** e que nos inspiram a tentar o mesmo".

Admiramos as pessoas que pensam grande, porque têm a coragem de ir além do mundo atual e expressar o que ainda não existe. Elas buscam objetivos além de si mesmas; elas não sabem se são possíveis, mas, ao definirem sua visão, têm maior probabilidade de encontrar uma maneira de alcançá-los. Quando ousamos seguir nossos sonhos, eles nos inspiram.

Admiramos pessoas com humildade e integridade, porque são os comportamentos honestos de todos os seres humanos. Elas se apropriam do que é certo e estão preparadas a questionar o que não é, para fazer as coisas da maneira certa. Elas se preocupam com as pessoas e o mundo em que vivemos, e lutam por elas e por nós. Elas não têm pretensões e não fingem ser perfeitas, mas têm paixão. Quando olhamos para dentro de nós, também podemos ser assim.

Admiramos as pessoas que têm resiliência, que são como o bambu em um furacão, que se curva, mas não quebra. Elas enfrentam desafios complicados e continuam avançando nos momentos mais difíceis. Terminam o que começam, sem se intimidar com os muitos obstáculos e oposições que possam encontrar. São aquelas com gratidão e que não se esquecem dos que as apoiaram. Quando procuramos trabalhar com os outros, elas são as pessoas que seguimos.

COMO VOCÊ ENCONTRARÁ O SEU "EXTRA" ORDINÁRIO?

Recentemente trabalhei com muitos dos líderes das Nações Unidas. Eles representavam diferentes agências — do Fundo Monetário Internacional ao Programa Mundial de Alimentos, do Alto Comissariado para Refugiados à Organização Mundial da Saúde.

A maioria dos líderes dessas organizações é indicada pelos 193 países membros. Eles vêm de todas as partes do mundo e de todas as esferas da vida. Vêm com diferentes habilidades e idiomas, perspectivas e crenças. No entanto, reúnem-se para trabalhar em alguns dos desafios mais importantes. O que achei inspirador é como eles aceitam o desafio. Normalmente, deixam de lado suas prioridades locais e lealdades nacionais para trabalhar como um grupo incrivelmente diversificado de colegas, procurando fazer o melhor por todos nós.

Eles vêm de Adis Abeba, Buenos Aires, Casablanca e Denpasar para centros da ONU em Genebra, Viena e Nova York, para buscar mais progresso juntos.

Claro que cada um deles tem as próprias ambições, seus diferentes pontos fortes para contribuir e obstáculos para superar. Em casa, eles ainda têm famílias para alimentar e países dos quais se orgulham. Mas quando se reúnem, procuram ficar acima de si próprios e de onde vêm. Eles têm a oportunidade de nos levar adiante.

Da mesma maneira, agora é a hora de os líderes empresariais darem um passo à frente.

Os líderes raramente são selecionados para manter o status quo, para manter as coisas funcionando da mesma forma. Isso seria estacionar à medida que o mundo avança.

Os líderes estão lá para progredir. Para fazer suas organizações avançarem. Para encontrar novas oportunidades de crescimento lucrativo, em que possam agregar mais valor para novos clientes, garantir um futuro para os funcionários, proporcionar retorno aos investidores e contribuir mais para a sociedade.

No entanto, o líder iluminado encontra novas maneiras de alcançar esse progresso.

Isso requer coragem. Eles precisam ousar ir além do que os outros fizeram e ousar funcionar de uma forma que outros não fizeram. Não existe um momento perfeito, não existe uma abordagem perfeita, trata-se de dar um passo à frente.

Como diz Brené Brown, "Quando passamos nossas vidas esperando até que estejamos perfeitos ou preparados antes de entrar na arena, sacrificamos oportunidades que podem não ser recuperáveis, desperdiçamos nosso precioso tempo e viramos as costas aos nossos dons, àquelas contribuições únicas que só nós podemos dar".

UM BOM MOMENTO PARA SER EXTRAORDINÁRIO

Escrevi este livro em um momento extraordinário. Tendo reunido o que aprendi e aquilo pelo qual tenho sido inspirado por mais de 30 anos no mundo dos negócios, acrescentando insights fascinantes de alguns dos maiores líderes empresariais de hoje, de repente me encontro fechado em casa.

O mundo está "trancado" por uma pandemia que deixou a maioria das empresas congelada diante de uma força poderosa. Por todo o mundo, o vírus da Covid-19 se espalhou como nenhuma doença antes, acelerado pelo nosso mundo conectado de trabalho e viagens. Lojas e cafés com as portas baixadas, escolas e fábricas fechadas, pessoas trabalhando isoladas de casa, cientistas em busca de novas vacinas e médicos arriscando suas vidas para salvar outras pessoas.

Uma crise, por definição, é dramática e inesperada. O analista de risco e filósofo Nassim Nicholas Taleb chama esses choques de eventos "cisne negro", uma metáfora que descreve um evento que chega como uma surpresa, com consequências enormes e imprevisíveis, geralmente devido a uma anterior falta de consciência da fragilidade de um sistema atual, e uma subsequente revelação de sua lógica.

O mundo de hoje é incrivelmente complexo. Isso gera cada vez mais velocidade e incerteza, mas também sobrecarrega nossos sistemas antigos e, como resultado, fragilidade.

Talvez na crise abramos nossos olhos para as mudanças que nos rodeiam. O impacto disruptivo da tecnologia, a natureza mutante dos mercados, a falta de agilidade de nossas organizações, a desconfiança sentida na sociedade, a fragilidade de nosso ambiente, as limitações de nossas abordagens atuais. Talvez agora façamos algumas das perguntas mais difíceis e busquemos as melhores soluções.

No entanto, também me lembro da palavra chinesa para crise, *wei-ji*, que na verdade são duas palavras que, quando traduzidas, significam perigo e oportunidade.

A mudança leva a novas atitudes e comportamentos, novas ideias e soluções. Se olharmos ao longo da história, veremos um padrão de altos e baixos econômicos. Se olharmos para o padrão de inovação, haverá imagem espelhada, com mais inovações em tempos econômicos difíceis.

Winston Churchill disse que "não há nada como uma boa crise", significando que é o momento de aproveitar as oportunidades de mudança, de sacudir em vez de ser sacudido e de criar o futuro conforme sua visão pessoal. Ou como Andy Grove, ex-CEO da Intel, disse certa vez: "As empresas ruins são destruídas pelas crises, as empresas boas sobrevivem e as ótimas são aprimoradas por elas".

Agora é a hora de os líderes darem um passo à frente, para serem a mudança que desejam ver no mundo.

Eliud Kipchoge também está sentado em casa, em sua fazenda no Quênia, incapaz de treinar como normalmente faz e com sua última Olimpíada adiada. Ele não se intimida, apreciando passar o tempo com sua jovem família e lendo livros, incluindo o mais recente de Malcolm Gladwell. Ele incentiva colegas e rivais a permanecerem positivos e otimistas.

De fato, ele sabe como passar por tempos difíceis. Ao atingir os momentos mais dolorosos em uma maratona, geralmente nos últimos quilômetros, você verá um sorriso se abrir em seu rosto. Ele afirma que isso é psicologia positiva, sabendo que, nesses instantes mais difíceis, pode fazer a maior diferença para alcançar o sucesso.

É hora de dar um passo à frente. E sorrir.

RESUMO: COMO VOCÊ RECODIFICARÁ SUA LIDERANÇA?

5 perguntas para refletir:

- Ter mais coragem — você está pronto para dar um passo à frente para liderar o futuro?
- Liderar com estilo — qual estilo de liderança funciona melhor para você e seu pessoal?
- Encontrar seus pontos fortes — quais são os seus pontos fortes que você pode usar mais?

- Criar um legado — como você trabalhará para contribuir para um futuro melhor?
- Ser extraordinário — o que você fará que seja, de alguma forma, "extra" ordinário?

5 líderes para se inspirar (mais em businessrecoded.com):

- Jim Hagemann Snabe, Siemens — liderando o futuro com "sonhos e detalhes".
- Daniel Ek, Spotify — o empresário musical sueco sem carisma.
- Hamdi Ulukaya, Chobani — o "anti-CEO" do iogurte grego, dando tudo de graça.
- Zhang Zin, Soho China — como o economista criou o panorama urbano de Pequim.
- Ilkka Paananen, Supercredi — "O CEO menos poderoso do mundo" da Finlândia.

5 livros para se aprofundar:

- *O Código da Liderança,* de Dave Ulrich e outros.
- *Dare to Lead* (*A Coragem para Liderar*), de Brené Brown.
- *The Future Leader* (*O Líder do Futuro*), de Jacob Morgan.
- *Endure* (*Resista*) de Alex Hutchinson.
- *Dreams and Details* (*Sonhos e Detalhes*), de Jim Snabe e Mikael Trolle.

5 fontes para explorar mais:

- Real Leaders (Líderes de Verdade).
- The Conference Board.
- Harvard Leadership.
- Center for Creative Leadership (Centro de Liderança Criativa).
- Positive Psychology (Psicologia Positiva).

FAZENDO MAIS

Você pode ler todas as histórias de muitos dos líderes mais inspiradores do mundo hoje no site de Peter, incluindo os 45 líderes específicos que ele pesquisou no desenvolvimento deste livro. De Satya Nadella e Emily Weiss a Daniel Ek e Zhang Ruimin, você pode encontrar todos os estudos de caso em www.businessrecoded.com.

Peter também tem uma ampla gama de recursos adicionais para desenvolver os insights e ideias neste livro, para ajudá-lo a compartilhá-los e aplicá-los em sua organização.

- **Palestras.** Peter traz os temas à vida, personalizando-os para o seu setor específico. Alimentação Recodificada, Sistema Bancário Recodificado, Cuidado com a Saúde Recodificado, e muito mais. Os eventos podem incluir pedidos em massa do livro para todos os participantes.

- **Oficinas práticas.** Peter trabalha com você e sua equipe de liderança para desenvolver novas abordagens para sua empresa — novas estratégias, inovações, novas abordagens. As oficinas são rápidas e práticas, abrangentes e inspiradoras.
- **Desenvolvimento de liderança.** Peter coordena uma série de programas executivos para líderes empresariais, com base na IE Business School. Isso inclui o Programa Global de Gestão Avançada e programas curtos de liderança, estratégia e inovação.

RECURSOS ONLINE

Você pode explorar muito mais no site dele, que está repleto de artigos, postagens diárias de blog, estudos de caso, vídeos e kits de ferramentas, ajudando a inspirar e permitindo que você vá mais longe.

- **Recursos de liderança:** Peter possui uma ampla gama de ferramentas, diagnósticos, modelos e outros recursos que podem apoiar a implementação de novas estratégias, novos projetos de inovação e novas abordagens de liderança em seu negócio.
- **Pedidos de livros:** grandes pedidos de *Negócios Recodificados* podem ser feitos e entregues diretamente pela editora.
- **Boletim informativo mensal:** você também pode se inscrever para receber o boletim informativo mensal gratuito de Peter, chamado *Fast Leader*. Esta é uma maneira fantástica para se manter atualizado com as últimas ideias e insights do mundo dos negócios e dos líderes que moldam o futuro.

Basta visitar www.peterfisk.com ou enviar um e-mail para peterfisk@peterfisk.com.

AGRADECIMENTOS

Em primeiro lugar, um imenso obrigado à minha incrível esposa, Alison, que está sempre me apoiando e incentivando. E também para as minhas duas filhas. Anna, atualmente estudando psicologia na universidade, foi de grande valia na pesquisa deste livro e no desenvolvimento de novas ideias para as abordagens de liderança, enquanto Clara aparecia com frequentes xícaras de chá.

Obrigado ao meu bom amigo e agente Cosimo Turroturro, que está constantemente em busca de novas maneiras para apoiar e inspirar os líderes empresariais do mundo e que é um grande apoio para mim. Obrigado aos meus colegas em Madri, na IE Business School, em especial Teresa Martin-Retortillo, por sua liderança, e Stephen Adamson, por fazer com que tantas novas ideias se transformem em realidade.

O European Fusiness Forum nunca teria sido possível sem Bjarke Wolmar, na Dinamarca, além de excelentes colaborações em outros países,

AGRADECIMENTOS

como Henrik Lauridsen, na Alemanha; Tanyer Sonmezer, na Turquia; Eithne Jones, na Holanda; e Renee Strom, nos EUA. E para o Future Book Forum, obrigado a Joerg Engelstaedter e Mark Allin.

A Thinkers50, fundada pelos meus colegas Stuart Crainer e Des Dearlove, permitiu-me trabalhar e aprender com tantos pensadores de negócios, incluindo Michael Porter, Alex Osterwalder, Erin Meyer, Scott Anthony, Whitney Johnson, Howard Yu, Rita McGrath, Roger Martin e Amy Edmondson. Foi um privilégio especial criar e acolher o European Business Forum todos os anos, com tantos grandes empresários e líderes do pensamento. Ao redor do mundo, também me inspirei ao colaborar com pessoas como Ryan Holiday, Martin Lindstrom, Tom Goodwin, Dave Ulrich, Antonio Nieto-Rodriguez, Mark Esposito e muitos mais.

Agradeço também às muitas organizações, grandes e pequenas, que forneceram insights práticos: Aster transformando a moda na Turquia, Atos Medical assumindo cuidados de saúde direto nos EUA, Canon reimaginando a publicação na Alemanha, Coesia criando fábricas inteligentes na Itália, CMS reinventando a educação na Coreia do Sul, Fundgrube transformando o varejo nas Ilhas Canárias, KEBA explorando futuros da tecnologia na Áustria, Greiner fazendo plásticos melhores, Gulf Bank transformando o sistema bancário no Kuwait, Valio fazendo comida melhor na Finlândia, Vifor criando serviços inteligentes na Suíça, Yildiz repensando o mundo dos lanches na Turquia e Zacco reimaginando o futuro na Suécia.

Por fim, obrigado à grande equipe da Wiley, por tornar este livro realidade.

SOBRE O AUTOR

Peter Fisk vive em Teddington, na Inglaterra, é casado e tem duas filhas. Quando não está trabalhando ou viajando ao redor do mundo, geralmente pode ser encontrado correndo nos arredores de Bushy Park ou Richmond Park, e ao longo do rio Tâmisa.

É um importante pensador na área de negócios, autor de best-sellers e palestrante inspirador, cuja carreira foi forjada em um laboratório de supercondutividade, acelerada pelo gerenciamento de marcas de viagens supersônicas, moldada em desenvolvimento corporativo, evoluída em uma startup digital e formalizada como CEO da maior rede de marketing do mundo.

Agora lidera a GeniusWorks, uma aceleradora de inovação estratégica com sede em Londres. É professor de liderança, estratégia e inovação na IE Business School em Madri, onde coordena seus principais programas executivos. Também é Diretor Global da Thinkers50 e fundador do European Business Forum.

Tem 30 anos de experiência prática em negócios, trabalhando com líderes empresariais em mais de 300 empresas e 55 países, como Adidas, American Express, Bosch, BNP Paribas, Cartier, Coca Cola, McKinsey, Microsoft, P&G, Pfizer, Virgin e Visa. Sua abordagem distintiva é retroceder do futuro para hoje e de fora para dentro, fundindo insights com inspiração, criatividade e estrutura.

Seus insights vêm de uma rica diversidade de projetos: criação de plataformas para aeronaves, estratégias sustentáveis para a moda; transformação de empresas de energia em renováveis; reinvenção de queijos da Pérsia e roupas esportivas com tecnologia; criação de soluções baseadas em IA para negócios; reimaginar bolsas de valores e novos modelos de negócios para advogados; desenvolver ferrovias para a Ásia, canais diretos para varejo, novos serviços de saúde e líderes melhores.

Seus oito livros em 35 idiomas — incluindo *Gamechangers* (*Virando a Mesa*), *Creative Genius* (*Gênio Criativo*), *People, Planet, Profit* (*Pessoas, Planeta, Lucro*), *O Gênio dos Clientes* e *O Gênio do Marketing* — fundem os cérebros de Einstein e Picasso, exploram a criatividade de Leonardo da Vinci, reformulam a sustentabilidade para inovação e crescimento, conectam liderança e estratégia para criar organizações mais focadas no futuro e são inspirados pelas ideias das empresas mais inovadoras do mundo.

DVS EDITORA

www.dvseditora.com.br

GRÁFICA PAYM
Tel. [11] 4392-3344
paym@graficapaym.com.br